第 4 版

道徳教育の視点

佐野安仁
荒木紀幸
編著

加賀裕郎　山根耕平
德永悦郎　鈴木　憲
吉田重郎　藤井千春
堤　正史　渡辺英之
林　泰成　隈元泰弘
著

晃洋書房

まえがき

　1958年に道徳が特設されて以後，ほぼ10年毎に行われてきた学習指導要領改訂では道徳教育の強化が図られて今日に至っている．2008（平成20）年3月に改訂告示された学習指導要領における道徳教育の改善充実策も同じ路線上に位置している．しかし今回の改訂は教育基本法（平成18年12月）の全面改正を受け，学校教育法など関連法規の改正を踏まえたものである点にこれまでと大きな違いがある．そこで本書の一部（第1章と第5章）を改訂することとした．これまで学校での道徳教育については，これを推進，強化すべしという見解と社会科との関連で扱えばよいという見解とが対立し，その取り組み方において一様ではなかった．これは道徳性およびその教育のあり方をめぐる見解の相違を示すものであって，道徳教育への取り組みがけっして画一的でないことを反映している．

　道徳性の陶冶については，これを否定する理由はないであろう．しかし，人類の長い歴史の過程で道徳性をどのように理解するかについては多様であったし，またその多様性をめぐってさまざまな論議が重ねられてきた．その論議の中には，反道徳的態度にこそ，真の道徳性が表明されているとか，「現代のニヒリズムは，道徳的堕落の一形態といったものではなく，むしろ道徳的主張の一部分である」とかの逆説的主張もある．また「悪は善よりも正直であり，悪には偽善の懸念はかけられない」といった確信から，善と悪との区別を廃棄し，道徳的非難を全く無意味とする見解すら出現している．これは，道徳的理想に対する全面否定とも言えようが，その背景には，社会における偽善的な道徳性に対する敵意があり，その敵意を結集して社会に反抗することこそ人間として

正直であるという思潮があった．だが，この見解からは，社会秩序の破壊とか，裏切りとか，恐喝とか，残虐な行為とかの非道徳性を道徳性とみなす「道徳的逆転」が引き起こされる．

このように道徳性は，人間にとって「善きこと」としてだけでなく，「敵対すべきもの」としても論議され，また扱われてもきた．本来道徳性は，社会的人道主義的な改革を推進する熱情をもって機能する人間の「善き特質」と考えられるものであるが，これが時代の諸制度を擁護するために取り込まれて体制的に機能するとき，やがてそれは非道徳的なものに変質しかねない．この点，道徳性は人間の「善き特質」であるとしても，その現われ方に注目する必要がある．

今日，心の貧困とか社会的荒廃とかの視点から道徳教育が強調されているが，わたしたちは，まず心の貧困とか社会的荒廃とかが，どのような事情，原因によって生じてきたかに着目しなければならない．また，その原因の究明にも取り組む必要がある．というのは，こうした必要性に応える姿勢にこそ道徳性が求められるからである．

そこで，本書は，道徳性が多様に解釈され，道徳教育の実践においても多様であるという現状から，まず第1章で，現代の道徳的状況を分析しつつ，「道徳的不一致」が，どうして引き起こされるかを考察する．そして，その考察から道徳教育の課題を設定する．

第2章では，道徳性の発達という視点から道徳教育のあり方に言及する．この章においても発達論それ自体に多様な見解のあることを紹介しつつ発達という概念から道徳教育の問題点を明らかにする．

第3章は，道徳教育が方法的に今日，どのように展開されているかを，実践例に即して考察する．道徳教育の方法に関してもけっして一様ではない．第3章はさまざまな方法論の中から，とくにL.コールバーグの見解に依拠した方法論と実践例を考察し，方法上の問題点に言及する．

第4章は，我が国の学校教育における道徳教育の歴史を戦前，戦後に区分し

て，その特色を考察する．道徳教育の取り扱い方が時代によりどのように異なっているか，また今日，戦後に誕生した社会科との関連で道徳教育がどのように展開されてきたかを考察する．

第5章は，平成10年12月に告示された学習指導要領の「道徳」の目標，内容，方法について言及する．とりわけ目標において強調されている「道徳的価値の自覚を深めること」をどのように理解するかを論究し，それに関連する内容，方法上の課題について検討する．

以上を本書の前半とし，これを大学での「道徳教育の研究」の討議課題として設定した．本書の後半は，道徳性が思想的に多様に解釈されているということに着目し，その解釈の多様な視点を整理し，各章ごとにできるだけそれぞれの論点を詳細に言及することにした．

第6章は，実存主義的教育論の立場から道徳性に言及する．とりわけ，K. ヤスパースの「包括者論」の視点から道徳性に関して論究する．第7章は，現象学，とりわけ，ランゲフェルドの見解に依拠しつつ道徳教育のあり方に言及する．第8章では分析哲学，とくに，R. S. ピーターズの道徳教育論を中心にその特徴について論究する．第9章では，L. コールバーグの道徳教育思想を考察し，文化的相対主義の克服をめざすコールバーグ理論とその問題点について言及する．

本書の後半は，道徳性に関する論点の紹介という意図もあるが，それだけでなく道徳性をより広く，またいっそう深く理解することの必要性からそれぞれの立場の中心的な問題を考究した．これは前半にも及ぶことであるが，道徳教育の多様なあり方に基づいて，それぞれの視点を明らかにしようとしたものである．そうした観点から本書を「道徳教育の視点」とした．

本書出版の契機は，同志社大学の道徳教育研究グループと兵庫教育大学の道徳性発達研究グループとの合同研究会から生じた．前者は主として道徳性および道徳教育に関する理論的研究に，後者は主として道徳性発達の研究から実践面での取り組みに関わってきた．道徳教育の新しい理論的構築とその実践をテ

一マに数年間にわたって研究討議を重ねてきたのであるが，その中間的なまとめとして本書を公刊することにした．したがって合同で研究すべき課題はまだかなり残されている．おそらく読者から種々のご批判をいただくことになろう．忌憚のないご意見，ご叱責をいただければ幸いである．

　この合同研究の改訂版を出版するにさいしては，晃洋書房の上田芳樹社長のご快諾があり，また同社編集部の村田達央氏にもなにかとお世話をいただいた．ここに両氏および同社の多くの方々のご好意に深く感謝する．

　2000年3月

佐　野　安　仁
荒　木　紀　幸

目　次

まえがき

第1章　道徳と道徳教育 …………………………………………… 1
　第1節　現代の道徳的状況 ……………………………………… 1
　第2節　道徳とはなにか ………………………………………… 11
　第3節　現代道徳教育の課題 …………………………………… 21

第2章　道徳性の発達と教育 ……………………………………… 30
　第1節　デュルケムの道徳教育論 ……………………………… 32
　第2節　ピアジェの道徳性発達理論 …………………………… 37
　第3節　コールバーグの道徳性発達理論 ……………………… 42
　第4節　ブルの道徳性発達理論 ………………………………… 48
　第5節　道徳教育の視点 ………………………………………… 54

第3章　道徳教育の方法 …………………………………………… 61
　第1節　道徳教育と道徳授業 …………………………………… 61
　第2節　ジレンマ資料を用いた道徳の授業実践 ……………… 73

第4章　我が国における道徳教育の展開 ………………………… 96
　第1節　明治政府の「近代化」政策としての「修身」 ……… 96
　第2節　戦後教育の理念と方法 ………………………………… 103
　第3節　「道徳」授業の現状と課題 …………………………… 115

第5章　学習指導要領「特別の教科　道徳」……121
第1節　特設「道徳」から「特別の教科　道徳」へ……121
第2節　小学校学習指導要領「特別の教科　道徳」……122
第3節　中学校学習指導要領「特別の教科　道徳」……130

第6章　道徳教育における「包括者論」の視点……160
―――実存的教育論の可能性―――
第1節　実存的教育論の課題……160
第2節　ヤスパースの包括者論……164
第3節　道徳教育における包括者論の視点……174

第7章　子どもの現象学における道徳教育の視点……184
は　じ　め　に……184
第1節　教育人間学から子どもの人間学へ……186
第2節　道徳教育における子どもの現象学の視点……190
―――規範と子ども―――
第3節　子どもの現象学における道徳教育の視点……194
お　わ　り　に……199

第8章　分析哲学と道徳教育……203
―――R.S.ピーターズの道徳教育論を中心に―――
は　じ　め　に……203
第1節　分析哲学と分析的教育哲学……204
第2節　教育の正当化と道徳の原理……210
第3節　手続き原理と基礎的規則と相対的規則……213
第4節　ピーターズ道徳教育論の特徴……219
お　わ　り　に……220

第9章 コールバーグの道徳教育思想……………………………225
　　　――文化的相対主義の克服をめざして――
　はじめに………………………………………………………225
　第1節　道徳性発達の六段階 ………………………………228
　第2節　認知構造と道徳的発達の意味 ……………………232
　第3節　コールバーグ理論の問題点 ………………………237
　　　――なぜ三水準六段階か――
　おわりに………………………………………………………246

第 1 章　道徳と道徳教育

第 1 節　現代の道徳的状況

1　子どもの状況

新学習指導要領　2008（平成 20）年に学習指導要領が改訂されたのにともなって，小学校学習指導要領（道徳）と中学校学習指導要領（道徳）もまた新しくなった．2006（平成 18）年に教育基本法が改定されているので，新学習指導要領には，ある程度新しい教育基本法の考え方が反映されていると言えるであろう．

　新しい教育基本法では，第二条に「教育の目標」が新たに設けられ，「幅広い知識と教養」「自主及び自律の精神」「公共の精神」「生命を尊び，自然を大切にし，環境の保全に寄与する態度」などの目標と並んで「豊かな情操と道徳心を培う」が「教育の目標」に含まれている．これまでの学習指導要領改訂でも道徳教育重視の傾向が見られた．新指導要領はこの傾向を受け継ぎつつ，さらに重視する方向に向かっていると言えるかもしれない．例えば今回の改訂では，道徳教育の推進に当たり，校長の方針の下に道徳教育を主に推進する教師（道徳教育推進教師）が置かれるように定められたのである．

徳育重視の背景　徳育重視の背景には，1970 年代以降，顕著になってきた教育荒廃，学校荒廃や自殺・いじめなどに見られる生命軽視の風潮に対する危機意識がある．またもう少し掘り下げるならば，価値が流動化，多元化し，ニヒリズムに陥りかねない現代の状況を，伝統的道徳への回帰によって救いたいという，保守的反応を感じとることもできよう．

しかし言うまでもないが，道徳教育は危機的状況を改善する特効薬ではない．特効薬を期待して，教師が熱心になるほどに，期待は裏切られ，道徳教育自体が台無しになる．それは教化になり訓練になってしまう．まして学校や子どもの憂慮すべき状況を，教師の無力さや子どもの個人的病理に還元して，おのおのに対症療法的な対策を講じるだけでは，単純にすぎるであろう．問題の根はもっと深いと言わなければならない．そこでまず，今日の子どもを取り巻く道徳的状況を，子ども自身，家庭，学校，社会の四つの側面から検討してみよう．

現代の子ども　現代の子どもは，富の一方的消費者として成長し，都市化した社会に住み，情報文化に囲まれている．こうした環境で暮らす現代の子どもには，困難な状況における耐性の欠如，精神構造の未熟化，思いやりの欠如，善悪の判断力の欠如などの特質が見られるという[1]．これらの特質と，ドベス（Maurice Debesse）が不安の時代・情熱の時代と呼んだ，「私さがし」つまりアイデンティティの確立に苦しむ不安定な青年期とが重なり合うとき，問題行動への萌芽がすでに生まれているといえるであろう．しかもいっそう深刻なのは，これらの特質は実際に問題行動に走る子どもにばかりではなく，ごく普通の子どもやエリート予備軍にも共通して見られるということである．

現代の子どもや若者の生活の中でも，とくに憂慮されるのは，彼らが情報文化に過度に依存していることである．情報文化の発達は，「対面的（face-to-face）」コミュニケーションを退化させ，私的生活空間を大切にするライフスタイルを生む．しかしこのようなライフスタイルは，コミュニケーション自体を否定し，連帯意識を希薄化させ，自閉的な性格を助長しがちである．その場合には，デューイ（John Dewey）が道徳教育の課題として重視した，「社会的力（social power）」や「社会的関心（social interest）」を育むための生活基盤が失われてしまう[2]．

また子どもの自我形成とことばの発達とは密接に結び付いているのだが，岡本夏木氏が指摘するように，ことばが情報操作上のスキルという機能しかもたなくなると，自我形成や人格発達に好ましくない影響を及ぼすのである[3]．

家庭の状況　伝統的には，家庭は教育の主たる荷い手であった．子どもは家庭においてことばを覚え，基本的生活習慣を獲得し，生と死という人生のサイクルに立ち会い，家族の労働に参加することによって生きる術を学んだ．「教育の習俗」(4)と呼ばれる子育てのシステムが息づいていたのである．

家庭はたしかに教育の中心的場所であるべきだが，そこでの人間関係が親密で，権威構造が強固であるがゆえに，子どもを親の恣意に委ね，子どもの自立を妨げる場であるとして批判されもした．家庭が閉鎖的・孤立的存在をかろうじて免れたのは，それが地域社会に開かれていたからであろう．

現代の家庭は，外見とは反対に，その求心力がいっそう強まっているように思われる．ニュー・ファミリーというかつての流行語は，そのことをよく物語っている．しかし現代の家庭には，求心力の強化と反比例するかたちで教育力の低下が見られる．それはなぜであろうか．一つには，現代の家庭が，都市化した社会における「孤独な群衆」であることの不安から逃れるための避難所になって，生活の場としての機能を失いつつあるという点に求められるであろう．また避難所であるがゆえに，家庭はいっそう閉鎖的になったことが指摘されるべきであろう．さらに，かつての家庭を支えた父親の権威構造が，国家にとって代わられたり習慣上の変化によって弱められた結果，家庭の構造自体に歪みが生じたこともあげられるであろう．(5)歪みを生じた家庭に対する求心力の強化は，その歪みをいっそう増幅させる結果を招くであろうし，そこでの教育力の貧弱化をもたらすことは言うまでもない．

学校の状況　家庭や地域社会の教育力の低下が叫ばれる今日，学校が教育の独占的機関になっているのは疑いのない事実である．では学校の教育力が健全かといえば，イリッチ（Ivan Illich）の急進的な学校批判を待つまでもなく，その機能は急速に衰えつつある．学校の教育的機能の肥大化と教育力の低下との不均衡が，管理教育や体罰への依存に拍車をかけている．

近代学校は，子どもの学習権を保障するためだけでなく，資本主義の発達に伴う大量の均質な労働力の需要とか，ナショナリズムの高揚に応えるためにも

設けられた，当初から過大な機能をになっていた制度である．しかも制度化されることによって，教育は，あらゆる制度化がそうであるように，硬直化し，閉鎖的・排他的になっていった．イリッチの脱学校論は，教育の制度化によって，教育がその中に閉じ込められ，ついには教育そのものを制度の中で破壊させてしまうことに対する警鐘であったと解される．

　道徳教育の観点からは，教育の制度化の弊害は，「隠れたカリキュラム（hidden curriculum）」と，教室を支配する「競争の倫理（the competitive ethic）」に現われている．[6] 隠れたカリキュラムとは一般に，学校が暗黙裡に子どもに教え込む規範や価値の総体を意味するが，こうした規範や価値は当今の支配的イデオロギーを体現したものであり，子どもは隠れたカリキュラムを通して，支配的イデオロギーに適合することを求められている．隠れたカリキュラムや競争の倫理は，表向きの教育理想を形骸化させ，道徳教育の基盤である学校生活の道徳性を阻んでいるからである．

　現代の社会　　かつてデューイは，真正の社会生活はそれ自体教育的だと述べた．[7] ここで真正の社会生活とは，自由なコミュニケーションによって，自他の経験に参加し合い，またそれを共有し合う生活である．デューイは自由な人間的交流のもつ教育的機能に着目したのである．

　しかし現代の社会生活にそうした機能が備わっているとは必ずしも言えない．現代社会では，人間は匿名的な「孤独な群衆」となり，地域社会の実体性が失われる．すると当然，対面的コミュニケーションは弱体化するから，それを補う間接的コミュニケーション，つまりマス・メディアが発達することになるが，マス・メディアは「公共的論議（public discourse）」を促進する手段としては十分に機能していない．結果的に社会的連帯意識が希薄になってしまうのである．

　現代社会ではまた，産業の科学技術化，官僚的統治形態が進行しつつある．それらを貫いている原理は合理主義・科学主義・効率主義であるが，フロム（Erich Fromm）が言ったように，こういった原理に支配される社会は力学的メカニズム，つまり法，規則，秩序などの「機械的なもの」によって統制されて

いる.そしてそのような社会は「ネクロフィラス的(死を愛好する)」人間——機械は生なきもの,自由なきものの象徴である——を生むという.

「機械的なもの」によって統制された社会は,その代価として理想や理念を失うことになる.なぜなら理想や理念は人間が自由であることの証しであるが,「機械的なもの」によって統制された社会では,その証しが抑圧されてしまうからである.その意味で,現代は「理想・理念なき効率主義」の時代と捉えることができるであろう.

我が国において,ここで言われる理想・理念に相当するものは,かつて「天壌無窮の国体」とか「八紘一宇」とかという,天皇制絶対主義イデオロギーであったと言えるであろう.かつての人びとは,そうしたイデオロギーの魔法にかかることによって,普遍的理念と結び付きつつ生きることができた.しかし周知のように,この魔法は終戦とともに解かれた.それにとって代わったのは,民主主義という理想・理念である.たしかに当初,民主主義には理想主義の響きがあり,新たに示された教育理念にも,それは貫かれていた.しかし,やがて社会からも教育からも,理想主義の響きは消えていき,60〜70年代における「若者文化(youth culture)」や「対抗文化(counterculture)」の一時的高揚の後に残ったものは,シニシズムであり,理想・理念など信用しない効率主義一辺倒の風潮である.

「理想・理念なき効率主義」は間違いなく,学校にも浸透していった.あるアメリカの文化人類学者が指摘したように,「日本の高校は民主主義とか日本の伝統とか,新しい平等的価値を教育する場とはなっていない.むしろそれは,テクノクラシーを基盤とする社会体制のために,訓練された労働力を供給していると考えたほうがよさそうである」.しかし教育とは本来,現実適応的側面だけでなく,普遍的な理想・理念と結び付く側面をも合わせもつことによって,初めて生き生きとしたものになる点を考慮するならば,理想・理念なき効率主義の支配する現代社会は,子どもにとってけっして望ましい環境であるとはいえないであろう.

以上，子どもを取り巻く現代の状況を，子ども自身，家庭，学校，社会という四つの側面から検討してきた．それら四つの側面は，いわば構造連関をなして，子どもの健全な道徳性の育成を困難にしており，対症療法的な対策を講じるだけでは如何ともしがたい状態にたち至っていると言わなければならない．そこでつぎに，現代の道徳的状況をいっそう大きな視点から検討してみよう．

2　現代の道徳的状況

道徳的不一致　マッキンタイア（Alsdair MacIntyre）は，現代の道徳論議の著しい特徴として，それが道徳的不一致を表明するために費やされ，しかも不一致をめぐる論議に「果てしがない（interminable）」点を指摘する[10]．マッキンタイアの指摘に対して，人びとは平和や人権や正義は，だれも否定できない普遍的価値であると批判するであろう．しかしマッキンタイアが問題にするのは，「平和」や「人権」や「正義」といったことばについての人びとの一致ではなく，それらのことばが具体的になにを意味するか，それらの妥当性を保証する根拠はなにか，が問われるときに生じる不一致である．

たとえば平和の価値について否定する人はいないであろうし，そのことから「戦争は悪である」ということにも同意が得られるであろう．しかし平和や戦争が悪であるとは，いったいなにを意味するのであろうか．それは戦争の絶対的否定を意味するのか，平和を阻む勢力から身を守るための防衛的軍備の保有を容認するのか，それとも大国間の戦争は否定されるべきであるが，被抑圧者の解放のための戦争は容認されうるということを含意するのであろうか．マッキンタイアによれば，平和や戦争が悪であるということで人びとがなにを理解するかは，彼らのとる立場に対して相対的であり，しかもそうした立場は相互に「通約不可能（incommensurable）」である以上，結局，平和や戦争に関する道徳的論議に終わりがないことになるのである．

このような道徳的不一致は，伝統的に培われてきた多くの道徳的価値に及んでいる．その理由は，今世紀における生活状況の根本的変化によって，かつて

の道徳的一致を支えていた生活基盤が崩壊し，それに伴って，道徳的価値の内実が不分明になったからである．かつては道徳的問題において，「決疑論（casuistry）」が通用した．しかし決疑論は，道徳的原理を一義的に決定しうる，公的権威が存在する共同体では有効でありえても，現代のような多元性，流動性を特質とする世界では無意味であろう．

道徳的不一致の歴史的背景　道徳的不一致が広く浸透する現代の道徳的状況は，どのような歴史的経緯で生じたのであろうか．ここではズーアディーグ（William Zuurdeeg）に従って，近代世界を「脱神話化（demythologizing）」，「脱確信化（deconvictionalizing）」の所産と捉えて，その経緯を分析してみよう．[11]

いうまでもなく，伝統的道徳は宗教と密接に結び付いてきたが，社会学や社会心理学の見地からは，宗教は「宇宙のうちでくつろいでいる（at home）と人間が感じることを可能にする認知的，規範的構造」[12]と定義できるという．つまり宗教は，人間がそのうちに住まう宇宙の全体構造と，その中で人間が従うべき道徳的規範を供与してきた．宗教が供与する認知的，規範的構造に身を委ねることによって，社会は一つに統合され，個人は社会に統合された．またそうした統合によって，社会や個人は同一性を保つことができたのである．

しかしズーアディーグによると，宗教が供与した包括的な実在解釈は，実在についての客観的叙実ではなく，人間がその中に住まい，くつろいでいると感じることができるような，包括的な住まいの場としての宇宙についての確信の表面であり，その意味で神話的要素を含んでいたという．

しかしデカルト（René Descartes）以降，叙実と確信が分離されるようになっていった．つまりデカルト以前の宇宙論にとって，宇宙とはなによりもまず，人間の住まうべき場であったのに対して，デカルトによって宇宙は客観的に研究されるべき延長実体（res extensa）に還元され，確信の拠り所は自我のうちに追いやられてしまった．人間は住まうべき宇宙から追放されたのである．

デカルト以降，かつて宗教が供与した宇宙論的確信は，新たな確信の拠り所である自我の自己確信，自我の展開過程としての歴史を通しての自己確信の追

求へと移行していくが，この移行過程は，かつての宇宙論確信を支えていた基盤がつぎつぎと脱神話化されていき，それに伴って，かつて宇宙論的基礎を有していた規範的構造が自我のうちに秩序づけられていく過程であると解されるであろう．

　こうした脱神話化は，ギリシアやバビロニアの多神教がアブラハムの一神教によって，人間を宇宙の道徳的秩序の中心に位置づける，中世神学の宇宙論的確信を支えていたプトレマイオスの天文学がマゼラン，コペルニクス，ガリレオなどの発見によって，根底から覆される過程に端的に現われている．もちろんギリシア的な宇宙論的確信は，脱神話化の過程において完全に死滅したわけではなく，近代科学の成立に影響し，理神論（Deism），自由放任的資本主義，マルクス主義にも影を投げかけている．しかしズーアディーグによれば，ギリシア的な宇宙論的確信はカント（Immanuel Kant）によって，さらに脱神話化されることになったという．というのはカントは，ニュートン力学が現象界でのみ妥当であり，その妥当性を「物自体（Ding an sich）」に拡張しようとすれば，理性は宇宙論的二律背反に陥ることを指摘したからである．カントの指摘は，人間と宇宙を連結する靱帯が最終的に断ち切られたことを意味するのである．

　一連の脱神話化の過程はなにを帰結したであろうか．その一つは，人間存在の家である宇宙についての合理的理論が不可能になったことである．かつて宗教が確信的言語で描いた宇宙は，現代では科学が叙実的言語で描こうとしている．しかしトゥールミン（Stephen Toulmin）によれば，科学が包括的な宇宙論を構築することは不可能であるという．というのは，科学の専門分化がそれを実質的に不可能にしたばかりでなく，特定の科学的知見を宇宙全体に外挿（extrapolation）することが原理的に不可能だからである．[13]

　第二の帰結は，宇宙論の終焉とともに，それと密接に結び付いてきた，社会を一つに統合し，また個人を社会に統合する規範的構造の土台が動揺したことである．前述のように，確信と叙実の分離とともに，確信に関わる規範的構造の問題は，自我による自己確信の問題へと展開していった．そのさい，規範的

構造の客観性は理性や良心の普遍妥当性への信頼によって確保された．つまり理性が自己立法した道徳法則の普遍妥当性，万人に備わる良心に対する信頼によって，それを共有する人間の尊厳や権利が基礎づけられ，また社会秩序が保たれたのである．

しかしローティ（Richard Rorty）が指摘するように，今世紀になると，理性の普遍性に対する信頼が揺らぎ始めた．例えば人類学者や科学史家は，生得的合理性と文化的適応の産物との区別をぼかし，ハイデガー（Martin Heidegger）やガダマー（Hans G. Gadamer）は人間存在の歴史性を明るみに出し，精神分析は良心と情動の区別をぼかした．(14)これらはすべて，理性の純粋性，普遍性，非歴史性への不信を，したがってまた規範的構造の客観性への不信を意味したのである．

規範的構造の客観性を支える基礎が，宗教が供与してきた宇宙論にも，理性や良心のうちにも見いだされないとすれば，残るのはニーチェ（Friedlich W. Nietzsche）のように道徳自体を虚妄とするか（ニヒリズム），道徳を個人の趣味や感情に歪小化するか（情動主義）である．そしてここに，現代の道徳的論議が実りなき不一致しかもたらさない原因があるわけである．

実際マッキンタイアは，現代の道徳的理論の支配的特徴を情動主義に求める．(15)もちろん情動主義は，メタ倫理学上の一つの立場にすぎないが，マッキンタイアが指摘するのは，情動主義的特性が，それを克服しようとする立場にも浸透しているということである．つまり道徳の客観性を証明しようとするロールズ（John Rawls）やドゥオーキン（Ronald Dworkin）などの現代の理論家の試みが，いずれも不成功に終っているだけでなく，「道徳的合理性」という鍵概念に関してさえ，彼らの間で一致をみていないという点で，情動主義の呪縛を免れていないというのである．

絶対主義と相対主義　現代はニーバー（Reinhold Niebuhr）が言ったように，科学と技術文明によって難破船と化しているということもできようし，(16)進歩の神話への信頼を失って，「暗鬱なシニシズム」(17)に陥っていると捉えることもでき

よう．しかも，そのような時代にかつては力をもった終末論やマルクス主義も，現代では影が薄い．それらは歴史の袋小路からの最終的出口を人びとに約束するが，現代の人びとはそうした出口を信用しなくなりつつある．

　このような「出口なし」の時代に対する反応には二つの型がある．おのおのを「絶対主義（absolutism）」，「相対主義（relativism）」と呼ぶことにしよう．絶対主義の反応は，文化，価値，知識の合理性や普遍性を保持し，復興しようとする．それは危機に面しての保守的反応である．

　それに対して相対主義の反応は，文化，価値，知識の合理性や普遍性を徹底的に否定し，相対化しようとする．それは文化的相対主義として，道徳的ニヒリズムや情動主義として，あるいはクーン（Thomas Kuhn）の『科学革命の構造（*The Structure of Scientific Revolution*）』におけるパラダイム理論として現われた．

　現代はいわば，どんな最終的出口も見いだしえない不透明な時代であり，そのただなかにあって人びとは，絶対主義と相対主義の岐路に立たされている．そして現代の人びとに求められているのは，それらのいずれでもない中間の道を模索することであるように思われる．このことは道徳理論や道徳教育においても例外ではない．道徳理論は，かつてのように理性の普遍性に依拠することはできないであろう．というのは，理性は合理的なものと非合理的なもの，善と悪，勝利と敗北などといった，すべての相反するものが解きがたくもつれ合う歴史過程に，否応なく巻き込まれているからである．しかしこの自覚に立って，なお人びとのあいだの道徳的一致を追求することは不可能ではないように思われる．同様に道徳教育に求められるのも，絶対性を僭称して，実際は偏狭な道徳を教え込むことでも，道徳教育を放棄することでもなく，道徳的一致を追求するに足る能力と資質を涵養することであろう．

第2節　道徳とはなにか

1　基礎的な道徳的概念

道徳と価値　道徳は言うまでもなく価値の一種である．それは他のさまざまな価値と区別して，道徳的価値と呼ばれてよいであろう．さらに道徳的に望ましくない価値は「反道徳的価値（immoral value）」，道徳以外の価値は「道徳外の価値（nonmoral value）」と呼ばれてよいであろう．すると価値一般は，道徳的価値を基準にすれば，道徳的価値と道徳外の価値に，また道徳的価値は道徳的（に望ましい）価値と反道徳的価値に分類できるであろう．

それでは道徳外の価値にはどのようなものが含まれるのであろうか．レッシャー（Nicholas Rescher）はそれをつぎのように分類する．[18] ①物質的・身体的価値（健康，安楽，安全など），②経済的価値（経済的安全性，生産性など），③社会的価値（慈悲深さ，礼儀正しさなど），④政治的価値（自由，正義など），⑤美的価値（美しさ，対称性など），⑥宗教的・精神的価値（敬虔，良心の清澄さなど），⑦知的価値（聡明さ，明晰さなど），⑧専門的価値（専門的に認められたり成功したりすることなど），⑨情感的価値（愛，受け入れなど）．

①〜⑨は道徳外の価値として，道徳的価値とは区別されるが，ここで注意すべきは，それらの価値は，経験において領域的に整然と区分けされているのではなく，相互に浸透し合っていることである．一見道徳とは無縁のように思われる行為は，経験的脈絡に応じて，いつでも道徳的性格を帯びるのである．

「道徳」ということば　それでは道徳的価値とはなにを意味するのであろうか．最初に「道徳」および，それとほぼ同義な「倫理」ということばの語源的意味を検討してみよう．

「道徳」に対応する英語 moral の語源は mos, mores であり，これは習俗，風習，習慣というほどの意味をもっている．また「倫理（ethics）」の語源はギリシア語の $\hat{\eta}\theta$os であるが，これも mos, mores とほぼ同じ意味であった．$\hat{\eta}\theta$os に

ついてもう少し詳言すれば，それは「慣れる」を意味する動詞 $\acute{\epsilon}\theta\omega$ に由来し，そこから，動物や人間が住み慣れる場所である「住処（すみか）」，一定の行動・生活様式に慣れるという意味で「習慣・習俗」，一定の行動や感動を反復訓練して，そこに慣れることから「性向・性格」を意味するようになったという[19]．

以上の語源的考察から言えるのは，「道徳」，「倫理」とは本来，人びとが共同体を営むにさいして，また共同体の中でさまざまな人間関係を結ぶにさいして，それらが安定した住処であるために，半ば自然発生的に生じた習俗や規範であり，習俗や規範を我がものとした人の性向や性格であったということである．人びとは習俗や規範に同化することによって，共同体という住処に住み慣れ，性向や性格を所有することによって，自分自身という住処に住み慣れる．

「人間」ということばが「人と人との間」と読めるように，人間存在の本質は共同体を営む動物だということであり，したがって，共同体を安定した住処にさせる道徳や倫理も，人間存在の深奥に位置づいているのである．

慣習的道徳と反省的道徳　道徳や倫理は半ば自然発生的に生まれ，またいったん確立されると，慣習や習慣として永続化する傾向をもつ．しかしどれほど閉じた共同体であろうとも，いずれは世代間や個々人の間で，道徳や倫理に関する考え方のずれが生じてくるであろうし，異なった共同体と接触するようになると，自他の共同体における道徳や倫理の相違に気づき，従来，自明視されてきた道徳や倫理を疑念の対象とするようになるであろう．

わたしたちはデューイとともに，自然発生的で慣習化された道徳を「慣習的道徳」，共同体の内的・外的条件の変化に伴って，慣習的道徳が深刻な疑念にさらされる場合の道徳の在り方を「反省的道徳」と呼ぶことにしよう[20]．慣習的道徳は共同体を律する規範として，指令や禁止の力をもち，殺生や性関係などの基本的なものから，迷信のような非合理的なものに至るまで，雑多な内容を含んでいる．それに対して反省的道徳は，自明視されてきた目的，権利，義務が疑わしいものとなり，いっそう包括的な，また合理的根拠をもつ道徳への探求が開始されるときに生じる．反省的道徳は，すべての人が生活経験において行

いうるものであるが，それが体系的に行われる場合には，道徳理論とか倫理学とか呼ばれる．ここに道徳と道徳理論，倫理と倫理学の区別がなされるわけである．

　ところで慣習的道徳と反省的道徳の区別は道徳教育にも深い関わりがある．道徳教育がもっぱら慣習的道徳に関わる場合，それは「しつけ」ということばで端的に表わされるように，規範や制裁などによる習慣づけを方法とし，共同体の道徳の内面化を目的としたものになる．いっぽう道徳教育が反省的道徳の涵養に関わろうとする場合には，批判的思考や合理的選択が重視され，道徳的判断の合理的根拠が追求される．道徳教育における習慣づけの側面と合理的思考の側面とは，ともに重要なものであるが，それらはピーターズ（Richard S. Peters）も指摘するように，容易に両立しがたく，しばしば道徳教育の目的や方法に関する対立となって現われる．

　道徳的行為とは　　反省的道徳は慣習的道徳に対する疑念から生じるのであるから，反省する個人は，自己の属する共同体の規範に埋没するのではなく，その規範をいわば括弧に入れて対象化し，従来の目的，権利，義務の妥当性を問い，道徳的判断を下さなければならない．この一連の過程は道徳的行為と呼ばれるが，ではいったい，ある行為が道徳的と言われるための条件はなんであろうか．

　この問題に一応の見通しをつけたのはアリストテレス（Aristoteles）である．

　アリストテレスによれば，行為が道徳的であるための第一の条件は，それが「本意（τὸ ἑκούσιον）」から為されたということである．「本意から」とは「自発的に」というほどの意味である．したがって自発的ではない行為，つまり「強制（βία）」による行為や「無知（ἄγνοια）」ゆえの行為は，「不本意（τὸ ἀκούσιον）」な行為であるから，道徳的ではない．それでは本意からの行為とはなにかといえば，それは強制によらない，つまり行為の原因が自分自身のうちにある行為であり，また無知のゆえではない，つまり行為を構成する個別的状況を認識したうえでの行為である．

第二の条件は行為が「選択（$προαίρεσις$）」ないし選択意志に基づくということである．常識的には，選択は理性的にも非理性的——たとえば欲望や激情から——にもなされるとみなされようが，アリストテレスが「選択」という場合は，前者に限られる．したがって第二の条件は，理性的選択ないし理性的選択意志に基づく行為ということもできる．では「理性的」とはなにかといえば，それは行為の目的ではなくして，一定の目的が設定されたのちに，それを実現するための手段系列が考慮に入れられていることを意味する．したがって道徳的行為とは，目的－手段連関を考慮して選択された行為であると言えるであろう．

　第三の条件は行為の目的設定に関するものである．アリストテレスによれば，理性は主として手段系列の設定に関わるというが，では目的はどのようにして設定されるのであろうか．それは行為者の「器量（$ἀρετή$）」や「性向（$ἕξις$）」によって設定される．つまり人びとの行為の方向性は彼らの性格によって規定されており，したがって行為の目的も行為者の性格の表現なのである．

　以上，行為が道徳的と言われるための条件を三つに大別して考察してきたが，これらを今少し敷衍すれば，つぎのように言えるであろう．
①道徳的行為は自己決定による，つまりは自律的でなければならない．
②道徳的行為は個別的状況認識に基づくとともに，普遍的な道徳的原理の認識にも基づかなければならない．
③道徳的行為は目的－手段連関についての熟慮に基づかなければならない．
④道徳的行為は外的な命令や禁止への従属からではなく，行為者の自我や性格の表現から生じる．換言すれば，スティーヴン（Leslie Stephen）が言ったように，道徳法則は「これを行え」とではなく「こうであれ」と命じ，「殺すな」とではなく「憎むな」と命じるのである．

2　道徳的原理への探求

善悪の基準　　反省的道徳は慣習的道徳を対象化し，それの妥当性の根拠を

問う．人間はなにをなすべきか，行為の善悪を決定する究極的基準はなにか，という問題が追求されることになる．倫理学，とくに「規範的倫理学（normative ethics）」はこの問題を主題的に探究するが，伝統的な倫理学の強い特徴は，善悪の究極的基準を一つに還元し，そこから残余の道徳的概念を演繹する，いわゆる「概念的還元主義（conceptual reductionism）」にある．伝統的に道徳の究極的基準とされてきたものには，デューイによれば，目的・善，正義・義務，賞賛・非難があるという．そこで以下では，デューイの分類に依拠しつつ，おのおのの概念を分析するとともに，おのおのを基本概念として，どのような道徳理論が構築されたかを概観してみよう．

　目的と善　　反省的道徳において重要となる一つの問いは，人間はなんのために生きるべきか，行為の究極的な目的はなにかということである．このような問いは慣習的道徳においては生じない．なぜなら，そこでは人びとは慣習や習慣に従って生きていけばよいからである．しかし慣習的道徳の基盤が動揺し，従来の慣習や習慣が通用しなくなるとき，人びとは改めて，行為の究極的な目的を求めなければならない．では当の目的はなぜめざされるに値するかといえば，その目的が善だからである．アリストテレスが「ものみなのめざすもの」という「善」の定義に賛同して，さらに「われわれがそれをそのもの自体のゆえに願望し，それ以外のものをそのもののゆえに願望する或るひとつの目的があるとすれば，……この目的こそ明らかに『善』であり，『最高善』であろう」と述べるのは，この意味においてである．

　このように目的と善とは不可分に結び付いているが，それらを道徳の究極的源泉とみなす場合には，二つの理論的課題について考察しなければならない．その一つは，なにが善であり最高善であるか，なにが行為の究極的な目的であるべきかについての理論，つまり「善の理論（a theory of good）」を構築することである．もう一つの課題は，なにが善であり目的であるかを正しく洞察する能力に関するものである．この能力は「知恵（wisdom）」とか「賢慮（prudence）」と呼ばれるから，「知恵または賢慮の理論（a theory of wisdom of prudence）」

が追求されなければならない.

　それではめざされるべき目的や善としてはどのようなものが考えられるであろうか. それはごく大ざっぱに言って, 快楽を唯一の善とみなす立場, つまり「快楽主義 (hedonism)」と, それを否定する立場 (非快楽主義) に大別できるであろう.

　快楽主義の古典的な例はエピキュロス (Epicuros) に見られる. エピキュロスによれば, 迂遠な未来において実現されるべき目的は, その実現が不確定である以上, かえって心を乱すものであり, それゆえ現在の享楽こそ目的として相応しい. しかし現在の享楽のうちにも, 強烈ではあるが心を乱すものと, 穏やかではあるが永続的なものとがあるであろう. エピキュロスが是認する快楽とは後者であり, たとえば知的快楽とか, 親しい友人関係から得られる快楽の類である. エピキュロスの快楽主義は, 端的に言えば, 世間の喧嘩から退却した人びとにこそ相応しい, 「隠者の倫理」とでも呼ぶべきものである.

　近代になると, 快楽主義はベンタム (Jeremy Bentham) によって「快楽主義的功利主義 (hedonistic utilitarianism)」として展開された. 功利主義とは一般に, ある行為の結果がどれほど世界全体における善を増し, 悪を減らすかをもって, 善悪の基準とみなす立場を指すから, 快楽主義的功利主義とは, 善悪を快苦と同義であるとしたうえで, 善の総量を可能な限り増すように行為せよ, と説く立場を意味する. しかもベンタムは, 快苦は質的に無差別な心理的原子であると解したから, 快苦は数量化できることになり, 快楽の総量の計算 (快楽計算) によって, 行為の善悪が客観的に判定できるとした.

　ところで「快楽」は「幸福」としばしば同義であるとみなされるが, 「幸福」をもっと広義に解すならば, 道徳的目的を幸福に定位する「幸福主義 (eudaemonism)」が成り立つ. その場合, 快楽主義は幸福主義の一種とみなされるであろう. 幸福主義の典型はアリストテレスに見られる. アリストテレスは当時の通念に従って, 最高善は幸福であるという. では幸福とはなにかといえば, それはまず一定の能力を所有した状態ではなく, 一定の活動である. しか

もその活動は人間の最高の徳,つまり最高の生の卓越性に即したものでなければならない.そしてアリストテレスは,人間における最高の卓越性を理性であるとみなしたから,「観想的生活（βίos θεορητικόs）」こそ幸福であるとしたのである.

これまで考察した幸福主義や快楽主義以外にも,道徳的目的を自己実現や知識の所有や力への意志に求めるさまざまな非快楽主義があるが,快楽主義と非快楽主義とは,目的や善を道徳上の基本概念とみなす点では共通である.

正義と義務　目的・善を基本に据える立場は,他の道徳的概念をそれの派生態とみなそうとする.たとえば「義務」は「目的を実現しようとすべきこと」として,「徳」は「目的を実現しようとする性向」として定義される.

しかし行為の善悪は,単に行為の目的や結果によってばかりでなく,行為自体の在り方,つまりどんな動機に基づいて行為したか,良心に従って行為したか,義務に則って行為したか,などの基準によっても決定されるように思われる.常識的観点からしても,人びとは行為の結果得られる善悪,禍福の如何にかかわらず,為すべき義務があることを知っている.義務意識は人びとの欲望を規制する強制力や権威としてはたらく.この観点からすれば,行為の善悪は,当の行為が義務に従ったものであるか否かによって決定されるのであり,そうした行為には「正邪（right or wrong）」の判断が下されるのである.

ところでもし人びとに対して強制力や権威として作用する力が独断的,恣意的であるとすれば,それは従うに値しないから,反省的道徳にとって問題となるのは,人びとの義務意識を規定するに足る合理的根拠はなにかということである.一般に正義,義務,動機,良心などを基本概念として道徳理論を構築する立場は「義務論的理論（deontological theory）」と呼ばれるが,この立場の一つである「行為義務論（act-deontology）」は,義務意識を規定しうる合理的根拠を認めず,個別的状況における行為者の決断が主体的であるか否かだけを正邪の基準とする.

決断の主体性を重視する道徳理論は,主として実存主義,たとえばキェルケ

ゴール（Sören A. Kierkegaard）などの思想に見られる．たしかに，主体性こそ真理であるとするキェルケゴールの洞察は，理性の抽象性に目を奪われて，肝腎の行為主体を見失いがちであった，伝統的な道徳理論に対する警告として，傾聴に値する．しかし，それでもなお，決断は主体的であるだけでは，行為の正邪に関する必要十分条件とはいえず，合理性を兼備しなければならないであろう．

　義務意識を規定する合理的根拠を認め，その内実をなす道徳法則による意志規定の如何をもって正邪の基準とする立場は，「規則義務論（rule-deontology）」と呼ばれる．すると道徳法則の根拠をなにに求めるかが重要な問題となるが，規則義務論の一形態である「神意説（the Divine Command Theory）」は，その根拠を神の意志や法に求める．つまり人びとは，神の意志や法に基づいて自らの意志を規定して，行為すべきだと言われるのである．

　しかし規則義務論を最も徹底して推し進めたのはカントであろう．というのはカントは，意志規定の根拠を欲求の対象つまり実質に求め，その実質から為すべきことを導出しようとする，すべての立場を否定するからである．カントによれば，神意説でさえも，結局は神の意志から人びとが期待する幸福を意志の「動因（Bewegungsursache）」としている以上，否定されるべきである．

　道徳法則の根拠が欲求の対象つまり実質に求められないとすれば，それはどこに求められるべきかと言えば，それは「実践理性（praktische Vernunft）」に求められる．つまり道徳法則とは，道徳の究極的な成立基盤である実践理性が「自己立法（Selbstgesetzgebung）」したものであり，実践理性の自覚の内実なのである．すると道徳法則は，実践理性の自覚であるから必然的に実質を含まない，純粋に形式的なものとなるのであって，実際カントが提示する道徳法則の三法式は，いずれも形式的規定しか含んでいない．たとえば，第一の法式「汝の意志の格律が，常に同時に普遍的立法の原理として妥当しうるように行為せよ」は，具体的な行為についてはなにも指令はしないのである．

　ではいったい道徳法則は，行為者にとってどのような意味をもつのであろう

か．行為者がある行為を意志する場合，当の意志を規定するものは「格律（Maxime）」と言われる．格律とは行為者の主観的行動原理のことである．人間は有限な存在者である以上，格律はしばしば個人的な欲望や自己幸福への衝動によって規定されがちであるが，カントが道徳法則をもち出して主張するのは，人びとが格律を形成するにさいしては，道徳法則に合致しようとする意志にのみ基づいて，道徳法則を遵守しようとする義務意識にのみ基づいて，また道徳法則への尊敬の感情から，行うようにせよということである．たとえば，前述の第一の法式が命じるのは，行為者は自らの格律が，似たような状況にいるすべての人びとの格律としても妥当するものであるように欲し，またそういう観点から格律を選択せよということなのである．

以上から明らかなように，正義や義務を基本的な道徳的概念とみなす立場は，欲求の対象としての善，つまり「自然的善（natural good）」と，道徳法則に合致しようとする意志の善さ——カントはこれを「善意志（Gutswille）」と呼ぶ——，つまり「道徳的善（moral good）」とを峻別し，後者のみが善悪の究極的基準であると主張するのである．

賞賛と非難　ところでデューイによれば，目的・善や正義・義務以外にも，道徳の究極的源泉とみなしうるものがあるという．それは行為に対する「賞賛と非難（praise and blame）」，「是認と否認（approval and disapproval）」である．人間は社会的存在であり，その行為のすべては社会的行為といってよいほどであるから，賞賛と非難は，あらゆる行為につきまとっている．賞賛と非難は共感，つまりヒューム（David Hume）の言う「他人の傾性（inclination）とか情感とかを交感伝達によって受けとる傾向（propensity）」に基づいている．たとえ道徳的意志が義務意識に基づこうとも，その意志が自発的な共感に支えられていないならば，冷酷なものとなるであろう．

ところで慣習的道徳において，ある行為が賞賛もしくは非難されるのはなぜかと言えば，それは，その行為が当の行為者の属する集団のエートスに合致もしくは背反しているからである．たとえば好戦的な集団では好戦的な性格特性

が，産業社会では勤勉な性格特性が，徳として賞賛され，それに反するものは悪徳として非難されるわけである．したがって，賞賛と非難は行為者の属する集団のエートスに対して相対的であり，当の集団のエートスが他の集団との接触などによって動揺する場合には，どんな行為や性格特性が賞賛もしくは非難されるべきかが，改めて問われなければならなくなる．

　反省的道徳にとって問題となるのは，賞賛に値する行為や性格特性の客観的な「基準（standard）」はなにかということであり，英国経験論の倫理学は，主としてこの問題をめぐって展開された．シャフツベリー（Third Earl of Shaftesbury）の「道徳感覚（moral sense）」を始め，アダム・スミスの「公平な観察者（impartial spectator）」などは，すべて上述の基準を求める探究の所産であったと言えよう．

　しかし共感にしろ道徳感覚にしろ，基準としては主観的にすぎるであろう．そして共感や道徳感覚の主観性を克服する試みとして功利主義が登場したと解される．すなわち功利主義は賞賛の客観的基準として，ある行為が万人の幸福や福祉に寄与することをあげるのである．この基準からすれば，自他の幸福，自分の家族とそれ以外の人びとの幸福は，すべて平等に考量されるのであり，そのような客観的に捉えられた幸福の増進に寄与するように行為せよと命じられるのである．

　道徳的不一致の本質　これまでわたしたちは，人間はいかに生きるべきか，善悪の究極的基準はなにか，という問いに対して与えられてきた解答を，目的・善，正義・義務，賞賛・非難という三つの観点から考察してきた．そして以上の考察から，現代における道徳的不一致の意味が明らかになる．すなわち，現代の人びとは，個人の道徳的判断においても，公共政策の決定においても，唯一の正しい基準を見いだしえず，むしろ相互に還元不可能でありながら，部分的には正しいと認めざるをえない，さまざまな基準のあいだで途方にくれている——これが道徳的不一致の源泉であるように思われるのである．

　道徳的不一致に面して，わたしたちはどうすべきであろうか．ここでは二つ

の方略を提起しよう．その一つは，現代において競合し合っている諸基準をいっそう精密にして，統一的な基準が見いだされるよう努めるべきだということである．

　もう一つの方略はいっそう現実的であって，例えばネーゲル（Thomas Nagel）の言うように，道徳の源泉は複数あると当面認めたうえで――ネーゲルによれば，人間は世界を，個人的，関係的，非個人的，理想的などの視点から眺めることのできる複雑な動物であり，各視点から異なった権利要求が生じるという[28]――，それら諸源泉が調和的に作用して，状況に応じて，理に適った道徳的判断が得られるような方法を探究することである．この方略は，伝統的な道徳理論の要求から見れば，控え目にすぎようが，試みるに値するものである．

第3節　現代道徳教育の課題

1　徳は教えられるか

近代公教育と道徳教育　　伝統的に，道徳教育は教育の中心であると考えられてきた．というのは，ピーターズも言うように，「教育」には規範的側面が含まれており，ある行為や過程が「教育的」と言われるためには，価値ある内容が，道徳的に受け入れられる仕方で伝達される必要があるからである．[29]　もっと一般的に言えば，教育とは善き目的，善き内容，善き方法を通じての善き人間の育成であり，その意味で，教育自体が道徳教育なのである．

　しかし奇妙なことに，近代公教育の歴史において，学校における道徳教育は概ね回避されてきた．道徳教育は家庭や教会で行われるべきだとされ，学校教育は知育に限定された．その一つの理由は，近代社会において，国家権力の干渉を防ぐことが市民的自由のために重要であり，したがって宗教や道徳といった人間の魂に関わるものは，公教育から独立な，私事である必要があったことである．もう一つの理由は，とくにアメリカのような宗教的多元性を特徴とす

る国家に顕著なのだが，国家統一のためには，宗教的・道徳的信条と国家の成員である資格を分離し，前者を私事に属する事柄とみなす必要があったことである．したがって，国家の成員の育成に携わる公教育では，宗教教育や道徳教育は回避されてきたのである．

しかし近年，日本においてばかりでなく，アメリカにおいても，公立学校で「市民的徳（civic virtues）」を教えるように求める声が，急速に高まりつつあるという．

ソクラテスの問い　しかし性急に道徳を教えようとする前に，道徳を教えるとはなにを意味するか，道徳は教えられうるのか，という根本的な問いが立てられなければならない．というのは，この問いはソクラテス（Socrates）によって立てられて以来，いまだ解決されていない難問だからである．

ソクラテスは，万事は教えられると説いたプロタゴラス（Protagoras）に対する反問として，上述の問いを立てたのだが，ソクラテスが問うたのは，慣習的道徳の可教性ではなく，普遍的な道徳的原理の可教性である．ソクラテスの結論は，普遍的な道徳的原理は知識であり，そうである以上道徳は可教的だということであり，また普遍的な道徳的原理を知った人は，必ず善い行いをするはずだと説く，主知主義的な立場であった．

ソクラテスの結論に異を唱えたのはアリストテレスであった．というのは，アリストテレスは道徳を知識ではなく習慣とみなしたからである．道徳とは善き習慣であり，それは，あらゆる習慣がそうであるように，知識によってではなく，活動によって，しかも模範や手本に基づいた活動によって身につけられる．善き行為によって善き習慣が獲得されるのであるから，道徳は知識として教えられるようなものではない．

道徳の可教性　ソクラテスとアリストテレスの立場は，道徳の可教性に関する，典型的な二つの解答である．わたしたちは，道徳の可教性という問題について，どう考えるべきであろうか．

この問題に対する解答は，「道徳」と「教育（教える）」をおのおのどのように

捉えるかに依存する.

　まず「道徳」つまり道徳教育の内容的側面について言えば，それは慣習的道徳か反省的道徳かであるが，おのおのには次のような問題が含まれている．慣習的道徳について言えば，①それは雑多な内容から構成されており，中には基本的生活習慣のように，意図的に教えられるというよりも，むしろ社会的生活環境からの無意識的影響，もしくはデューイの言うように「よい育ち」そのものであるようなものも含まれているということ，②それは文化や伝統の所産であるから，普遍性を欠くものが多く含まれており，かりに「平和」のような普遍性をもつと思われる徳を教える場合でも，その語の解釈は文化的伝統に対して相対的であること，③それを教えようとすると，「道徳的訓練（moral training)」になりがちだということ，が指摘されよう．

　反省的道徳について言えば，①それは慣習的道徳についての反省であるから，反省に先立って慣習的道徳が身につけられなければならないが，行きすぎた慣習的道徳の教えは，それについての反省自体を不可能にしがちだということ，②現代においては，反省的道徳によって追求されるべき，普遍的な道徳的原理自体が分裂状態にあるということ，が指摘されなければならない．

　つぎに「教える」つまり道徳教育の作用的側面について言えば，その語はけっして一義的とは言えず，シェフラー（Israel Scheffler）は「教える」を，刻印モデル，直観モデル，規則モデルの三つの位相から分析している．

　刻印モデルは常識的な「教える」の理解に最も近い．このモデルでは，人間の心は外界の情報を貯蔵する容器とみなされ，「教える」とは容器としての心に，外界の情報を蓄積することだと考えられる．「頭に叩き込む」という表現は，刻印モデルの常識的な理解をよく表わしている．

　直観モデルは，刻印モデルと異なって，知識を断片的な情報の総体としてではなく，そうした情報の根拠と解し，「教える」とは，そうした根拠を洞察し，直観する力を与えることだとみなす．しかし明らかに，洞察力や直観力は，子どもの心に直接植えつけることは不可能であり，したがって「教える」とはせ

いぜい，子どもが独力でそれらの力を獲得するのを助成することでしかない．

規則モデルは，認識的判断や道徳的評価において，原理，理由，整合性を重視し，合理的行動とは，それらに拘束された行動だと考える．したがって「教える」とは，子どもが原理，理由，整合性などに従って行動できる自律的精神を育むことである．しかし自律的精神を子どもに直接植えつけることは不可能であり，それは教師と子どもがともに参加する合理的対話や反省活動の中で促されるほかないのである．

「道徳」および「教える」についての以上の分析から，「道徳は教えられるか」という問いに対して暫定的な答えが得られるであろう．

第一に道徳教育の内容を慣習的道徳と解すならば，それに相応しい「教える」の意味は刻印モデルによって与えられる．その場合，道徳教育とは，子どもの頭と心に慣習的道徳を叩き込むことである．この意味でならば，模範や制裁という方法を用いて，子どもに道徳を教えることができると言えそうであるが，これはもはや道徳教育ではなく道徳的訓練であって，とくに学校教育では相応しくない．

第二に道徳教育の内容を反省的道徳と解すならば，それに相応しい「教える」の意味は直観モデルまたは規則モデルによって与えられる．その場合，道徳教育とは，道徳的原理を洞察し直観する力を与えるか，原理，理由，整合性などに従って行動できる自律的精神を育むか，することである．しかし前述のように，洞察力や直観力も自律的精神も，子どもの心に直接植えつけることはできない．したがって，「教える」を刻印モデルの意味に解釈すれば，道徳を教えることは不可能であるが，「教える」を助成や，合理的対話を教師と子どもがともに行なう，という弱い意味でならば，道徳は教えられると言えるであろう．

2 道徳教育の課題

道徳的主体としての子ども　先の分析から，ある限られた意味で，道徳は可教的であることが結論された．しかし実際に道徳を教えようとするに先立って，

確認しなければならないことがある．それは，子どもは道徳的主体だということである．道徳教育の実践においては，なにをどのように教えるかという，教える側の論理のみが優先され，子どもは道徳的客体として扱われる場合が多いように思われる．

しかしピアジェ（Jean Piaget）やコールバーグ（Lohrence Kohlberg）などが明らかにしたように，子どもは世界との相互作用を通して，能動的に世界の意味を構成する主体である．道徳に関して言えば，子どもは世界との相互作用を通して，自らの道徳的基準を形成するのであり，それゆえ道徳教育とは，そうした基準に間接的に影響しようとする試みにすぎないのである．

また子どもが道徳的主体だということから，子どもの道徳的自由への配慮が必要になる．道徳とは究極的には，世界に対する人間の根源的態度であり，したがってそれは人間の存在様式をも規定する．道徳教育は，根源的な態度決定が理知的に行われるよう，子どもたちを助成することはできるが，態度そのものを子どもの代わりに決定することはできないのである．

道徳教育の課題　　それでは，現代における道徳教育の課題として，どのようなものが考えられるであろうか．その課題は，これまでの考察から導き出された条件を満足しなければならない．その条件とはつぎのようなものである．①子どもは道徳的主体として捉えられるべきこと，②道徳を教えるとは，せいぜい子ども自身が形成する道徳的基準や性格特性に好ましい影響を与えることであって，道徳を直接植えつけるのではないこと，③教育とは本来，それ自体が道徳的営みであること，④道徳的行為とは，行為の原因が自分自身のうちにあり，個別的状況認識と普遍的な道徳的原理の認識に基づき，目的‐手段連関についての熟慮に基づき，また行為者の自我や性格の表現であるようなものであるから，道徳教育においても，子どもがこれらの条件を満足しつつ行為できるよう配慮すべきこと，⑤現代は道徳的不一致の支配する時代であり，それに対する反応も，絶対主義と相対主義に両極分化する傾向にあるが，わたしたちはそのいずれでもない中間の道を進むべきであり，そのためには道徳的諸原理間

の統一の可能性を追求するとともに，それら諸原理間を調整して，状況に応じて理に適った道徳的判断が下されうるような方法を求めるべきこと，⑥慣習的道徳と反省的道徳は，ともに道徳教育の不可欠な要因でありながら，容易に両立しがたいものであるから，それらの両立可能性を追求すべきこと．

以上六つの条件を満足するために，道徳教育はつぎのような課題に取り組まなければならない．

第一の課題は，ますます閉鎖的で硬直したものになり，隠れたカリキュラムと競争の倫理によって歪められた学校を，生き生きとした生活の場として再生することである．道徳性は知性・意志・情操の三側面の融合統一であるが，そうした統一は善き生活によってのみ可能である．善き生活が欠けたところで，知性・意志・情操を意図的に訓練することは，無意味であるばかりでなく，有害でさえある．道徳教育の課題として社会的知性，社会的力，社会的関心を掲げるデューイが，その条件として，学校それ自体が真の社会生活であるべきだと言うのも，コールバーグが学校を「公正な共同体（just community）」として建設しようとしたのも，以上の意味においてなのである．

第二の課題は，道徳教育の知的側面に関するものである．学校が陽表的な道徳教育において関与しうるものは，主としてこの側面であり，その目的は，子どもが理知的に道徳的基準を形成したり，理知的に道徳的判断を下せるよう援助することである．いっそう分析的に言えば，①善，義務，徳などの道徳的概念，節制，勇気などの道徳的価値の意味または使用法を探究させること，②道徳的諸基準を調整し，目的‐手段連関を調整し，個別的状況認識を行ったうえで，理に適った道徳的判断を下せるような力を育むこと，③さまざまな道徳的基準を検討させ，いっそう統一的な基準が見いだせるよう働きかけること，④子どもたちのあいだで理知的に合意に達することができるような対話の力を育むこと，である．

第三の課題は，慣習的道徳と反省的道徳を道徳教育において調和させることである．本来，慣習的道徳はしつけという形態をとって，家庭で教えられるべ

きものであろう．学校は，家庭における教育が，その親密な人間関係と特有の権威構造のゆえに，しばしば恣意的で独断的になり，また子どもの自律を阻むという危険性を救うために，家庭と連携しつつ，家庭教育の恣意的・独断的性格を修正し，自律的精神を育むことを任務とすべきであろう．

しかし現代においては，家庭の教育力の弱体化とともに，学校が家庭と学校の役割を同時に背負い込み，しかもそれらが自家撞着を起こしている．端的に言えば，学校は子どもの自律を目標としながら，実際は自律を阻んでおり，この矛盾が子どもの学校不信を生んでいるのである．

以上から明らかなように，現状では慣習的道徳と反省的道徳との調和を達成することは困難である．将来的には家庭の教育力の回復——そのためには社会が生活中心のライフスタイルに変わる必要がある——とともに，家庭と学校の本来の役割を取り戻すべきであろうが，現在可能なのは，慣習的道徳が過度の権威と制裁によって教え込まれないように留意し，また反省的道徳の涵養が，迂遠な話題や説教によって形式的にならぬよう配慮しつつ，おのおのが他方の行きすぎに対して批判的な力となりうるように努めることであろう．

注

(1) 光安文夫監修『生徒指導と学校臨床』北大路書房，1987年，188ページ．
(2) John Dewey, *Moral Principles in Education*, in *The Midde Works of John Dewey*, Vol. 4, Southern Illinois University Press, 1977, p. 285. 以下同著作集は *MW* と略記する．また *The Later Works of John Dewey* は *LW* と略記する．
(3) 岡本夏木「ことばと人間形成」『教育の方法』第四巻，岩波書店，1987年，19ページ．
(4) 大田堯『教育研究の課題と方法』岩波書店，1987年，252ページ以下．
(5) オリビエ・ルブール，石堂常世訳『教育は何のために——教育哲学入門——』勁草書房，1981年，21ページ．
(6) Harold Howe II, 'Can Schools Teach Values?', in *Teachers College Record*, Vol. 89, 1987, pp. 63ff.

(7) John Dewey, *Democracy and Education*, in *MW*, Vol. 9, p. 20.

(8)　エーリヒ・フロム，鈴木重吉訳『悪について』紀伊国屋書店，1965 年，69 ページ．

(9)　トーマス・ローレン，友田㤗正訳『日本の高校——成功と代償』サイマル出版会，1988 年，213 ページ．

(10) Alasdair MacIntyre, *After Virtue : A Study of Moral Theory* (2nd. ed.), University of Notre Dame Press, 1984, p. 6.

(11) William Zuurdeeg, *An Analytic Philosophy of Religion*, Abington Press, 1958, p. 107.

(12) Peter L. Berger et. al., *The Homeless Mind : Modernization and Conciousness*, Penguin, 1981, p. 175; quoted from Donald Vandenberg, 'Education and the Religious', *in Teachers College Record*, Vol. 89, 1987.

(13) Stephen Toulmin, *The Return to Cosmology: Post Modern Science and the Theology of Nature*, University of California Press, 1985, pp. 228-237.

(14)　リチャード・ローティ，冨田恭彦訳『連帯と自由の哲学』岩波書店，1988 年，166 ページ．

(15) A. MacIntyre, *After Virtue*, chap. 2.

(16) Reinhold Niebuhr, 'The Christian Wittness in the Social and National Order', in *the Essential of Reinhold Niebuhr*, R. M. Brown (ed.), Yale University Press, 1986, p. 97.

(17) John J. MacDermott, 'From Cynicism to Amelioration : Strategies for a Cultural Pedagogy', in *Pragmatism : Its Sources and Prospects*, Robert J. Mulvaney & Philip M. Zeltner (eds), University of South Carolina Press, 1981, p. 72.

(18) Nicholas Rescher, *Introduction to Value Theory*, University Press of America, 1982, p. 16.

(19)　井上忠・藤本隆・山本巍・宮本久雄『倫理——愛の構造』東京大学出版会，1985 年，143-144 ページ．

(20) John Dewey and James Tufts, *Ethics* (2nd. ed.), in *LW*, Vol.7, 1985, pp. 162-166.

(21) Richard S. Peters, *Moral Development and Moral Education*, George Allen &

Unwin, 1981, pp. 45ff.
(22) アリストテレス，加藤信朗訳『ニコマコス倫理学』（アリストテレス全集）第13巻，岩波書店，1973年，第3巻第一章1109^{b}30以下参照．
(23) Leslie Stephen, *The Science of Ethics*, Smith, Elder, and Co., 1882, p. 155, quoted from John Dewey and James Tufts, *Ethics*, in *LW* vol.7, pp. 172-173.
(24) アリストテレス『ニコマコス倫理学』1094^{a}18-21．
(25) Immanuel Kant, *Kritik der prakischen Vernunft*, Verlag von Felix Meiner, 1974, S. 49.
(26) David Hume, *Treaties of Human Nature*, Pelican Books, 1969, Book II, Part1, SectXI.
(27) Cf., John Dewey and James Tufts, *Ethics*, in *LW*, Vol. 7, p. 238.
(28) トマス・ネーゲル，永井均訳『コウモリであるとはどのようなことか』勁草書房，1989年，211ページ．
(29) Richard S. Peters, *Ethics and Education*, George Allen & Unwin, 1970, p. 25.
(30) John Dewey, *Democracy and Education*, in *MW*, Vol. 9, p. 22.
(31) イズラエル・シェフラー，生田久美子訳「『教える』とは何か」『現代思想』1985年11月号，48-62ページ．
(32) Cf. ex., Anne Colby and Lohrence Kohlberg, *The Measurement of Moral Judgement*, Vol. 1, Cambridge University Press, 1987, pp. 4ff.

第2章　道徳性の発達と教育

　道徳（moral）という語は，行儀作法，習俗，風習などを意味するラテン語のモレス（mores）からきていることからもわかるように，もともと個々人の行動を規制する社会的な性格をもつものである．一言で言うと，道徳とは人間が社会生活を営むうえで守らなければならない規範・規則の総体である．デュルケムによれば，それは人間の行為を前もって規定している規則体系である．したがって，日常の社会生活においてそこに生起するもろもろの義務を果たすことが，人間の道徳的な在り方であると言われる．

　そして道徳性とは，そのような社会的な規範や規則に従う人間の基本心性を意味している．しかし，道徳がすぐれて社会的なものであるとすれば，それは時代や文化，風俗によって異なる．また，道徳性が発達する人間の基本心性を意味するとすれば，それはさまざまの発達的な様相を呈示する．安易に道徳の在り方や道徳性の発達を規定することはできない．

　道徳性の発達については，今日とくに，道徳教育の観点から適切な理解が求められている．発達というと，一般的には，年齢の変化に伴う諸能力の増大ぐらいに考えられている．知識や技能が年齢とともに量的に増大することだと理解されている．したがって「発達段階に即して」という言葉は，ほぼ「年齢に即して」という意味で使われることが多い．ここでは，概して発達は，道徳性の発達にせよ知性の発達にせよ，学習の積み重ねの過程とみなされている．

　しかし，発達は，ただ単に知識や技能が量的に増大する過程ではなく，「内的な経験」の過程であるとする見方もある．ピアジェ（J. Piajet）やコールバーグ（L. Kohlberg）によれば，道徳性の発達とは，単に規則や義務についての知識を増やしたりすることではなく，状況の中で規則の意味や働きについてより卜一

タルに考え適切に判断することができるようになる,ということである．発達を精神の「構造」の変化とみる考え方である．

　さて，道徳性の発達理論については諸説があるが，代表的なものに，古典的なものとして道徳の本質を良心に求めるルソー（J. J. Rousseau）の自然主義的道徳論や個人の社会化を原理とする道徳教育を唱えるデュルケム（E. Durkheim）の合理的道徳教育論がある．現代では，認知発達論的な立場に立つピアジェやコールバーグの理論，そのピアジェの認知発達を基調とした「脱中心性」の発達観を批判して関係論的視点から子どもの全体的発達を構造的に捉え，発達段階を設定するワロン（H. Wallon）の理論，精神分析学の立場から精神発達の起源を生物学的に備わったリビドーに求め，情動の発達に着目したフロイド（S. Freud）の心理性的発達段階説や，それをさらに発展させ「自我同一性」の発達に着目して八つの発達段階を主張するエリクソン（E. Erikson）の社会心理発達段階説，などがある．

　これらの代表的な道徳性発達理論は，今日の道徳教育にすぐれた知見や手がかりを提供しているが，そこにはまた，多くの検討課題が残されている．道徳教育は発達理論をそのまま安易に適用すればそれでこと足りるといった単純な営みではないからである．道徳とは，すぐれて人と人との間柄・関係に関わる事柄だけに，また人間にとって「いかに生きるか」という切実な問題であるだけに，そこはよほど全体的，総合的に見ていかないと，われわれはことの本質を見失う恐れがある．

　今回の学習指導要領の改定では，とくに道徳教育の充実が核となっている．そして道徳教育については，「道徳性の発達」や「発達段階」に着目することが強調されているが，改めて道徳性の発達・発達段階について十分な理論的検討を行うことがその前提となるだろう．以下，道徳性の発達に関する代表的な理論を概観し，それをふまえて，これからの道徳教育の視点を探ってみたい．

第1節　デュルケムの道徳教育論

1　道徳とは

　デュルケムによれば，人間は本来社会的な存在である．人間は社会においてのみ人間として形成される．教育とは，このような意味での「社会化」の過程である．したがってデュルケムは，教育とは人間一人ひとりに付与された人間性が自動的に発展するのを援助する過程とみなすルソーやカント（I. Kant）らの見解を，「個人的」，「恣意的」，「自己中心的」なものとして退ける．それは抽象であって人間の現実ではない．デュルケムは，教育の目的も過程も「社会的事実」（fait social）だと考える．

　道徳も，デュルケムにおいては，同じ視点から考えられる．それは，「内面の声，良心の声に耳を傾ければよい」という定式をもつモラリストの道徳のように「主観的」，「私的」なものではない．それは，社会にあるさまざまの規範，規則に関わるものである．端的に言って，道徳とは，行為を前もって規定している規則体系にほかならない．だから道徳の領域は義務の領域であり，「禁止の体系」から成っている．もっと平易に言えば，日常の社会生活において自分の恣意的な欲求を抑えて，そこで生起するもろもろの義務を果たし，規則正しい生活を送ることが人間の道徳的な在り様である．「日常性の画一性こそ道徳の基本的なエレメントである．」[(1)]

　このようにデュルケムにおいて，道徳の役割は人間の行為に規則性を与えることであるが，道徳性を構成する要素を次のように措定している．

2　道徳性の三要素

　デュルケムによれば，道徳性は次のような三要素から成る．①規律の精神，②社会集団への愛着，③意志の自律性である．

　「**規律の精神**」（esprit de discipline）　　デュルケムにとって道徳的行為とは

「一定の基準に従って行動すること，つまり，義務を履行することである．」「良き行為」とは「良き服従」を意味する．個人的な恣意から離れ規則性に従うだけ，その行為はいっそう道徳的となる．その行為の主体こそ「規律の精神」である．

ところで，「規律の精神」は，「規則性の感覚」と「権威の感覚」とから成っている．それらは「規律の精神」という一つの精神を構成する二つの位相にほかならない．道徳的に行為するためには，規則を敬う感覚，規則に対する権威を感じとらなければならない．二つの感受性があって初めて，人は規則に心から従うことができ，規則正しい生活を送ることができるのである．したがってデュルケムは，「規律の精神」を「あらゆる道徳的気質の第一の基本心性」[2]だとみなす．

「社会集団への愛着」（attachment aux group sociaux）　道徳性の第二要素である「社会集団への愛着」は，いわゆる「社会化」を意味している．デュルケムによれば，「われわれは社会的存在である限りにおいてのみ道徳的存在である」[3]そして「個人は社会に愛着することによってしか真に自分自身となり，その本性を十分に実現することができない．」[4]社会や他者を否定して，純粋な個人主義や利己主義を唱えることは，それ自体「架空の抽象」である．人間は社会に愛着をもち，社会からの働きかけに応ずることによって，豊かで充実した生活を営み，また，道徳性を高めることができるとされる．デュルケムにおいて，「社会集団への愛着」・「社会化」は道徳性の発達の重要な契機となっている．

「意志の自律性」（autonomie de la volonté）　カントにおいて，道徳の基本原理は意志の自律性であった．カントはこの意志の自律性を「純粋理性」によって根拠づけたが，この「純粋理性」こそ唯一自律的なものであった．したがって，法や規則に受動的，他律的に従うことは，カントにとって，意志（理性）の自律性に反することであり，道徳性に反することであった．

しかし，デュルケムによると，カントの言うように理性だけが自律的であるわけにはいかない．理性も社会から抑制され限定されており，それだけが「超

越的な能力」ではない．それは，「世界の一部を形成し，結果的には，世界の法則に従属している．」デュルケムの考える自律性は，そのように抽象的，非現実的なものではなく，どこまでも現実の社会を基盤としている．

さて，デュルケムによれば，人間は規則に対して受動的であるが，その規則の意味を知り理解しそれを自発的に欲するなら，その受動性を能動性に転換し，「意志の自律性」を獲得することができる．否定されるのは，「受動的な服従」である．規則の理由を十分に認識していない受動的な服従である．ここにデュルケムの新しい視点がある．つまり，「道徳の知性化」の視点である．もともと人間の「知る」（認識する）という行為自体，すぐれて能動的行為であって，それこそ人間の「自律性」の内実である．デュルケムが「意志の自律性」の要件として「知る」ことをあげたことは，すぐれた着眼であった．具体的な状況の中で一つひとつ事実を認識していくことが「自律性」を高めるのである．「道徳的に行動するためには……自分の行為の理由についてできる限り明晰で，かつ完全な意識をもたなければならない．」デュルケムはこの「意志の自律性」を「道徳の知性」とも呼ぶ．

3 道徳教育

デュルケムの道徳教育は，先の三つの道徳性を子どもの内部に培うことによって人間の「社会化」を達成することを目的とするが，それはルソー的な消極的，助成的な教育ではない．出発点となる子ども観が異なるのである．ルソーでは，子どもは「学ぶ能力」のあるものとして生まれ，その自然性は豊かな発達の可能性に満ちている．他方，デュルケムでは，子どもの本性は感情や欲望を抑制できない「自制力の欠如」を特徴としている．気の向くまま活動する「活動の不規則性」もある．要するに，子どもには道徳性の第一要素である「規律の精神」が欠けている，と見られている．

そこで，デュルケムの「規律」を求める道徳教育は，家庭ではなく，学校においてこそ行われるべきものだとされる．家庭においては，適切な道徳教育は

行われない．というのは，家庭は愛情や優しさによって庇護された情緒的な場であり，そこでは「規律の精神」，とくに「規則の感覚」が育たないからである．デュルケムにおいて道徳的な行為とは「道徳の規則に従う」ことを意味するが，家庭ではこのことが成り立たない．家庭はとかく規律のない，情緒的で個人的な道徳の場となりやすい．反対に，学校には「子どもの行為をあらかじめ規定する規則体系」がすべて存在する．だから学校でこそ，子どもは規則を尊ぶことや義務を果たすことを学び，また，社会性・社会集団への愛着を身につけることができる，とされる．

デュルケムは述べている．「子どもは規則正しく学校の教室に通い，きちんとした態度と服装で決まった時間にそこに出席しなければならない．かれは教室では秩序を乱してはならない．授業を受け宿題をしなければならない．それらを一生懸命にしなければならない．学校にはこのように子どもが従うべき多くの義務がある．そうした義務全体が，いわゆる学校規律というものを構成しているのである．」[7]このように規則正しい生活を子どもに課すことによって，「規律の精神」を子どもに「教え込む」ことができるのである．それも，個人としてではなく，集団の一員としてである．「規律の精神」と「社会集団への愛着」とは平行的に培われるのである．これがデュルケムの道徳教育の基本的な図式である．

さて，道徳教育における教師の役割について，デュルケムはこう考えている．「規律の精神」にせよ，「社会集団への愛着」にせよ，「教え込む」にはある「力」が必要であるが，その「力」こそ教師の権威である．教育の過程は「自動的な」ものではない．子どもは規則に内在する権威を感じとらなければならないが，その権威は教師を通して感じるのである．規則は，いわば，教師からその力を得るのである．子どもを規則に従わせその義務を果たさせるのは，他のだれでもなく，教師その人である．それは「単に学級の外面的な秩序の条件であるだけでなく，学級の道徳的生活を支える柱」[8]である．

とはいえ，デュルケムは教師の権威が罰や報酬に基づくものとは考えない．

体罰ははっきり否定する．それは「人間としての尊厳」を傷つけるものだからである．権威の源は「教師自身が愛着しさらに生徒にも愛着させようと努めている道徳的理念」の中にある．教師の内面からほとばしり出る規則への信念が子どもに放射し，それが権威となって教師に戻ってくる，と考える．言い換えると，子どもが規則を尊びそれに従うのは，教師自身がその規則を厳として信じ尊敬しているからである．デュルケムによれば，教師自身にそうした自分自身への厳しさがあって初めて，教師は規則に違反する者があれば，当然これを非難し叱責できるのである．

4　ピアジェの批判

　デュルケムの道徳教育は「教え込む」教育であり，大人から子どもへという「縦の系」を軸として展開されている．そこには，大人と子どもの相互関係に着目する視点，さらには子ども同士の相互関係に着目する視点がない，との批判がある．この点をまず指摘したのはピアジェである．道徳性の発達に関して子ども同士の関係・社会のありように着目したのはピアジェの卓見であるが，ピアジェは，デュルケムの道徳教育論を高く評価しながらも，デュルケムが道徳教育を大人から子どもへという「縦の系」に収斂させた点に，その致命的な欠陥を見ている．デュルケムは子ども同士の，相互的尊敬に基づく社会があることを見落としている．「デュルケムは子どもたちの自発的な社会，相互的な尊敬に関わる事実が存在することを無視している．」[9]ピアジェによれば，子どもたちはそうした「自発的に形成された社会」においてのみ自分にふさわしい道徳性を発達させるのである．たとえば，子どもは遊びの中では互いに対等な関係に立ってルールを変えたり作ったりすることや，相手の立場を理解することを学ぶようになる．それこそ，「協同の道徳(コオペラシオン)」であり，デュルケムの権威による「拘束の道徳(コントラント)」では民主主義社会の担い手は形成されない，と批判する．

　たしかに，「社会化」を社会に既存の考えや道徳を子どもに伝達することを教え込む過程とみなし，さらに子どもをそのように「社会化」されるべき受け身

の存在とみなしたデュルケムの見解には，今日では，多くの問題点も指摘できよう．しかし，宮島氏も述べているように，そこにはすぐれて根本的なテーマも隠されているように思われる．「個人の自律的な存在と社会的連帯とをいかに高いレベルで両立させるかという課題を，単なる思弁のなかにおいてではなく，社会的現実に即して考察していく」(10)というテーマがそれである．

第2節　ピアジェの道徳性発達理論

　ピアジェによると，大まかに言って子どもの道徳には二つのタイプが見られる．「拘束（他律）の道徳」と「協同の道徳」とである．他律の道徳は拘束と罰のうえに成り立っており，そこでは大人の権威，課せられた規則が絶対である．協同の道徳は相互性のうえに成り立っており，そこでは行為者の自律した意志が重視される．

　発達的視点からいうと，他律の道徳から協同の道徳へというのがピアジェの基本的な発達観である．ピアジェは，こうした道徳性の発達についてその『児童における道徳的判断』という著書の中で「子どもが遊びの中の規則をどのように考えているか」という視点から詳しく論じている．ピアジェは，子どもが規則をどう考えるか，その点に子どもの道徳性判断が現われると見たのである．ピアジェは道徳性の本質についてつぎのように規定している．「いかなる道徳も規則の体系から成っていて，あらゆる道徳性の本質は個人が身につけるこの規則にたいする尊敬の中にもとめるべきである．」(11)ピアジェが取り上げた遊びはビー玉遊びであるが，その遊びの規則を子どもがどう考えているか，臨床質問によって克明に調べている．他にも，子どもが罰や嘘をどう考えているかを調べることによって，子どもの道徳性発達の過程を検証している．まず，ピアジェは「規則の実践」という観点から，子どもの道徳性の発達段階を4段階に分けている．(12)

1 道徳性の発達段階

第1段階──「運動的・個人的段階」 この段階のビー玉遊びには「一定の方式」は存在しない．1～3歳の子どもにはビー玉の意味がわからない．ビー玉についていろいろ試す．転がしてみたり放ってみたり，なにかに入れて振ってみたりする．一定の目的などもたず，ただ試行錯誤している．しかし，この段階の遊びに規則が全く存在しないというわけでもない．ビー玉のもち方とか，転がし方とか，一定のスタイルのようなものができる．自分にとって一番楽しいことやおもしろいことをするようになり，そこに一定の型ができてくるのである．快適なリズムができてくる．行為の儀式化というのも，こうした快適なリズムから生まれてくる．しかし，この段階では，まだ規則の「外在的強制力」や「義務の要求」は存在しない．

第2段階──「自己中心的段階」 これは，4，5歳の頃よく現われる「集団的独話」と似通っている．他の子どもたちといっしょに遊んではいるが，そこにコミュニケーションが成立していない．仲間に入ってはいるが，自分の言葉や行為を他人と関係させることができず，自分勝手に遊んでいるのである．ここでは，遊びはまだ「社会的な」ものとなっていない．たとえばビー玉でも，「勝負」の社会的な意味がわかっていない．自分との関係でしか考えていない．──「君は勝ったの」「知らない．きっと勝ったんでしょう」「なぜ？」「だって，ビー玉をほうったでしょう」「じゃ，先生は勝ったかしら」「ええ，先生も．ビー玉ほうったからね」──ビー玉をほうれた方が「勝ち」なのである．ほんとうに遊びが「社会的な」意味をもつのは次の段階である．

第3段階──「協同が生まれる段階」 これは，7，8～10歳に至る時期で，子どもの間に協同が生まれる時期である．この時期の子どもは勝負自体に熱中する．とりわけ負けることが絶対にイヤである．そこで，公平な条件のもとで行うことを強く求める．規則を守って，相手と競おうとする．ただ単にビー玉をたくさん取ることが目的ではないのである．正当な仕方で勝ち取ることが望みである．しかし，ケンカが多いのもこの時期である．というのも，気持ちや

意図の点ではたしかに公平であることを求めているが、まだ「自己中心性」を脱しきれていないために、最後のところ、そのことに失敗するのである。この段階は、いわば、公平さをめざす協同と、子どもの心性のもつ「自己中心性」とが混在する段階なのである。

第4段階──「規則の制定化の段階」　この段階では、子どもたちは規則について豊かな知識をもち、それを仲間でうまく調整しながら運用していく。勝ち負けよりも、この規則の運用に興味をもっている。よりおもしろく遊ぶために、より協同するために、規則を合意のもとで、修正することもできる。この段階でもう一つ特徴的なことは、自分が勝つことばかりにこだわらないで、負けたものへの配慮が見られることである。「一人の子どもがたくさん勝っちゃったら、他の子どもたちがガーガックといえばいいんです。そうすると、もういっぺんやらなければならない。」（G〜13歳）遊びは完全に相互的、社会的なものとなっている。子どもは規則に対して「自律的」である。

このように、「運動的個人性」、「自己中心性」、「協同性」、「自律性」の各段階は、子どもたちが規則をどのように考えているかに対応しているとともに、同時に、子どもたちが道徳をどのように考えているかにもつながっているのである。

次にピアジェによると、「規則の意識」の観点から道徳性の発達段階は三段階に区分できる。

第1段階　この段階は2, 3歳の時期で、規則が全く義務性を伴っていない。強制的なものでもない。ほとんど子どもが自分で発見した純個人的な規則であるが、それがまるで意識されていない時期である。

第2段階　5, 6〜9歳くらいの子どもにあたる。ピアジェは、この時期の子どもたちに「我々は規則を変えることができるか」という質問を行って、そこから、かれらは規則を神聖にして侵すべからざるものと考えている、という結果を導き出している。たとえみんなが賛成したとしても、規則を修正したり変えたりすることは認めないのである。そこにあるのは、「規則への一方的尊敬」

である．しかし，意識のレベルではこのように規則を絶対視し遵守するが，「規則の実践」の第3段階で見られたように，その実践ははなはだむずかしい，というのがこの段階の特徴である．これは，仲間と協同ができないので，規則を尊重はしていても守れない．言い換えれば，まだ「脱自己中心化」がなされていない，ということである．

第3段階　だいたい10歳前後からの時期で，第二段階の子どものように，もはや規則を絶対のものとは考えない．規則に無条件に服従したり，それを神聖視したりすることはない．必要とあれば，変えてもよいと考える．みんなが同意すれば，遊びをおもしろくするために規則を変えてもよい，新しい規則を作ってもよいと考える．文字どおり「協同の段階」である．

要するに，第二段階と第三段階の根本的な相違は，前者では規則が絶対視され不変のものであるにもかかわらず，それがなかなか守られないのに対して，後者では，規則は修正可能ではあるがよく守られる，ということである．発達的にいえば，そこには「規則に対する一方的な尊敬」から「協同に基づく相互的な尊敬」への移行がみられる．

このように，ピアジェは「規則の実践」と「規則の意識」という二つの観点から子どもの道徳性の発達を考察したが，「自己中心性」（他律）から「協同」（自律）へ，「拘束の道徳」から「協同の道徳」へというのが，その基本的な発達観であり道徳観である．

2　動機論と結果論

ピアジェはまた，子どもの道徳的判断が「動機論」によってなされるか，「結果論」によってなされるかを調べている．子どもが「罰」と「うそ」をどう考えているかを一対の譬え話を用いて丹念に検討している．偶然に，あるいは善意ではあったが茶碗を15個割った子どもと，盗み食いをしようとして1個割った子どもとでは，どちらがより悪いのか．「結果論」に立つ子どもは15個割った子の方が悪いとする．「動機論」に立つ子どもは1個割った子の方が悪いと

考える．ある子どもは道を訊ねられて善意で教えたけれども，教えてもらった人はすっかり道に迷ってさがす家に行くことができなかった．別のある子どもはいたずらをして，うその道を教えたが，その人はうまくさがす家に行くことができた．どちらの子どもがより悪いか．「結果論」の子どもは前者がより悪い，「動機論」の子どもは後者がより悪い，と考える．ピアジェによると，「結果論」に立つ「客観的な道徳」は7歳が中心となり，「動機論」に立つ「主観的な道徳」は10歳が中心となっている．つまり，発達的には「結果論」から「動機論」へ進行していくと見ている．しかし，ピアジェは子どもが「結果論」にこだわるのは，大人の態度にも一因があるとしている．大人は子どものあやまちやうそを叱る．それも概して外に現われた結果の大きさに比例して叱る．これが子どもを「結果論者」にし外面にこだわる道徳に追いやっている，と見るのである．したがって，ピアジェによれば，結果だけで叱る教育は最悪の道徳教育である．ことの良し悪しは，遊びに見られたように，子ども同士の協同的・相互的関係の中で学ぶべきことである．言い換えると，ほんとうの「社会生活」を通して学ぶことである．ピアジェが遊びを重視するのは，そこに子どもにとってほんとうの「社会生活」が行われるからである．

3　ワロンの批判

　以上のような分析・考察を通して，ピアジェは子どもの道徳性の発達を他律から自律へ，客観的責任から主観的責任へ，また，権威への服従としての正義から平等・公正としての正義へという筋道で捉えた．その背景にあるのは，「自己中心的思考」から「相互的，自律的思考」へと向かう，いわゆる「脱中心性」への筋道である．すべての発達が知性の発達を基調としている．したがって道徳性の発達も知性の発達と「平行」してなされるというのがピアジェの基本的な発達観である．しかし，知性の発達を基調として子どもの社会的，道徳的発達を捉える視点には，また強い疑義も出された．とくに，ワロン（H. Wallon）は，孤立した自己中心性から相互性へというピアジェの「社会化」の定式をき

びしく批判した．子どもの思考は初めはきわめて自己中心的なもので，それが仲間との経験を通して徐々に社会化されて相手の立場を知るようになる，そう考えるピアジェの見解は抽象的なものだとする．ワロンによれば，子どもは初めから社会的存在であり，ピアジェの言うような自己中心的，内閉的な存在ではない．子どもは，誕生とともに「周囲の人々との緊密な共同性（communion）のなかに生きている．」[13]初めから生きた人間関係・社会に参加している．ワロンによれば，自己と他者は，意識の中に平行的，共時的，相補的に現われるのである．「意識において自我（Moi）と他者（l'Autre）は同時に形成される．」[14]「生きる」ことがすぐれて人と人との間柄・関係に関わる事柄であることからして，ワロンのこうした関係論的視点からのピアジェ批判は的を射ているように思われる．

第3節　コールバーグの道徳性発達理論

1　認知発達的視点

コールバーグの道徳性発達理論の特徴は，「認知発達的視点」あるいは「相互作用的視点」にあるが，それはピアジェやデューイ（J. Dewey）の理論に負うところが大きい．道徳性の発達の核を認知の発達に置くコールバーグの視点は，道徳性の発達はモノを客観的に認識する知性の形成を伴うとするピアジェの平行論的な考え方を引き継ぐものである．「認知発達的」とは，まず知性の働きを，知的活動の「構造」を重視するということである．コールバーグは，自分と他者や世界との関係を「どう関係づけるか」，「どう考えるか」という点に道徳性の発達を見る．そして発達とは，単に知識の量を増やしたり新しい技能を身に付けたりすることではなく，世界を認識し関係づけるその精神の「構造の変化」を言うのである．

また，コールバーグによれば，こうした知性による「認識」，「関係づけ」は

すぐれて「能動的なプロセス」であって,「外的な連合や反復」による受動的なものではない．それは「注意, 情報収集のストラテジー, 動機づけられた思考など, 選択的・能動的プロセス」である．ここには, 環境との「相互作用」のもとでの思考, 認識の能動性を強調するデューイの考えが反映されている．

このように, コールバーグの道徳性発達理論は認知発達論的であり, さらにそれは相互作用論的であるが, それが子どもの道徳性の発達の重要な契機となっている．子どもの道徳性の発達は「ものを構造的に捉えようとする傾向（認知）と, 環境の構造的特徴との相互作用」を表わしている．

ところでコールバーグにおいて, 道徳性とは「公正の原理」(the principle of justice),「役割取得の原理」(the principle of role taking) さらには「人格尊重の原理」(the principle of respect for personality) への志向である．これらの原理こそ「人間は無条件の価値をもつ」という第一原理から導き出されたものであり, 道徳性とは, こうした普遍的な原理に従って,「いかに行動するか」ではなく,「いかに考え判断するか」, その過程に生起するものである．この「いかに考え判断するか」という道徳的判断は, 先に指摘したように, 認知的な働きに基づくものなのである．

さて, コールバーグによれば, この道徳性判断は一定の段階を追って発達するものであり, その段階は発達の変数である．それは三水準, 六段階から成っている．コールバーグは, 架空の道徳的葛藤（ジレンマ）に対する被験者の反応に基づいて, そのような段階を設定したのであるが, その実験方法は, 同じ75名の男子を3年間隔で, 10歳から16歳まで追跡するというものであった．また, 道徳性の発達段階の普遍性を証明するために, トルコ, カナダ, イギリス, インド, マレーシア, 台湾でも同様の調査を行った．そこで用いられた主な道徳的ジレンマはハインツのジレンマ（各国の事情によって多少アレンジされている）である．

　　ヨーロッパで, 一人の女性がたいへん重い病気のために死にかけていた．その病気は特殊な癌だった．彼女の命をとりとめる可能性をもつと医者が考えている薬が

あった．それはラジュウムの一種であり，その薬を製造するのに要した費用の10倍の値が，薬屋によってつけられていた．病気の女性の夫であるハインツは，すべての知人からお金を借りようとした．しかし，その値段の半分のお金しか集まらなかった．彼は，薬屋に妻が死にかけていることを話し，もっと安くしてくれないか，それでなければ，後払いにしてくれないか，と頼んだ．しかし，薬屋は「だめだよ．私がこの薬を見つけたんだし，それで金儲けをするつもりだからね」と言った．ハインツは思いつめ，妻の命を救うために薬を盗みに薬局に押し入った．

ハインツはそうすべきだったろうか．その理由は？

2 道徳性の発達段階

コールバーグがジレンマを用いて導出した発達段階と各段階でのジレンマに対する反応，理由づけはつぎのとおりである[15]．

第1水準：慣習的水準以前　　この水準では，子どもは規則や「善い」，「悪い」，「正しい」，「間違っている」といったラベルに敏感であるが，子どもは，行為によって生じた罰とか報酬とかによって「善い」とか「悪い」とかを判断する．この水準は次のような二つの段階に分けられる．

第1段階——罰と服従の志向

行為の物理的な結果によってその善悪を決定し，そうした結果の人間的な意味や価値を無視する．罰を避けることと力への無条件的な服従とがそれ自体価値あるものとされる．

この段階での典型的な理由づけは「かれの盗んだ薬はわずか200ドルだ」（賛成），「かれはたくさんの被害を与えた」（反対）であり，行為の結果で判断しているのがわかる．

第2段階——道具的な相対主義志向

正しい行為とは，自分自身の欲求を道具的に満たすような行為から成る．人間関係は市場での取引きの関係のようにみなされる．公平，相互性，平等な分配といった要素もそこに見られるが，そこでの相互性とは「きみがぼくの背中

をかいてくれるなら，ぼくもきみの背中をかいてあげる」という程度のものである．

「彼女を助けるためには盗むよりほかに方法がない」（賛成），「薬屋は悪くない．商売は儲けるためのものだ」（反対）という理由づけから，行為に欲求満足の道具的価値を見ているのがわかる．

第2水準：慣習的水準　この水準では，自分の家族，集団，国家のいろいろな期待を担うことが，それ自体価値のあることとされ，そこに含まれている人々や集団と同一視する態度をとる．この水準には次の二つの段階がある．

第3段階——対人的な同調，あるいは「良い子」志向

善い行いとは，他人を喜ばせたり助けたりする行いであり，他人によって是認される行いである．行いは，しばしば意図によって判断される．善良であることや道徳的であることと，愛することとが同一視される．

「妻への愛からやったことだ」（賛成），「妻が死んだのは愛していなかったからではない」（反対）というように，行為の動機に基づいて判断している．

第4段階——「法と秩序」志向

権威，固定的な規則，社会秩序の維持に対する志向がある．正しい行いは，自分の義を果たし，権威に尊敬を払い，所与の社会秩序それ自体を維持することから成る．

「なにもせずに妻を死なせてしまったら，妻の死は彼の責任だ．彼は薬屋に支払うことを考えるべきだ」（賛成），「盗むことはつねに悪いことだ」（反対）という理由づけからわかるように，規則を破ることや予測できる被害を他人に与えることは，無条件に悪いことだとされている．

第3水準：慣習的水準以後の，自律的，原理化された水準　この水準では，道徳的価値や原理を定義しようとするはっきりとした努力が見られるが，この道徳的価値と原理とは，社会や他者から独立して妥当性と適用性をもつものである．この水準には二段階ある．ただし，第5段階はさらにIとIIに区分される．

第5段階I——社会契約的な法律志向

この段階は，一般的に合理主義的な色彩が濃い．正しい行為とは，一般的な個人の権利や，社会全体によって認められてきた基準によって決定される傾向をもつ．結果的には「法的な見解」が強調されるが，（第4段階の「法と秩序」によってそれを固定化するよりも）社会的な利益を合理的に考えることによって法を変えていく可能性をも強調する．法の領域の外では，自由な同意と契約とが，義務に拘束力を与える要素である．

第5段階II——人間的な公正の良心志向

第5段階Iは，合理的な社会的視点，社会の合理的な一員の視点から出発するが，第5段階IIは「主体的な」視点である．それは個人的な道徳的自己の視点から出発する．それは，理想を，つまり，「いっそう高い自己」，「理想的な自己」，「理想的な道徳律」，「いっそう高い価値」を志向するものとしての自己を強調する．第5段階IIは，あるがままの社会ではなく，「理想社会」の権威を，ユートピアを志向する．

「この状況で薬を盗むことは正しくない．しかし，正当化される」（賛成），「目的はよいかもしれないが，手段は正当化されない」（反対）という理由づけから理解されるように，判断は社会契約的な法律志向と人間的な良心志向に分化する．

第6段階——普遍的な倫理的原理志向

正しさは，論理的な包括性，普遍性，一貫性に訴える．自己選択的な「倫理的原理に従う良心によって決められる．こうした原理は抽象的であり，倫理的である（黄金律，定言的命令）．これらは「公正」，人間の「権利」の「相互性」と「平等性」，「一個の人間としての尊厳に対する尊重」といった普遍的な原理である．

「盗むことは道徳的に正しい．彼は生命を保護し尊重するという原理に従って行為しなければならない」（賛成），「ハインツは，自分の妻への特殊な感情に従うのではなく，困っているすべての生命の価値を考慮し行為しなければならない」（反対）と理由づけされているように，普遍的な原理に従うことを求めるの

がこの段階の特徴である．

3 発達段階と道徳教育

さて，以上がコールバーグの道徳性の発達段階であるが，その特徴はつぎの点にある．

第1には，それが「普遍的」なものだということである．「すべての文化のすべての個人は，発達の速さや最後に達する段階にちがいはあるにしても，同じ順序で，総体としての発達段階に沿って発達する．」(16) コールバーグによれば，異なる文化間に見られる違いも，発達段階の違いであって，道徳の違いではないのである．

第2には，第1段階の子どもが，第2，第3，第4段階をとばして，第5段階へ達するということはないし，また，第3段階の子どもがそれより低次の段階に逆戻りするということはない．つまり，この発達段階は非可逆的なものだということである．コールバーグにとって，この道徳性の発達系列は不変である．それは「不変の順序」(invariant sequence) に従って発達するのである．

さて，このように道徳性の発達段階を設定するコールバーグの道徳教育の目的は，言うまでもなく，子どもをより高い発達段階へと促すことである．そのためには，道徳的ジレンマを題材とする教材を使った討論形式の授業を取り入れること，子どもに役割取得の機会を与えること，適切な道徳的環境を準備すること，などが必要だとしている．また，コールバーグらは討論プログラムの限界を超える方法として，道徳教育を学校教育全体にまで拡大する「公正な共同社会プログラム」を提案し，教育現場で実際に実践している．

ところで，ジレンマ教材を用いた授業については，最も子どもの発達に効果的なのは1段階上のジレンマ教材であり，2段階上や1段階下のものは子どもの関心を惹かず効果がないとされている．高い段階のものは理解できないからである．自分のものよりずっと高い段階の主張は，自分の段階にあった言葉に適宜「翻訳」してしまうのである．ヴィゴツキーの用語で言えば，道徳性の発

達についても，子どもの「発達の最近接領域」に働きかけることが最も有効だと言える．

　以上，コールバーグの道徳性発達理論を発達段階を中心に見てきたが，それにはいくつかの批判もある．道徳性はコールバーグの言うように普遍的なものではなく，文化，社会によって異なるのではないか．コールバーグの道徳性発達理論は男性の発達段階を示すもので，女性の「配慮と責任の道徳」が欠落しているのではないか．「公正」というような一つのパラダイムで子どもの発達をトータルに捉えることができるのか．また，道徳性について「認知」の役割が強調されているが，「感情」の役割が軽視されてはいないか．

　こうした批判，問題点の指摘に対応する形でコールバーグ理論も修正，再構築されている．コールバーグらによるジャスト・コミュニティ・スクールでは，「公正」に加えて「配慮と責任」や「対話」がその道徳教育の原理となっている．また，人間の実存の問題，宗教の問題など，いっそう人生の深い問題については，第6段階ではとらえられないとして，第7段階を想定している．いずれにしてもコールバーグ理論は，「道徳性の意味範囲を明確にし，その『発達』の方向と，発達を促す経験の性質を，より明確な形で定式化した」こと，そしてその結果，徳目主義による注入的道徳教育という問題に対して「一つの具体的な解決策を提起した[17]」ことにより，その今日的意義が指摘されている．

第4節　ブルの道徳性発達理論

1　「道徳的判断」

　ノーマン・ブル（N. J. Bull）によれば，道徳的行為には四つのレベルがある．ブルはこれを自動車の運転にたとえてわかりやすく説明する．最も低いレベルでは，他人のことは考えないで，自分の安全のことだけに注意する．快と苦が行動の原理である．第二のレベルでは，注意深く運転はするが，それは法を犯

した後の処罰が恐ろしいからである．行動原理は罰と報酬である．第三のレベルでは，同じように注意深く運転はするが，それは他人の評判を気にしてのことである．ここでかれの行為を決定するのは，「社会的賞賛」と「社会的非難」とである．第四の最高のレベルでは，注意深く運転はするが，それは自分自身の内なる原理によって動機づけられてのことである．もはや罰や評判は気にしない．かれを律しているのは「内なるもの」である．「自己覚醒」と「自己非難」とである．

ブルは四つのレベルをそれぞれ「道徳以前」，「外的道徳」，「外‐内的道徳」，「内的道徳」と呼んでいるが，ブルが着目するのは，これらの道徳的行為を示す四つのレベルがそのまま子どもの道徳性の発達段階ともなっていることである．しかし，この「段階」は，子どもの発達過程の中の「2点間の正確な距離」を表わすものではなく，「発達の大まかな期間」を示すものである．また段階は，1つ1つ経過していくものではなく，個々人の内部でいくつかの段階が重複していること，いろいろな道徳的状況の中では平行して現われること，さらに個々人によって異なるということ，これらのことも指摘されている．

ところでブルは，「道徳的判断」についてこう考える．まず，道徳的判断と道徳的行為の関係については，そこに強い相関関係が働いているとは言い切れない．しかし，道徳を正しく知り理解することが道徳的行為の必要条件であることは明らかである．たとえば，うそを言えば自分の利益になるとわかっていてもそれをしないのは，その人が人と人との間の相互性に関わる黄金律を知っているからだ．善い行為はそれが善い行為だと知っているから実践できる．「道徳的判断は道徳的概念に由来する」(18)のである．

つぎにブルは，道徳的判断は純粋に「認知的」かと問う．ブルは多くの点でピアジェの理論を継承しているが，この点では見解を異にする．ブルは道徳的判断は純粋に認知的なものとは見ないのである．「道徳的判断は認知的であると同時に欲求的である．」(19) ブルによれば，道徳的判断は，単に人間の精神に関わるものではなく，すぐれてその人間全体に関わるものなのである．

さらにブルによれば，道徳的判断は具体的な状況において行われるのであって，「真空状態」で行われるのではない．この点でブルは，伝統的な道徳教育を非難する．そこでは一般的な道徳原理だけを教えるからである．原理を状況に適用することはあっても，逆の過程，つまり，「状況から原理を引き出す」ことはない．道徳的判断が状況と深く関わることに着目することから，さらに多くの要因を取り上げる必要が出てくる．家庭における人間関係，しつけのタイプ，学校の環境，社会的・経済的環境，宗教の影響，知能，性差など，すべて道徳を全体として構成する要因である．ブルはそこから子どもの道徳性の発達段階を考えていく．

2 道徳性の発達段階

ブルは英国の南西地方の児童を対象とした調査をもとに，子どもの「道徳的判断」の発達段階の研究を行った．対象とした児童は7～17歳の男女360名であった．検査は主として投影法を用いた個人面接であったが，テーマはすべての年齢の子どもが重要だと考えている「悪」——殺人，肉体的残虐，盗み，動物虐待，うそをつくこと——であった．そのさい，ブルが留意したのは，先程の道徳を構成する諸要因であった．ブルのねらいは子どもの道徳性の発達を跡づけること，その発達の大まかな型を探し出すことである．

第1段階——「道徳以前」　この段階は道徳的でも不道徳的でもない．道徳とは無関係である．道徳以前なのである．快と苦の原理に従って行為する「純本能的な」段階である．ピアジェの発達心理学の定義で言えば，「前操作的段階」にあり，抽象的概念の能力のない時期である．したがってこの時期の判断の特徴は「内面化された道徳感情を示す証拠が全くない」という点にある．しかし，7歳で「具体的操作段階」に入ったから直ちに「道徳以前」の段階が終わるというわけではない．ブルによれば，7歳で20％前後が「道徳以前」の段階にあり，男子の場合，11歳でもその割合はほぼ同じである．ブルは，発達段階には個人差があることや，また個人の内部でいくつかの段階が重複することを指摘

している．

第2段階——「外的道徳」　この段階の特徴は「他律」である．他律とは他人からの強制であり抑制である．外からの罰と報酬が子どもの行為を決定する．こうした他律の本性は7歳頃に現われる．検査によると，盗みの問題にせよ，うその問題にせよ，処罰こそ最も有効な制裁である．悪いことの尺度は処罰である．逆に言うと，処罰がなければ罪もない．したがって他律の初期では，子どもは罰が怖いから大人の言うことや規則に従うのである．また，報酬も他律の段階の特徴である．「ほうびがもらえる」，「メダルがもらえる」，「ほめてもらえる」と言った子どもの回答は，他律の時期の有効な道徳的動機づけである．

視点を変えて言うと，他律の時期は子どもが権威にかしずく時期である．その権威とは，両親であり，学校であり，宗教であり，教師である．「お父さんが，お母さんがそう言った」，「学校でそう習った」，「イエスさまがそう言われた」，「先生がそう言った」等々．

ブルによれば，この他律は自律へ至る手段である．自律に到達するまでに務め上げなければならない「年季奉公」である．

第3段階——「外‐内的道徳」　この段階は「社会律」であり，最も有効な規制は「社会的賞賛」と「社会的非難」である．前の段階では，大人の権威による他律的な声が子どもの内部に尊敬とか従順とかの徳性を発達させたが，この段階では，子どもが所属する集団社会の声が同じような徳性を呼び起こす．他律の段階では，善いことは従順なことであったが，社会律の段階では，善いことは公平であることである．ブルによれば，この段階を解くキー・ワードは相互性，正義，社会的適合，社会的制裁である．

ブルによれば，社会律もまた，自律への道徳的発達において不可欠のものである．外的な規制が内面化され，やがて普遍的原理へと拡大されるのである．

第4段階——「内的道徳」　この最高の段階は自律の段階で「内的道徳」と呼ばれる．他律や社会律では規制はいずれも外から働いたが，ここではすべての道徳的行為は内からの声によって決定される．この段階で，「外的抑制は内的抑

制に譲歩する．'I must' は 'I ought' に譲歩する．……世論の声は良心の声に譲歩する．」[20]これがブルのいう「発達した自律」である．そして，ブルがとくに強調するのは「行為における自律」，つまり，道徳原理を現実の特殊な状況において自由に適用することによって行為するという自律である．たとえば，15歳頃にはこの面での発達は著しく「友人を助けるためならうそをついてもよい」というふうに，内面化された原理が特殊な状況では条件つきで適用される．「多くの者は成長するにつれて，人を原理の上に置く」ようになる．ただブルの検査によると，17歳でもうそをつくことはどんな状況においても悪いと考えるものが18％もいる．他律はなお続いているのである．ブルは，子どもの内部ではいくつかの発達段階が重複していると見ているのである．

さて，以上ブルの道徳性の発達段階を見てきたが，ブルの特徴はこうした道徳性の発達を「良心の発達」と見ていることである．しかし，ブルにおいては，「良心」は生まれつきの能力ではなく社会の「構築物」であり，それは「全人格の中に組み入れられた機能」である．自律という最高の段階は，いわば，最もよく成長した良心に従って行為する段階，つまり人格的自律の段階である．こうした意味での自律こそ，ブルの道徳教育の真のゴールである．

3 他律の機能——自律の苗床

ところで，ブルは発達段階の枠組の点ではピアジェのそれをほぼそのまま継承しているが，その機能の捉え方の点ではずいぶんと異なる．相違点，対立点がいくつかあるが，とくに「他律」と「相互性」の捉え方は決定的に違っている．ブルによれば，たしかにピアジェの言うように，一方では他律は「外的，強制的，奴隷的」であり，その道徳は「不道徳的」でさえある．しかし他方，他律は子どもが自律に到達するためにはどうしても通らなければならない関門である．務め上げなければならない「年季奉公」である．自己訓練を内側で発達させるためには，外側から訓練を課すことが必要である．ブルは「他律の段階に発達がある」[21]と見るのである．ブルはピアジェにはこの視点が欠けている

という．「ピアジェは，道徳的発達は内側から来るのであって外から来ない——子ども自身の内的にして自動的な過程から来るのであって，大人によって課せられた他律から来るのではない，と考える．[22]」ピアジェは他律は道徳性の発達に有害でさえあると考えるが，ブルによれば，道徳の自律・良心が，実は，他律から，いっそう適切に言えば，「社会」から来るということをピアジェは見落としているのである．

しかし，ブルは，他律が道徳的自律の「苗床」だとしても，それはあくまで手段であって目的ではないこと，それは権威主義のもとで乱用されてはならないことを強調する．「他律の真の機能は，子どもが成長するにつれて，他律自身を必要としなくなる[23]」ということである．

「相互性」の理解の点でも，ブルはピアジェと見解を異にする．ピアジェでは相互性は自律の要件であったが，ブルの検査によれば，自律は相互性から生まれるというよりも，むしろ他律や社会律から生まれる．たとえば，うそをつかないことが厳格な相互性によって動機づけられた子どもはわずか3％にすぎない．ブルは，自律は他律や社会律によって外部から植え付けられた，うその禁止が深く内面化されることによって生じると見て，自律は相互性ではなく他律から生まれると結論する．

4　道徳教育

ブルによれば，道徳とは社会において「ともに生きる」ことを意味するものである．道徳教育はこの意味での「社会化」をめざすが，それは子どもの全面発達に関わるものである．そして子どもの全面発達に関わるとは，「子どもの精神にではなく，子どもの全体に関係する[24]」ということである．認識面だけでなく，欲求面にも関わるということである．

さて，ブルによると，道徳教育はなにより子どもの道徳性の発達段階に即して行われなければならない．道徳教育は「発達の各段階において子どもの能力と要求とによって規定される」ことが大切である．そしてその過程は，外国語

を一つひとつ覚えていくというよりも，むしろ母国語を環境から自然に吸収する過程に似ている．ブルの用語でいえば，その過程は「数学の公式のようではなく，愛の定規のように，その『感じをつかむ』[25]」過程である．それはなにより共感的，暗黙的な過程である．したがって，ブルの主張する道徳教育は間接的な教育となる．直接的，権威的な教育は，事柄の性質上，自己矛盾である．ブルによれば，考え方にせよ行為にせよ，権威によって直接押しつけることは，不道徳的なことであり，人格的自律を否定するものである．たしかに，「他律」は避けられないけれども，それは，目的自体としての押しつけではなく，いわば「理性的に議論して説得する他律」である．反対に，目的自体となった権威主義は「理解よりも服従を，動機への関係よりも法の遂行を，自己統治よりも権威の受容」を要求し，結局，それは「誠実よりも偽善を」促進する．

　ブルは，権威による直接的な「教え込み」の教育ではなく，人間社会において「共によく生きる」という意味での子どもの「社会化」をめざす開かれた道徳教育をめざしている．

第5節　道徳教育の視点

　以上，とくに道徳性の発達段階をめぐるさまざまな理論を取り上げ考察してきたが，それらはそれぞれの立場から子どもの道徳性の発達に光を当てた，道徳教育に資する有効な見解，すぐれた知見であった．しかし初めに述べたように，安易にそうした理論によりかかって道徳教育を進めることは慎まなければならない．人間の教育は単に発達に関する諸理論を当てはめたり適用することでこと足りるような単純な営みではないからである．道徳とはすぐれて人と人との間柄・関係に関わり，また，その中で「いかに共によく生きるか」というなにより社会的な問題でもあるだけに，道徳教育は人間がこの社会で生きていくということに即して行われなければならない．人間のこうした「生」のダイ

ナミズムに立脚した道徳教育については，これまでの考察をふまえて，いくつかの視点が考えられる．

1 子どもの生活世界に着目する視点

子どもは日々の社会生活を通して道徳性を発達させるのであるから，子どもの生活世界を抜きにして道徳教育は考えられない．子どもたちが，自己の生活世界の中でどのような目でものを見，考え，そこになにを実感しているか，といった問題は，否応なく子どもの道徳性の発達と深く関わっている．

今，子どもの生活世界が痩せ衰えていると言われている．それは遊びの変質に如実に現われている．身体全体を使った，集団（それも異年齢の）での，自然の中での，いわゆる「活動型」の遊びから，メカ相手の，一人で屋内でする，いわゆる「静止型」の遊びへの変質は今日的特徴である．[26]ピアジェは道徳性の発達を子ども同士の自発的な遊びに見たが，そうした遊びにこそほんとうの「社会生活」があると考えたからである．家庭や学校では，いろいろな問題や対立が生じても親や教師が解決するか指導してしまうので，徹底した「社会生活」が行われない．反対に遊びの中では，子どもは困難や問題はすべて自分たちの力で解決しなければならない．だからこそ，子どもはその過程で規則の意味や意義を知ったり，それを新たに作り直したりできるようにもなる．そしてさらに，自分を発見したり他人の立場が理解できるようになる．自律性を高めるのである．この意味でピアジェは遊びの中での相互性，協同性を道徳性の発達の要件と見るのである．「相互性は，真の道徳性の不可欠な条件である自律性の本質的な要因である．」[27]しかし，今日，こうした豊かな遊びが成立しなくなっているという子どもの現実がある．

こうした子どもの生活世界を道徳教育はどう捉え，それとどう関わるのか．いたずらにそれを否定したり管理することは適切ではない．ここでは直接的な道徳教育は不適切である．もっと間接的な教育が求められる．たとえば，遊びを豊かにし子ども同士の間に生き生きとした交わりを育てることは有効な手立

ての一つである．「群れ」をなしての遊びはやはり，コミュニケーションの「やりとり」(give and take)を通して相互性の感覚を養い，ほんとうの協同性・自律性を培うかけがえのない「社会生活」である．これは，ある意味では，道徳教育の領域をこえた人間の「生」の領域に属することかもしれない．しかし，こうした「生」の基盤がなくては，道徳教育も内実豊かで活力のあるものとはならない．だから逆説的に「道徳的活動から息抜きを求めることは，それ自体道徳上必要なことである」(28)とも言われる．

ところで最近，スポーツやスポーツ化された遊びが重視されているが，そこでは，コミュニケーションの自由な「やりとり」・「社会生活」は限定されている．スポーツではあらかじめ規則はすべて決められており，子どもたちによる修正や変更の余地はありえないからである．たしかにスポーツは，「規律の精神」を培う有効な手段ではあるが，自由で創造的な遊びとは，基本的に異質の活動である．道徳は子どもの生活世界におけるもっと自由な活動と結び付いたものである．

2 子どもが自分自身で考え判断し行動することを尊重する視点

子どもが真に自律的な道徳を身につけようとするなら，いっそう適切に言えば，創造しようとするなら，それぞれの段階・時期において，さまざまの状況の中で自分で考え判断し行動する機会が保障されなければならない．上田氏の指摘にあるように「個々の人間が知的に判断できる体制，独自の判断を大切にできる体制，それを確保することこそ先決」(29)である．そういう体制と機会がなければ，道徳的判断力も道徳的実践力も育たない．その「基礎となる主体性も責任の意識」も育たない．発達段階を単純に当てはめて，他律の段階だからというので，自分で判断して行動しなくてもよい，ということにはならない．それぞれの段階で自分なりの判断をすること，そのことがより自律的な道徳を創造する要件である．そのためには，子どもを受け身にしないで，子どもにイニシアティブを取らせることが必要であるが，「イニシアティブを握るとは，なに

か新しいことを始めたり，思いがけないことをすることができる」ということを意味している．子どもに規則や一定の行為を押しつける「型にはめ込む」教育では，自律的な道徳意識は育たない．現実の困難な状況のなかで自分の力で矛盾や葛藤を克服し「社会をこえてゆくための挑戦」ともなるような「自律的良心」を育てるには，どうしても子どもの側のイニシアティブ，能動性を尊重することが必要である．

　この課題は，子どもをどう見るかという子ども観の問題に関わる．子どものイニシアティブを尊重する視点は，子どもは一定の知識や行動の型をただ教えられる受動的な存在ではなく，それらを自ら獲得しようと努める本来的に能動的，創造的な存在とみなす子ども観に基づくものである．ランゲフェルト（M. J. Langeveld）が述べているように，子どもは「あるまえもって与えられた計画をただ反復し，実現してゆくだけでなく，これまで存在していなかったものをそこに発見し，考察し，創造する．児童は事物の世界において創造的である．しかしまた，人格的な世界において，なかんずく自分の自我についても創造的である．」「自律的な道徳」はこのような子ども観を前提とするものである．

3　「発達」と「生」のダイナミズムに基づく道徳教育

　これまで見てきた道徳性発達段階論には，それぞれすぐれた知見が見られ，説得力もある．しかし，そうした段階論に安易によりかかって道徳教育を進めるなら，子どもの生きた本質を見誤る恐れがある．たとえば，子どもを発達段階1とか発達段階2とかいう枠組で見たとき，それがそのまま「評価」のまなざしとなって，子どもの発達のダイナミズムを無視し，結局は教師と子どもが真摯に「向かい合う」という教育の基本をこわしてしまいはしないか．子どもの発達段階について言えば，一つだけでなく，いくつかの段階に特徴的な要素が子どもの内に混在していると見る方が，子どもの素直な在り様に即している．

　また，発達段階についての知見がこれこれしかじかのものを教え学習させる式の道徳教育に利用されることも危惧される．それがいわゆる徳目の道徳教育

の絶好の手段として使われるのである．しかし，そういう教育では，子どもの生活世界での生きられた経験，その多様なコミュニケーション的行為にはとても対応できない．そういう閉じた教育では，自律性を培うといい，協同性を培うといい，所詮，子どもの発達と生のダイナミズムに応えることはできない．子どもの発達と生のダイナミズムとは，平たく言えば，回り道があったり，いきどまりがあったり，失敗があったり，飛躍があったりする，ということだ．それらは多面的であり多層であり，そして多義である．だから子どものものの見方，考え方，感じ方は多様なのである．奥行きがあるのである．それを認めることだ．それを前提として道徳教育を進めることが大切である．

　河合氏は，道徳（教育）をいっそう大きな観点から考える必要を指摘してつぎのように述べている．「遊びも芸術も空想も，いろいろとすべていれこんで，人間が生きてゆく上で道徳ということを考える必要がある．よほど生きてゆくことを全体的に，総合的に見ないと，我々は道徳教育を狭い枠の中に閉じこめてしまうことになると思われる．[32]」開かれた道徳教育は，このように事柄の性質からして，子どもが社会の中で豊かに発達し生きていくという，その「発達」と「生」のダイナミズムに基づいて展開されることを不可欠の要件としているのである．

注

(1) Émile Durkheim, *l'éducation morale*, Presses Universitaires de France, Paris, 1974, p. 29（麻生誠・山村健訳『道徳教育論Ⅰ』明治図書，1980 年，67 ページ）．
(2) *Ibid*., p. 30（同上書，68 ページ）．
(3) *Ibid*., p. 55（同上書，99 ページ）．
(4) *Ibid*., p. 58（同上書，103 ページ）．
(5) *Ibid*., pp. 95-96（同上書，150 ページ）．
(6) *Ibid*., p. 101（同上書，157 ページ）．
(7) *Ibid*., p. 125（同訳『道徳教育論Ⅱ』29 ページ）．
(8) *Ibid*., pp. 133-134（同上書，40 ページ）．

(9) Jean Piajet, *Le jugement morale chez l'enfant*, Presses Universitaires de France, Paris, 1932, p. 286.
(10) 麻生誠・原田彰・宮島喬『デュルケム道徳教育論入門』有斐閣新書，1978年，199ページ．
(11) ジャン・ピアジェ，竹内良知訳「子どもにおける道徳観念の発達」『ワロン・ピアジェ教育論』明治図書，1976年，114ページ．
(12) この4段階については，波多野完治『ピアジェの児童心理学』国土社，1979年の平易な解説を参考にした．
(13) アンリ・ワロン，浜田寿美男編訳『ワロン/身体・自我・社会』ミネルヴァ書房，1984年，57ページ．
(14) 同上書，31ページ．
(15) L. Kohlberg, *The Philosophy of Moral Development,* Happer Row, Publishers, San Francisco, 1981, pp. 379-383（長野重史編『道徳性の発達と教育』新曜社，1985年，8ページ）．
(16) *Ibid*., p. 126（同上書，39-40ページ）．
(17) 内藤俊史「コールバーグの道徳性発達理論に基づく道徳教育実践」長野重史編『道徳性の発達と教育』新曜社，238-239ページ．
(18) ノーマン・ブル，森岡卓也訳『子供の発達段階と道徳教育』明治図書，1977年，8ページ．
(19) 同上書，9ページ．
(20) 同上書，68ページ．
(21) 同上書，33ページ．
(22) 同上書，30ページ．
(23) 同上書，43ページ．
(24)(25) 同上書，195ページ．
(26) 深谷昌志『孤立化する子どもたち』日本放送出版協会，1983年を参照．深谷氏は，子どもを対象とした調査をもとに子どもの遊びの変質過程を追い，子どもの生活のさまがわりを指摘している．とくに「ギャング集団」という，いわば「自然の学校」を経験せず，また，第二次反抗期という発達課題をもたないで成長する子どもたちの将来を危惧している．

(27) ジャン・ピアジェ，前掲書，117 ページ．
(28) E. H. Erikson, *Childhood and Society,* W. W. Norton Company, New York, 1963, p. 212（仁科弥生訳『幼児期と社会Ⅰ』みすず書房，1980 年，270-271 ページ）．
(29) 上田薫『人間の生きている授業』黎明書房，1986 年，183-184 ページ．
(30) ユルゲン・ハーバーマス，藤沢賢一郎・岩倉正博・徳永恂・平野嘉彦・山口節郎訳『コミュニケーション的行為の理論（中）』未来社，1986 年，272 ページ．
(31) M. J. ランゲフェルト，和田修二訳『教育の人間学的考察』未来社，1984 年，58 ページ．
(32) 河合隼雄「子どもの倫理と道徳性」『教育の方法 9』岩波書店，1987 年，344 ページ．

第3章　道徳教育の方法

第1節　道徳教育と道徳授業

1　道徳教育と授業

　学校における道徳教育は学校教育全体を通して行うことを基本としている．それは学校のすべての教育活動が，直接に，間接に子どもの道徳性の形成に関わるよう配慮する中で行われるべきことを意味する．具体的には，道徳教育は教科教育，教科外教育（特別活動）の中で行われるとともに，「道徳」の時間を特設して，その時間に「とり立て指導」として行われる．

　教育は意図性，計画性という観点から意図的教育と無意図的教育の側面に分かれるが，それを生徒の学習という視点からは，「意図的学習」，「付随的学習」，「無意図的学習」の三形態を区別できる．[1]

　意図的学習はあらかじめ教育目標が明示されており，それに到達するための意図的努力がなされ，その結果，学習目標に沿った行動の変化が見られる場合を言う．日常の教科学習はこれに当たる．

　しかし，教授‐学習過程は複雑であり，子どもたちは目標以外のことも偶然に学習することがある．このような学習を付随的学習と呼ぶ．たとえば，子どもたちは教科学習を通して系統的な知識や概念，科学的認識，社会的認識を獲得し，資料の収集や分析に習熟し，文学作品や芸術作品に感動するという意図的学習をする一方で，グループ活動のあり方や授業の受け方のルール，安全や衛生に心掛ける態度などの副次的な付随的学習をする場合である．

　これに対して，無意図的学習は偶発学習とも言われる．もともとの学習目標

達成への意図や動機づけは認められないが，学級会活動や学校行事への参加の結果，偶然に協力や思いやりといった望ましい人間関係を学んだとすれば，それは無意図学習と言える．

そのような学習のトータルが道徳性の発達に結び付いている．しかしながら，教科教育や特別活動はそれぞれに特有な教育目標を掲げて行われる．その点からするとそれらの教育活動で生じる道徳学習は付随的学習に属し，教師の道徳的な指導は多くの場合，偶発的で，間接的である．そのために，「道徳」の時間を特設し，各教科，特別活動における道徳教育を補充，深化，統合し，道徳的規範や道徳的価値等について，生徒が深く学ぶ「とり立て指導」が必要になる．

言うまでもないが，子どもが人間として大切にされていない学校では，子どもの道徳性は育たない．このことに関して，ジャクソン（1968年）は正規のカリキュラムとは別に，児童生徒の性格や態度の形成に肯定的にか否定的にか働きかける潜在カリキュラムの存在を指摘している．彼は潜在カリキュラムを構成する要素として集団（crowds），賞賛（praise），機能（power）の三つを上げている．

学校生活は児童・生徒の集団生活を軸に展開している．そのあり方如何が児童・生徒の生活や態度の形成に影響を与えないではない．児童・生徒集団のもつこの形成的な作用に注目し，これを第1要素，「集団」と呼んだ．第2の要素，「賞賛」は学校のもつ基本的機能である評価という側面から導き出された．児童・生徒の言動は教師や他の仲間の評価にたえずさらされている．学校生活に適応していくためには，そのようなこまごまとしたさまざまの評価に慣れる必要があり，それらが肯定的にか，否定的にか，児童・生徒の性格や態度の形成に関与しているためである．第3の，「機能」要素は，学校が制度的に教師に付与している権威に着目して導かれたものである．教師は児童・生徒の学校生活を具体化するうえでより大きな責任をもっており，児童・生徒は教師という公的な権威のもとで生活することを学ぶのである．この関係が児童・生徒の性格や態度の形成に強く影響している．

第3章 道徳教育の方法 63

　ジャクソンはこれら三つの要素が相互に結びついて学校の「潜在カリキュラム」を構成すると考えた．この潜在カリキュラムが正規のカリキュラムで設定された目標と適合的でない限り，道徳教育の教育効果は望めない．道徳指導において子どもたちの自主的な判断や行動がいくら保証されていても，教科や他の領域の指導や学級経営，特別活動等においてそれらと矛盾する賞罰や規則が与えられるならば，道徳教育の成果は全く期待できないのである．アメリカにおける学校そのものを［公正な共同体］とする努力（コールバーグ）やイギリスにおける「ライフライン計画」はその意義を具体化する試みの一つである（藤田，1985年）[2]．

　道徳の授業は教科の授業と異なる面が多い．道徳の授業では道徳的な価値や規範についての学習，自律的に行動できるための道徳的判断力，心情，態度，実践意欲といった道徳的実践力の育成をねらいにしている．そこでは個人の正善の考え方や程度が何点であるというように，道徳的価値について客観的に評価することは難しい．また道徳的心情や態度は一朝一夕で獲得されるものではない．なかでも人それぞれの人間としての生き方，つまり道徳的態度は道徳的行為を具体的に実践する中から非常に長い時間をかけて次第にかれ独自な態度として形成されていくのである．以前と比べてどのように態度が変わったかについて1回1回の授業の前後で評価しても意味あることと言えない．せめて数カ月とか数年といった長いスパンをおいて比較したり，足跡をたどったりすることで初めてその変容を評価できるものであろう．そのような難しさがつねに道徳の授業には付きまとっている（道徳授業の評価については，89ページを参照せよ）．

　一方，教科の授業では教科特有の知識の獲得と利用や技能の習熟が中心を占める．そのため授業後にどれだけ学習できたかが具体的な行動や検査（どれだけ正確な知識をもっているか）により評価されるし，またそのことが知識や技能の定着を確実にする上で大切である．

2 道徳授業に望まれる要件

　教科の授業では，教師が知識をどんな教材・教具を使って，どのように生徒に授けるか，学習させるかに関わっているので，教師の教授過程が一般に重視される．これに対して道徳の授業では，道徳的な実践力というきわめて難しい課題に取り組んでいる．そこでは児童生徒の主体的な学習過程に重点を置いた指導が行われなければならない．つまり，教科の授業と異なる学習者中心の授業が必要とされるのである．

　宇田川（1989年）はそのような道徳の授業の特徴を認めたうえで，その成立条件として次の五点を上げている．[3]

　(1)道徳の授業の内容は，それが授業である以上，子どもがなにか新しい事実や世界を知るものでなければならない．道徳の授業が，初めから先生の言いたいことが生徒にわかっているようであってはならない．

　(2)道徳の資料（教材）はリアリテーや発見のある，子どもの心を揺り動かすようなものでなければならない．つまり，児童生徒にとって，生きていくことと深い関わりがあり，学ぶ値打ちのある内容でなければならない．

　(3)他の教科の授業と同様に，子どもの思考と発言の自由が保証されていなければならない．とくに，道徳的な生き方について学ぶ道徳の授業では，資料や社会の中にある道徳的な価値や規範に関する事実について自由に考え発言することが前提である．

　(4)道徳の授業では「価値意識や規範意識を教える」のでない（教えることはできないし，教えてはならない）．道徳的価値や規範に関わる事実を知り，考え，学び，そこからそれらの大切さを感得したり，より深い道徳的判断のあることを知るのである．道徳の授業は，教師による「説教」や価値の押しつけであってはならない．

　(5)道徳の授業の目標，内容，方法を教師が自由に工夫できる教育の自由が認められていなければならない．道徳の時間は週1時間である．これをある週は2週間分まとめて2時間で行ったり，学級会と合わせて3時間というように，

教師の創意工夫で授業が創造されるべきである．

ここでは，コールバーグ理論を受けて，道徳の授業を，「道徳的価値葛藤（モラルジレンマ）をモラルディスカッション（集団討議）によって解決に導く過程を通して，児童生徒一人ひとりの道徳的判断力を育成し，道徳性をより高い発達段階に高める」ことと考える（荒木，1987年[(4)]，1988年[(5)]）．道徳性は図3-1に示すように，認知能力と役割取得能力の発達と結び付いて発達する．第2章で述べられたように，道徳性を高めるために必要とされることは，授業の中で児童生徒が，一つにモラルジレンマを経験することであり，一つに役割取得の機会をもつことである[(6)]．

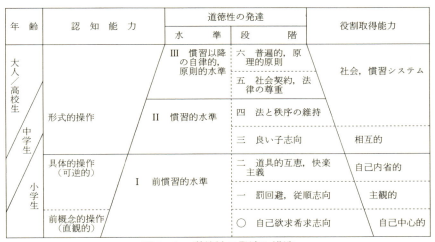

図3-1　**道徳性の発達と構造**

そこで，道徳性を発達させるという授業の目標を達成するために，ここでは，さらに，(1)モラルジレンマ資料を用いることが望まれること，(2)道徳性の発達から見て1段階上位の高い考え方に触れる「認知的葛藤経験」を用意すること，(3)他者の立場に立って考える「役割取得の機会」を設けること，の三条件を道徳授業の成立条件に加える．

なお，この授業ではジレンマの解決がそれぞれの個人に委ねられるという意

味でオープンエンドであり，その判断と論証は，子どもがその後より高い道徳性の発達段階に達すれば，変わる可能性があるという意味でもオープンエンドなのである．この授業は判断を1つに収束することを目的としていない．しかし，ぎりぎりの判断とその根拠を求めるという意味でクラスとして1つの結論を出す方向で討論させることも必要となろう．

3　モラルジレンマ資料

ジレンマ資料　ジレンマ物語はオープンエンドの形で投げかけられる道徳的な価値葛藤の物語である．それは図3-2に示されるように低学年では，主に一つの価値についての当為をめぐって生ずる葛藤（Type Ⅰ）を扱い，高学年では二つ以上の価値のあいだで生ずる当為をめぐる葛藤（Type Ⅱ）を扱っている．それらはじっくり考えないとどちらが良いかわからないように構成されている．たとえば，「瀕死の重傷を負った子どもを目の当たりにしながら車を貸すことを拒んだ男に対して，我が子の命を救うために暴行，車の窃盗を働いた父親の行為に対する道徳的判断を求める」ジレンマでは，どちらも正当な道徳的な価値，つまり生命尊重と遵法精神（Type Ⅱ）が扱われている（荒木，野口，1987年）[7]．

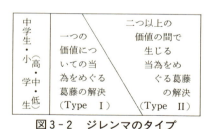

図3-2　ジレンマのタイプ
Type Ⅰの例　実践事例ジレンマ1（74ページ）
　　　　　　実践事例ジレンマ3（91ページ）
Type Ⅱの例　実践事例ジレンマ2（79ページ）

なおジレンマ資料には遊びたいし，お使いをしないといけないしと言うように，強い心と弱い心，あるいは良い心と悪い心の葛藤といった価値・反価値の

葛藤は含まない．

ジレンマ資料の意義　授業におけるモラルジレンマ資料の意義を荒木（1989年）他は[8]，(1)学習意欲の喚起，(2)集団討議に基づくより高次な認知的葛藤の出現，(3)問題解決のための認知方略（役割取得の積極的な利用）の学習，の三つをあげている．以下にそれらを詳しく説明する．

　モラルジレンマとは基本的には普遍的な道徳的価値のあいだの葛藤を指して言う．このような葛藤場面は，(1)子どもたちに解決を迫られている問題とはなにかを気づかせ，目覚めさせる，(2)そしてそれぞれの価値に従った行為の内どれがより正当であるか即答できないことから，そのような道徳的な問題に対する子どもたちの感受性を高める，(3)さらにジレンマは問題を解決するためにそれぞれの道徳的価値について深く考える機会（自己の考えの吟味，価値の明確化）を提供し，意欲を喚起することになる．つまり，第一点として，「道徳的問題解決への内発的動機づけ」的意義を認めることができる．

　つぎに，実際の授業ではモラルジレンマを手がかりにして集団討議が行われる．それは自分の意見と異なる他者のさまざまな考え方が存在することを知る機会でもある．矛盾する，相いれない意見や自分の気がつかなかった見方との出会い，他者から与えられる発達的に見て一段階上位の推論は新たな認知的葛藤を子どもの中に生じることになろう．また討論の中で与えられる役割取得の機会は他者の立場から問題を見つめ直したり，社会的な見通しに立って問題を考える機会のことであり，同様に認知的葛藤をもたらすことになろう．そのような葛藤は他者の考え方と自己の考え方との「統合」を求めるように働く．このような認知的葛藤の解消に向けた子ども自らの意見と他者の意見の統合（道徳的原理の再構成）の中から道徳性が発達していく．つまり，ジレンマを介して為される認知的葛藤のより構造化された解決が道徳性の促進をもたらすということが第二点である．第三点として，「モラルジレンマ」に基づく授業の積み重ねは，問題解決のためには幅広い役割取得の利用が意味あることだという認知方略の獲得と利用の学習を指摘できる．

ジレンマ資料に基づく道徳的判断　資料「割れた花瓶」では,「教室に急ぐあまり,廊下を走って花瓶を倒してしまうが,一緒にいた親友が元のように花瓶を飾ってくれた.しかし,帰りの会でひび割れがわかり,誰が割ったか問題になる」と言う粗筋で,「信頼・友情」と「正義・勇気」の価値を問題としている（荒木,1989年）[9].

この資料は「友情」という面に注目して考えると,二人の友情を守るように判断するとよいし,「正義・勇気」から考えると,自己の良心に従って判断してよい.しかし,二つの価値を合わせ考えようとすると,二人の友情を守る決断は正直であらねばならない「正義・勇気」の価値を犠牲にすることになり,正直に言うことを貫こうとすれば,二人の友情を犠牲にしなければならないジレンマに陥る.

このような状況に追い込まれたら,子どもたちはいったいどのように考えて判断していくのだろうか.

まず,二つの価値に違反しないような第三の行動を考え出すだろう.それが現実にできないとすれば,つぎに,二つの価値を同時に考慮しながら,それぞれ判断した結果起こるプラス面とマイナス面を丁寧に検討していくことになるであろう.そして一方の価値を選ぶことからくるさまざまな弊害を最小にする努力をしながら,結果としてある道徳的な価値を優先することになろう.それは他方の価値の否定でも切り捨てでもない.要するにぎりぎりのところまで考え込むことが,ここでは大切にされなければならない.

そのような中で子どもたちは「正義・勇気」を通して「友情」のあり方を考え,「友情」を通して「正義・勇気」のあり方を考えることになる.そこでは安易に二者択一的に判断することがあってはならない.

4　学習環境

授業はオープンエンドのジレンマ資料を用いて,集団によるモラル・ディスカッションを軸に展開していく.このような話し合いの授業が児童生徒一人ひ

とりにとって意義をもつためには，授業以前の事柄として，クラスに公正や正義を重んじ，思いやりを大切にする道徳的雰囲気や学級風土を育てなければならない．あるいは，話し合いの中からそれらを育てていかなければならない．このような学級の風土づくりは教師の裁量に委ねられる面が大きい．

とくに，自由にものが言えることはこの道徳の授業に限らず，学級会はもとより，他の教科においても必要なことである．

では，話し合える雰囲気があるとはどういうことか．それは，学級全体として安心して話せ，どんなことを話しても嘲笑されたり，取り合ってもらえなかったり，数人の言動がクラスを支配していることのない学級を指す．そして，話し合いにおいては，他人の話をよく聞くだけでなく，それに付け足したり，相手を尊重しながら反論したりすることを子ども同士に約束させておくことが大切である．そのためには，教師として日頃から次のような配慮や訓練に心がける必要があろう．

- 子どもが自分の考えをしっかりもつ．
- 自分の考えや感じていることを必ず口に出す．
- はっきりとしゃべる．
- 相手が言うことを最後までじっくり聞く．
- 相手の言うことを自分の考えや感じと比べる．
- 自分の考えのおかしなところ，足りないところを修正し，もう一度相手に話す．
- 教師に向かって話すというのでなく，みんなに向かって話せるようにならなければならない．

さらにモラルジレンマについて話し合う上でとくに配慮すべきことがらには，以下のことがあげられる．

①正しい答えがあって，それを先生が知っているという雰囲気を除く．
②ディスカッションはどちらをとるかという行為の選択にあるのでなく，そのさいの理由づけを中心にする．

③ディスカッションは互いの意見を出し合うことであり，仲間の理由をよく聞くことである．
④自分の考えも含め，低次の発達段階の理由が不十分で，一貫性がないことに気づかせる．
⑤子ども同士の相互のやり取りを大切にする．とくに一段階違いの考え方に触れられるように意見交流を図る．

5 「道徳」の授業モデル

授業モデル[(10)(11)(12)]　授業はディスカッションによる道徳的な問題解決学習とみなす．小学校低学年では発達特性から見て1単位時間が適当と思われる（授業実践，73ページ参照）が，学年が進んだ段階では1単位2時間を基本単位と考える（授業実践，77ページ参照）．それは1単位時間では内容の消化が経験的に見て無理なことが多いためである．しかし，事前に資料を読み，判断・理由づけを済ませておくことで，討議を中心に1単位時間でも授業は可能となる（授業実践，91ページ参照）．授業時間の長さは子供たちの討論への意欲や高まり具合，こだわりの程度なども考慮して柔軟に捉えるべきだろう．

なお，授業としては2時間で終わっても，その後の指導として，班ノートによる紙上討論や家庭での両親との話し合い，学級通信を通したフィードバックも道徳性を高めていく上で有効なことは言うまでもない．

【授業モデル】

[第一次，1時間目]

①ジレンマ資料を読む．そのさい，読み取りに誤りがないように登場人物，問題の背景，ジレンマの内容や道徳的な価値等をしっかり共通理解させることを主眼とする．それは第二次のディスカッションを効率よく進めるためでもある（授業対象の学年や用いる資料に合わせて視聴覚的技法[TV，スライド，ペープサート，OHP，紙芝居，人形劇]や立ち止まり読みなどの方法を適宜に使いたい）．

②共通理解の徹底のために小集団討議（バズセッション）を活用する．

③授業の終わりに，主人公は葛藤場面でどうすべきかを，その理由とともにカードに書かせる（低学年では賛成・反対の意思表示が中心となろう）．

［第二次，2時間目］

①葛藤の再確認をする．

②子どもたちが書いた理由づけを中心に，道徳性発達で低次から高次の考えを幅広く分類した理由づけカードを示す．それぞれに自分の意見（賛成，反対）と質問を書かせる．それは自分と異なるいろいろな意見があることに気づかせるだけでなく，なぜかと考える機会となる．

③自分の書いた意見や疑問に基づいて話し合いをしていく．そのとき意見の対立点や一致点を明確にする（意見の表示には板書の他，フラッシュカード，OHPなどを用いる方法がある）．

④教師は適宜に高い考え方や揺さぶり発問をはさみ，かれらの考えの至らないところや矛盾に気づかせる（学年によっては，役割表現させたり，役割取得させることが効果的となる）．

⑤小集団とクラス全体によるディスカッションを通して，子どもたちはそれぞれにいろいろな意見を考慮したより広い視野に立った意見に練り上げる．

⑥自己の最終の判断と理由づけをカードに書き込む（学年によっては，自分の考えと最も近い考えを選択させたり，吹出しに書かせたり，視点を定めて判断・理由づけさせる，といった工夫が望まれる．自分の最終の判断までの思考の道筋がはっきり捉えられるような道徳ノートを作ることも大切である）．

授業の第一次と第二次の間隔は1日から1週間を設けている．それは1時間目の終了後，児童の実態，クラスの実態（第一次の判断・理由づけを整理したもの）を明らかにし，それに即して，2時間目の指導のねらいを明確にし，授業で用いる「書き込みカード」を作成し，指導案を作成するために必要な時間である．

教師の発問 授業モデルは三つの位相に沿って思考（ディスカッション）が進むように組み立てられている（Bales, R.F, 1950,[13] 荒木・野口，1987年[14]）．つまり，

①第一位相……問題解決のための方向づけの段階（資料を共通理解する）

②第二位相……意見の交換の段階(自己と他者の考えを相互に批判・吟味する)
③第三位相……行為の示唆と意思決定の段階(自己と他者の考えを相互に練り合わせる)

　もっとも各位相にはそれぞれ①②③の段階の内容が混在している．したがって，集団討議がスムーズに運んでいるのであれば，最初の①方向づけの段階では，③の行動を示唆する発言はきわめて少ないだろうし，最終の③意思決定の段階では行動を示唆する発言が最も多く，ついで②の意見交換の発言が多く見られ，①の方向づけに関する発言はずっと少ないと言える．

　この位相を教師の発問という視点から見ると，つぎのように言い換えることができる．

①方向づけを求める発問の段階(情報・状況の説明，繰り返し，理解の確認，意見の明確化を求める)
②意見を求める発問の段階(評価，分析，気持ちの表明を求める)
③示唆を求める発問の段階(意見をまとめ，方向づけし，可能なやり方を求める)

　道徳性の発達にとって特に強調されている，①相手の立場に立つ，②一つ高い段階の考えに触れる，を討論に生かすためには，つぎのような発問を授業に取り入れたいものである(荒木，1989年[15]，鈴木，1988年[16]，具体例は「ぜったいひみつ」鈴木(87ページ)，および66ページのジレンマを参照のこと)．

1. **問題を明確化する発問**(解決すべき問題が何かを確認させる)
2. **自己の考えを明確化させる発問**(取りうる行為と取り上げたその理由を明らかにさせたり，他人の意見に耳を傾けさせる)
3. **認知的な不均衡をもたらす発問**(父親が正しいと言ったけど，男には車を貸すのを拒む権利が法律的に認められている．父親には暴行や窃盗の権利はない)
4. **役割取得をうながす発問**(主人公や相手の気持ちを考えに入れて答えさせる)
5. **一般的な結果に対する発問**(もし子どもが死んだとしたら，その男に責任はないといえるだろうか)
6. **道徳的価値の根拠に関わる発問**(全く同じ状態に陥ったら，父親はまた同じ罪

を犯すだろうか．その子が息子でないなら，どうだろうか）

7．道徳的判断を求める発問（授業の最終では主人公はどうすべきか，公正と言う視点から，最良の「取るべき行為」を判断させる）

第2節　ジレンマ資料を用いた道徳の授業実践

1　「規則尊重」

指導者　徳永悦郎（兵庫教育大学附属小学校教諭）

道徳授業「ほんとうのおくりもの」の指導案は，以下に示すとおりである（荒木他，1989年）[17]．

第三学年　道徳学習指導案

1．主題名　ほんとうのおくりもの

2．主題設定の理由

表3-1　価値分析表

ポシェットをおくる	シャープペンをおくる
段階1　罪―従順志向（他律的な道徳）	
行為の物理的な結果が，その人間的な意味や価値は無関係に，その善悪を決定する．罪を避けて，権威に対して盲目的に服従することに価値を見いだす．	
・きまりだからシャープペンはわたせない． ・約束違反で先生から叱られるから．	・ポシェットはやぶれているので先生が怒るから．
段階2　道具的―互恵主義（自己本意志向）	
正しい行為というのは，自分自身の要求を場合によっては他人の要求を具体的に満たす行為，つまり報酬を得るための手段（道具）となる行為を指している．結果的には利益を得たり，ほめられたりすることが価値あることと考える．	
・見かけは悪くても心がこもっていることを，鈴木先生がわかってくれる． ・約束違反でみんなから叱られるから． ・約束を守らなかったので，なかまはずれにされるから．	・シャープペンを先生はほしがっていたし，ポシェットも破れているから，この際仕方がない． ・みんなから叱られても，先生がよろこんでくれるから．

注）段階1から段階2までの各段階の概説は，荒木（1988年）を参考にした．

(1) 本主題においては，道徳的判断力を養うために，規則尊重の価値をめぐる当為反応のあいだで起こる葛藤を取り扱う．この価値をコールバーグの道徳性発達段階に照して分析すると表3-1のようになる．

本主題でのねらいは，それぞれの児童が属する道徳的思考の段階よりも一段階上の道徳的思考に気づかせることである．そして主人公あき子に役割取得して考えていく中で，本当のおくりものとは相手の気持ちを考えることなしではできないことを捉えさせる．

(2) 資料（原案　徳永悦郎）

「ほんとうのおくりもの」

あき子の組では，今度の土曜日，教生の先生たちのおわかれ会を開くことになった．十一月のはじめから，一カ月おせわになったお礼をみんなでしようというのである．

さっそく，学級会を開いて，おわかれ会について相談をすることにした．そして，出し物のこと・かざりつけのこと・しかい者のことなどが，次々と決まっていった．

このようなことが決まったあと，みんなからいくつかしつ問が出た．そのなかに教生の先生たちへのプレゼントは，買ったものでもいいのかというのがあった．

このことについて，みんなで話しあったが，「プレゼントは，買ったものではなく手作りにしよう．その方が心がこもるから……．」ということになった．

次の日から，さっそく準備が始まった．なかには，おそくまで残ってがんばるはんもある．

あき子たちのはんの出し物は，手品である．あき子は，あまり手品を知らないので，この出し物に決まった時最初は困ったが，はんのみんなが教えてくれるので，楽しく練習することができた．

それよりも，気になっていたのが教生の先生へのプレゼントのことである．あき子たちのはんでは，四人の先生にはんの一人ずつが分たんしてプレゼントをわたそ

うということになっていたのだ．その方がいいプレゼントが作れるだろうというのである．

　あき子は，はんでプレゼントについての話し合いがあった時，まよわず，すず木先生をえらんだ．すず木先生は，あき子が算数のひっ算が分からないで困っている時，本当にていねいに教えてくれたり，業間や昼休みによく遊んでくれたりしたのだ．だから，あき子にとっては，今までで一番心に残る教生の先生だった．

　じつをいうと，クラスでプレゼントの話がある前から，すず木先生にプレゼントを用意していたのだ．それは，自分のおこづかいで買ったかわいいもようのあるシャープペンである．

　あき子が，このシャープペンをプレゼントにえらんだのは，すず木先生のもっていたシャープペンがこわれてしまったのを知っていたからだ．それは，ほうか後遊んでいて，あき子のはんのみつおがこわしてしまったのだ．「しかたないなあ……．」すず木先生は，それ以上いわなかったが，先生がかなしそうな顔をするのをあき子は，見ていたのだ．だから，あき子は，すず木先生に新しいシャープペンを買ってあげたいと思ったのだ．

　でも，「プレゼントは，手作りで……．」と決まってしまったので，このプレゼントはざんねんだけどわたせない．

　あき子は，考えたすえ，プレゼントにポシェットを作ることにした．

　明日がおわかれ会という日，やっとポシェットはできあがった．あまり大きくはないが，花のもようを入れたかわいいポシェットである．

　すず木先生もきっと喜んでくれるだろう……，ポシェットを見ながらあき子は，うれしくなった．そして，ポシェットのなかに自分の手紙をいれ，それをつつみ紙でつつんでつくえの上においてねた．

　朝起きてみると，置いていたはずのつつみがなかった．どうしたのかと思って茶の間におりて行ったあき子は，やぶられたつつみ紙からでているポシェットとないている弟をみて，びっくりしてしまった．

「ごめんね,一郎がいたずらをしてしまったのよ…….おねえちゃんの大切なものなのにね…….」

お母さんはそういったが,ポシェットは,前のポケットのところがやぶれてしまい,このままでは,すず木先生にあげられそうもない.

そういえば,ようち園にかよっている弟があき子の作っているのをめずらしそうに見たり,「ぼくにちょうだい.」と,しきりにいっていたのを思いだした.

やぶれたポシェットをもって2かいにあがったあき子の目に,思わずなみだがこぼれた.どうしたらいいの……,もう,学校に行かなくてはならない時間である.ポシェットをなおしている時間はない.しかたなくやぶれたポシェットをつつみなおしたあき子は,いそいでそのつつみをかばんに入れ,朝ごはんも食べずに家を出た.

学校に来て,かばんの中からつつみを取り出そうとしたあき子は,かばんの外がわのポケットにもう一つのつつみが入っているのを見つけた.はじめすず木先生にと思って買っていたシャープペンである.

このつつみを見つけたあき子は,考えこんでしまった…….そして,二つのつつみをそっとひき出しの中に入れた.

おわかれ会が始まってから,あき子は,ずっとひき出しの中にある二つのつつみのことを考えていた.

いよいよ,教生の先生にプレゼントをわたす時間がやってきた.四人の先生たちは,教室の前に立ち,にこにこしてみんなのプレゼントをうけとっている.すず木先生も,うれしそうにみんなとあく手をしている.

とうとう,あき子の番がやってきた.

3．学習の展開（単時間扱い）

表3-2　学習の展開

学習活動	意識の流れ	指導上の留意点
1．おわかれ会について思い出す．	楽しかったなあ／もっと工夫すればよかった	・おわかれ会の様子を想起させることで資料と生活を結んで考えさせることができるようにする．
2．資料「ほんとうのおくりもの」を読む．	・あき子は，鈴木先生のことが好きなんだなあ． ・シャープペンかポシェットか迷っただろうなあ．	・児童一人ひとりの反応を確かめながら教師が資料を読む．
3．あき子はどうしたかを話し合う．	あき子は，プレゼントとして何をわたしただろう． シャープペン／ポシェット	・判断には，二つ以外にも多様な意見が考えられるので，できるだけ自由に発表させるなかで，一人ひとりの判断を支えている理由づけに目を向けていきたい． (助)きまりを破ってわたしたプレゼントを先生は喜ぶだろうか． (助)やぶれたポシェットを先生はいやがるだろうか．
4．あき子にとってどうするのが一番いいか話し合う．	・ポシェットは，やぶれてしまったから． ・シャープペンでも先生は喜んでくれるだろう． ／ ・きまりだからシャープペンはわたせない． ・みかけは悪くても心がこもっているから，先生は喜んでくれる．	
5．最終的な判断・理由づけをする．	あき子は，どちらのプレゼントをわたせばいいのだろう．	・鈴木先生のことを考えさせるという視点をもたせて，判断・理由づけさせる．

2　「信頼・友情」対「規則尊重」

指導者　鈴木憲（伊勢市立豊浜中学校教諭）

道徳授業「ぜったいひみつ」の指導案と授業における児童の道徳判断の理由づけの結果は，以下に示すとおりである（徳永・畑，1986年[18]，鈴木，1988年[19]，鈴木・荒木，1989年[20]）．

第五学年　道徳学習指導案

昭和62年6月22, 25日　5年生教室

1．主題名　ぜったいひみつ

2．主題設定の理由

(1) 本主題においては，道徳的判断力を養うために，信頼・友情と規則尊重

表3-3　価値分析表

信頼・友情	規則尊重
段階1　　罰―従順志向（他律的な道徳）	
行為の物理的な結果が，その人間的な意味や価値とは無関係に，その善悪を決定する．罰を避けて，権威に対して盲目的に服従することに価値を見いだす．	
・家の人や先生が，友達と仲よく助け合わなければいけないと言っている． ・友達を悲しませるようなことをすると，その家の人に叱られる．	・規則を破ると先生や家の人に叱られる． ・みんなでつくったルールや約束ごとを守らないと，みんなにいじめられる．
段階2　　道具的―互恵主義（自己本意志向）	
正しい行為というのは，自分自身の要求を場合によっては他人の要求を道具的に満たす行為，つまり報酬を得るための手段（道具）となる行為を指している．結果的に利益を得たり，ほめられたりすることが価値あることと考える．	
・友達を助けてあげれば，自分も友達に助けてもらえる． ・友達に親切にすれば，何かお礼がもらえる． ・友達の言うことを聞かないと，嫌われて遊んでもらえない． ・友達の信頼を裏切ると，自分が後悔して，いい気持ちがしない．	・規則を守ると先生にほめられる． ・約束ごとを守れば，家の人がお小遣いをくれる． ・みんなとのルールや約束ごとを破れば，仲よく遊んでもらえないで損をする． ・規則やルールを守らないと，嫌な気分が残って，後で後悔する．
段階3　　他者への同調，あるいは「よい子」志向	
正しい行為というのは，他人を喜ばせたり，助けたりすることであり，他人から肯定されることである．多数意見，「自然な（ふつうの）」行動というステレオタイプの（紋切り型の）イメージに対して同調することが価値あることと考える（たとえば，兄として，班長として，女として，男として，○△小の生徒として，等のさまざまな期待に恥じないように行動しようとする）． 行為はしばしば意図によって判断されるようになる．	
・○○すれば，友達は喜んでくれる． ・人が困っている時に助けてやらないのは，友達として恥ずかしいことである． ・仲のよい友達であれば，だれでも○○するだろう． ・友達を悲しませるようなことをしたり，友達と助け合わなかったら，まわりの人から悪く思われる．	・きまりをきちんと守って行動すれば，家の人や先生もきっと喜んでくれるだろう． ・クラスの一員として，みんなで決めたこと（規則・ルール・約束ごと）は守らなければ，みんなに悪い． ・約束を守ることをみんなが望んでいるし，ルールを守って行動することは普通のことである．

注）　各段階の概説は，荒木（1988年）を参考にした．また，6段階中の段階1から段階3までを示した．

の価値の間で起こる葛藤を取り扱う．二つの価値をコールバーグの道徳性発達段階に照して分析すると表3-3のようになる．

(2) 資料（原案　畑耕二）

「ぜったいひみつ」

「おはよう．」

　七月に入って毎日暑い日が続いていたが，みんな元気に登校してくる．

「ねえ，のり子さんまだ……．どうしたのかしら．」

「きのう，体育のとき見学していたから，もしかすると休みかも……．」

　のり子は，二年前にこの学校に転校してきた．とても活発で，みんなともすぐに仲良くなった．

　それまで，どちらかというと無口で，少しひっこみじあんだったよしえは，のり子と同じ班になってから，授業中でも積極的に発表するようになり，今では，学級会係の班長をしている．そして，「自分がみんなの前でも，あがらずに話ができるようになったのは，のり子さんのおかげだ．」と，よしえは心の中で感謝していた．そんなこともあって，二人はいつもいっしょに遊ぶ大の仲良しだった．

　しかし，のり子は，お父さんの仕事のつごうで，この一学期が終わると，青森県の方に転校してしまうことになっていた．一週間前に，先生からその話を聞かされたときは，よしえをはじめクラスのみんながとてもがっかりした．そして，だれとはなしに，「のり子さんのお別れ会をしよう．」と言い出し，みんなの大さんせいとなった．でも，のり子は，まだそのことを知らない．

　キーンコーンカーンコーン

　朝の会が始まった．のり子はまだ登校していない．どうやら休みのようだ．

「のり子さんが休んでいるから，お別れ会のことを相談しようよ．」

と，かずおが言い出した．

「よしえさん，早く相談しようよ．」

「そうしよう．そうしよう．」

みんなとてものり気のようだ．よしえは，さっそく，みんなの意見を聞き始めた．
「ゲームをしよう．」
「プレゼントはどうするの．」
「班の出し物もしようよ．」
　いろいろな意見が出され，やっとプログラムが決まった．その中でも，特に，「班の出し物をがんばってしよう．」ということになった．
「じゃあ，これでいいですか．ほかに意見がなければ，この計画でいきたいと思います．お別れ会まで，あと一週間しかないので，どの班もがんばって下さい．」
　よしえがそう言いかけたとき，どこからか，
「このお別れ会のことは，のり子さんにはひみつにしておこうよ・・・．のり子さんをおどろかすんだ．」
という声が聞こえた．
「さんせい．きっとのり子さんびっくりするよ．」
「そうしよう．必ず喜んでくれるわ．」
「そうしよう．」　「それがいい．」　「さんせい．」
　けっきょく，お別れ会のことは，どんなことがあっても，ぜったいひみつにしておくことになった．

　次の日．
「おはよう．」
　いつもより少しおくれて，のり子が元気にやって来た．
「おはよう．」
　それまで，教室のあちこちでグループに分かれて話し合っていたみんなは，元気そうなのり子を見て，笑顔であいさつをおくった．そして，今度はヒソヒソとまた話を始めた．
　のり子は，いつもとはちがう教室のふんいきに，「みんなどうしたのかな……．」

と思いながら、ランドセルをかたづけた。そこに、よしえがやって来た。
「よしえさん……。」
 のり子がよしえに向かって何か言おうとしたとき、それをさえぎるように、クラスのみんながよしえを呼び止めた。そして、のり子には聞こえないような声で、
「ぜったいひみつだよ。よしえさんは、特にのり子さんと仲がいいから注意しろよ。」
と言った。
「だいじょうぶだよ。まかせておいて。」
 のり子は、ニコッとして答えた。
「ねえ、なんの相談だったの。」
 のり子がよしえに聞いた。
「別になんでもないのよ。」
 よしえは、首を横にふってニッコリ笑った。
 お別れ会まであまり日がないこともあって、休み時間や放課後も、グループに分かれて、お別れ会の出し物の相談や準備をすることが多かった。
「ねえ、何の相談なの……。」
 のり子が近づくと、みんなサッと相談をやめてしまう。そんな日が二、三日続いた。のり子は、休み時間や放課後も一人ぼっちになることが多くなった。

 お別れ会まであと二日となった日のことだ。
よしえは、班のみんなと出し物の相談をした後、一人で学校から帰った。その帰り道の途中のことである。
「よしえさーん。」
 後ろの方から声がした。ふりむくと、のり子が息をきらして走って来る。
「よしえさん、わたしはもうすぐひっこしするのよ。ついこの前までは、あんなに楽しく遊んでいたのに、このごろではあまり話もしてくれない。よしえさんだけじゃなくてほかのみんなもよ。あと二日でみんなとお別れなのに……。どうしてな

の.」

　しんけんな顔で話すのり子を見て，よしえは考えこんでしまった.

3．学習の展開（2時間扱い）

表3-4-1　学習の展開（第一次）

学習活動	意識の流れ	指導上の留意点
1．資料から，主人公よしえのおかれた状況を明確に読み取る．	① のり子はどんな子だろう． ・活発 ・クラスのみんなと仲がいい ② よしえはどんな子だろう． （のり子と同じ班になるまで） ・無口，引っ込み思案 （のり子と同じ班になって） ・授業中でも積極的に発表する ・学級会係りの班長 ・みんなの前でもあがらないで話ができる ③ 二人はどんな関係だろう． ・大の仲良し ・よく遊ぶ仲 ・よしえはのり子に感謝している ④ なぜ，お別れ会のことをのり子には秘密にしておこうということになったのだろう． ・のり子を驚かすため ・びっくりさせるため ・喜ばせるため ⑤ のり子は，なぜ，休み時間や放課後一人ぼっちになることが多くなったのだろう． ・クラスのみんなが，お別れ会の相談や準備で忙しいから ・お別れ会まで後一週間しかないから ・お別れ会のことはのり子には秘密だから ⑥ よしえが学校から帰る途中，なぜのり子は息をきらしてよしえを追って来たんだろう． ・この頃，あまり遊んだり話をしてくれない理由を知りたかったから ・クラスのみんなの様子がいつもと違うことが気になっていたから ・寂しかったから ・みんなが冷たくしているように感じて悲しかったから ・後二日で転校してしまうからもっとみんなと話をしたり遊んだりしたかったから ⑦ なぜよしえは困ってしまったのだろう． ・のり子にはお別れ会のことを秘密にしておくとクラスで決まっていたから ・お別れ会のことを秘密にしておいて，のり子をびっくりさせて喜ばせたかったから	・場面ごとに立ち止まりながら教師が読み，そのつど発問を投げかけ，状況を整理して把握させる． ・のり子とよしえそれぞれの性格，二人の関係をおさえることによって，よしえとのり子の友情・信頼関係を明確にする． ・みんなで決めた約束がのり子のためを考えたものであることをおさえ，約束を守ることの意義を明確にする． ・のり子のためにと考えたことが，結果的にのり子を一人ぼっちにさせたことをおさえ，よしえの葛藤への足がかりとする． ・結果的に一人ぼっちになってしまったのり子の気持ち（不満・悲しさ・寂しさ・疑問）について考えさせ，よしえの葛藤の生起へとつなげたい． ・のり子を喜ばせる（のり子に対する友情）ために，お別れ会のことをのり子には秘密にしておこうというクラスのみんなとの約束を守らなければならないとい

第3章 道徳教育の方法　83

	・大の仲良しののり子がかわいそうだから ・よしえがどうしてかと真剣に聞いてきたから ⑧　よしえはどうすることで迷っているんだろう． ・お別れ会のことをのり子に言うか言わないかで迷っている		うこと（規則尊重・クラスのみんなの信頼・友情）と，お別れ会のことを秘密にすることでのり子を嫌な気持ちにさせてはいけないということ（のり子に対する信頼・友情，親切・同情）で葛藤していることを明確にしたい．
	よしえはどうすべきだろう		
2．よしえは，お別れ会のことをのり子に"言うべき"か"言うべきではない"かを考え，判断理由づけカードに記入する．	A．"お別れ会のことをのり子に言うべき" 　（お別れ会のことをのり子に言わなければならない） B．"お別れ会のことをのり子に言うべきではない" 　（お別れ会のことをのり子に言ってはならない）		・"どうすべき"という言葉の意味を理解させる． 　・どうしなければならないか． ・よしえはこの後どうするだろうと想像するのではなく，児童一人ひとりに，よしえはどうしなければならないかを考えさせる． ・よしえは，お別れ会のことをのり子に"言うべき"か"言うべきではない"かの二つで考えることを明確にする． ・十分な時間を取り，理由づけを詳しく書かせる． ・机間巡視をして，理由づけの不十分な児童に，理由づけの視点について助言する．
	（児童の反応予想） A．お別れ会のことをのり子に言うべき 1．のり子は親友だから 2．言わなければ，のり子に恨まれるから 3．のり子に嘘をついたことを先生や家の人に叱られるから 4．のり子にお別れ会のことを言わなかったら，のり子に嫌われて親友をなくすから 5．のり子を悲しませることは，友達として恥ずかしいことだから 6．のり子が寂しがって真剣に理由を聞いているんだから，助けてあげるのが普通だから 7．残りの日を楽しくみんなとすごす方が，のり子にとってはうれしいことだと思うから 8．このお別れ会はのり子を喜ばせるためのものだから，のり子がお別れ会のことで悲しがっているのだったら，本当のことを話して安心させてやる方が大切だから		・A1はのり子に対する友情に着目した理由づけであるが，友情をどのようなものとして捉えているかを「発問計画Ⅶの理由を求める発問」をすることによって引き出す必要がある．

B．お別れ会のことをのり子に言うべきではない． 1．みんなとの約束は破ってはいけないから 2．「絶対秘密だよ」とクラスの子に言われたとき，「まかしといて」と言ったから 3．みんなとの約束を破って言ってしまったら，みんなに怒られる（いじめられる）から 4．のり子をびっくりさせようとしてみんなが準備していることが，無駄になる（損になる）から 5．みんなとの約束を破ることはクラスの一員としてはずかしいことだから 6．のり子を喜ばせようとしてみんなも言わないでいるんだからよしえもそうしなければいけない	・Bの1，2は，クラスのみんなとの約束の尊重という点に着目した理由づけであるが，みんなとの約束を守らなければならないと考える理由を「発問計画Ⅶの理由を求める発問」によって引き出す必要がある． ・児童の反応予想をコールバーグの道徳性発達段階に照らし合わせて段階分けすると次のようになる（ただし，段階分け可能な反応に限り分類した）． 　段階1 　　A．2,3 　　B．3 　段階2 　　A．4 　　B．4 　段階3 　　A．5,6,7,8 　　B．5,6 ・クラス全体の判断傾向を知らせ，次時のディスカッションへの意欲へとつなげたい．

表3-4-2　板書計画（第一次）

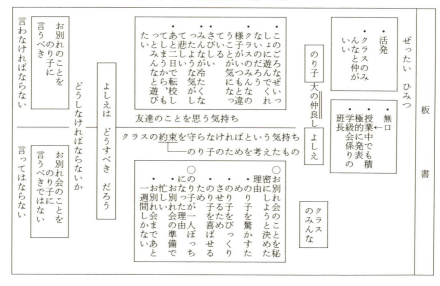

第3章 道徳教育の方法

表3-5-1 学習の展開（第二次）

学習活動	意識の流れ	指導上の留意点
1. 資料を読み，主人公の葛藤状況を思い起こす．問題を焦点化してとらえる．	① 最後の場面でよしえは迷っていますが，どんなことで迷っていますか． ・のり子にお別れ会のことを言うか言わないかで迷っている ② なぜ迷っているんでしょう． ・のり子を喜ばせるためにお別れ会のことをのり子には秘密にしておこうというクラスのみんなとの約束を守らなければいけないし，お別れ会のことを秘密にすることでのり子を嫌な気持ちにさせてはいけないから．	・"クラスのみんなとの約束を守らなければいけないということ"と"友達を嫌な気持ちにさせてはいけないということ"で，お別れ会のことをのり子に言うか言わないか迷っていることをおさえる．
	よしえはどうすべきだろう	
	A ."お別れ会のことをのり子に言うべき"． （お別れ会のことをのり子に言わなければならない） B ."お別れ会のことをのり子に言うべきではない"． （お別れ会のことをのり子に言ってはならない）	・"べき"についておさえ直す． ・お別れ会のことをのり子に言わなければならないのか，言ってはならないのか． ・よしえがどうするかを想像させるのではなく，よしえは今どうしなければならないのかについて考えさせる．
2. 自分の第一次の判断・理由づけを見直す．		・自分の判断・理由づけを再認識させ，ディスカッションの意欲へと結びつけたい．
3. みんなの判断・理由づけを見て，賛成・反対とその理由，疑問点等を考える．（第1次のクラス内の判断・理由づけを整理した用紙に書き込む）		・十分な時間を取り，他者の考え方と自分の考え方の相違点を明確に把握させたい．
4. 他者の判断・理由づけについての意見・質問を発表する．		・各自の書き込みをもとにして自由に発表させる． ・書き込んだことを発表させるだけでなく，発表された意見・質問に対する考えも自由に出させる．
5. 焦点化された論点についてディスカッションする．	・もし，よしえがお別れ会のことをのり子に言わなかったら，の	・発表の内容から，教師が論点を整理して提示し，ディスカッションを進める． ・のり子に役割取得して考えたことについ

	り子はどう思うだろう（のり子の立場で考える）。 1. 真剣に聞いているのに理由を話してくれないことをおこって，もう友達じゃあないと思う。 2. 大の仲良しなのになぜわけを話してくれないのだろうと不思議に思う。 3. おこるけど，わけがあって今は言えないと話せばわかってくれると思う。 4. 何かわけがあるんだろうけど，やっぱりおこると思う。 5. 真剣に聞いているのにわけを話してくれなかったことを悲しむ（おこる）だろうけど，クラスのみんなとの約束があって言えなかった気持ちもわかる。	てディスカッションさせ，よしえの取るべき行動について考えさせる。 ・のり子の立場で考えた時の児童の反応を，セルマンの役割取得能力段階に照らし合わせて段階分けすると次のようになる（ただし，各児童のより適確な段階分けにあたっては，判断の理由づけやその他の反応等も考え合わせる必要がある。従って，ここでは，その段階に属する傾向が強いという意味において各反応の段階分けを行った）。 　段階1　　1 　段階2　　2,3,4 　段階3　　5
	・もし，よしえがお別れ会のことをのり子に言ったとしたら，クラスのみんなはどう思うだろう（クラスのみんなの立場で考える）。 1. お別れ会の計画がだいなしになったと言っておこる。 2. 約束を破ったことでよしえを嫌いになる。 3. なぜみんなとの約束を破ったんだろう，わけがあるのかなと思う。 4. おこるだろうけど，わけを話せばきっとわかってくれると思う。 5. 仕方がなかったかも知れないが，やっぱりクラスのみんなとの約束を破ったことを許さないと思う。 6. みんなで約束したことを守らないで話してしまったことをおこる気持ちもあるけど，話さないではいられなかったよしえの気持ちもわかる。	・クラスのみんなに役割取得して考えたことについてディスカッションさせ，よしえの取るべき行動について考えさせる。 ・上記同様，役割取得能力段階に照らし合わせて段階分けすると次のようになる。 　段階1　　1,2 　段階2　　3,4,5 　段階3　　6
6. よしえはお別れ会のことをのり子に"言うべき"か"言うべきではない"かを判断し，理由づけをする（判断・理由づけカードに記入する）。	A. お別れ会のことをのり子に言うべき。 B. お別れ会のことをのり子に言うべきではない。	・第1次の判断・理由づけにとらわれないで，自由に判断，理由づけさせる。

表3-5-2　板書計画（第二次）

<table>
<tr><th>板書</th><td>
ぜったい　ひみつ

［よしえは　どうすべき　だろう］

［お別れ会のことをのり子に言うべき］
言わなければならない
［　］［　］［　］
よしえが、のり子にお別れ会のことを言わなかったとしたら
［のり子］
・おこって、もう友達じゃあないと思う
・大の仲良しなのに、なぜわけを話してくれないのだろうと思う
・かなしい気持ちになるけど、わけがあって今は言えないと話せば分かる
・真剣に聞いているのにわけを話してくれなかったことを悲しむ気持ちもあるけど、言わなかった気持ちもわかる

［お別れ会のことをのり子に言うべきではない］
言ってはならない
［　］［　］［　］
よしえが、のり子にお別れ会のことを言ったとしたら
［クラスのみんな］
・お別れ会の計画がだいなしになったと言っておこる
・なぜみんなとの約束を破ったんだろうと思う
・おこるだろうけど、わけを聞けばきっとわかる
・みんなで約束したことを守らないで話してしまったことをおこる気持ちもあるけど、話さないではいられなかったよしえの気持ちもわかる
</td></tr>
<tr><th>備考</th><td>
○上の□の部分には、第一次の児童の理由づけを貼る　また、それぞれの下の所に児童から出された意見・質問等を書き入れる
・焦点化された論点についてのディスカッションの部分　のり子、クラスのみんなに役割取得させて考えさせる
・児童の反応予想　のり子、クラスのみんなの欄には、それぞれ右から順に、役割取得能力段階で低次の意見を示した
</td></tr>
</table>

第二次のディスカッションの過程におけるねらいは，児童の道徳的思考の筋道を明らかにし，各児童に，コールバーグの道徳性発達段階においてそれぞれが属する段階よりも１段階上の道徳的思考に触れさせる機会を与えることである．教師はこのねらいのもとに，子ども同士の意見交流があり，かつ判断理由をめぐってディスカッションが行われるように工夫しなければならない．

	発問の型	発　　問
I	**理解を確認する発問** 他の児童が発言者の言葉を理解しているかを確かめるもの．	・○○さん，△△君が言ったことを，あなたの言葉でもう一度言ってみて下さい． ・○○さん，△△君の言ったことがわかりますか．

II	**議論に参加させる発問** その時点で問題になっている論点について、他の児童に意見を求める。		・○○さん、△△君が言っていることについて、あなたはどう思いますか。 ・○○さん、「・・・(論点)」について、あなたはどう思う？
III	**定義の発問** 児童がよく考えずに言葉を用いた時や、他の児童が理解困難であったり、児童によって解釈が異なるような発言がなされた時に、発言者に言葉や発言内容の意味づけを求める。		・友達のことを思うとは、どうすることなの？ ・責任とは、どういうことかわかりますか。 ・あなたが言ったことを、もう少しわかりやすく言って下さい。 ・例をあげて説明して下さい。
IV	**認知的な不均衡をもたらす発問** その時点で取られている段階の考え方の限界を考えさせたり、その限界への示唆を与える。		・もし、クラスのみんなが「・・・(児童の考え方)」と考えて、そのように行動したらどんなことが起こると思いますか(一つの考え方の限界を考えさせる)。
V	**役割取得をうながす発問** 児童にジレンマの中で他の登場人物の立場に立って考えさせる。		・もし、よしえがお別れ会のことをのり子に言わなかったとしたらのり子はどう思うだろう(よしえのことをどう思うだろう)。 ・もし、よしえがお別れ会のことをのり子に言ったとしたらクラスのみんなはどう思うだろう(よしえのことをどう思うだろう)。 ・あなたは、クラスのみんなで話し合って約束したんだからそれを破るようなことはできないと言ったけど、のり子の立場に立てばどうだろう。 ・この約束はのり子をびっくりさせて喜ばせるためのものだから言わない方がいいと言ったけど、のり子の立場に立てばどうだろう。
VI	**一般的な結果に対する発問** もしそうすれば結果はどうなるかを考えさせ、道徳的ジレンマに含まれる道徳的価値に基づく道徳的理由づけを求める。		・もし、よしえがお別れ会のことをのり子に言わなかったとしたらどんなことになるだろう。 ・もし、よしえがクラスのみんなとの約束を破ったら、どんなことになるだろう。
VII	**道徳的価値の根拠に関わる発問** 道徳的判断の背後にある理由を問う。		・親友だからお別れ会のことを言わなければならないと言ったけどなぜ親友だったら言わなければならないのですか。 ・クラスで決めた約束だから、それを守らなければいけないと言ったけど、なぜクラスの約束は守らなければいけないと思うのですか。

第3章 道徳教育の方法

第1次と第2次における理由づけの内容とその分析は下表のとおりである．

表3-6-1 理由づけの分析結果 「ぜったい ひみつ」（第一次）

		理由づけ ／ 児童No.	1	2	3	4	5	6	7	8	9	10	11	12	13	計
A 言うべき	多義	① 言ったとしても，お別れ会が楽しくなくなるわけではないから									*					1
		⑳ 言わないとのり子に嫌われる（損をする）									*					1
	分節化された理由	㉚ お別れ会の時，のり子が喜ばなかったらいけないから				*										1
		㉛ のり子は，お別れ会までの2日間，悲しく寂しい思いをするから				*							*	*		3
		㉜ お別れ会だけでなく，後2日間みんなで遊んであげた方がのり子は喜ぶと思うから						*				*				2
		㉝ 犬の仲良しとしてのり子を放ってはおけない												*		1
B お別れ会のことを言うべきでない	多義的	① クラスのみんなとの約束は守らなければいけないから	*		*			*		*					*	5
		② クラスのみんなに嘘をついてはいけないから		*				*							*	3
	分節化された理由づけ	⑩ 言ったら，クラスのみんなに無視されたり，嫌なことを言われたり，お別れ会に入れてもらえないかもしれないから	*													1
		⑪ 嘘つきは泥棒の始まりと言うから												*		1
		⑳ 約束したことをめったなことで破ったら，みんなから嫌われる（損をする）							*							1
		㉑ お別れ会のことを言ってしまったら，楽しみがなくなるから							*	*	*		*			4
		㉚ お別れ会の日に，のり子に喜んでもらえる姿が見たいから										*				1
		㉛ もし言ったら，今までみんなで決めてきたこと（みんなの努力）がだめになってしまう							*							1
		㉜ その約束は，みんなと学級会で話し合ったことだから										*				1
		個人別の理由づけの数	2	1	1	2	1	3	3	2	2	3	2	2	3	27

表3-6-2　理由づけの分析結果　「ぜったい　ひみつ」（第二次）

		理由づけ ／ 児童No.	1	2	3	4	5	6	7	8	9	10	11	12	13	計
A お別れ会のことを言うべき	分節化された理由づけ	㉙ みんなにわけを言ったら許してくれると思う		*	*				*							3
		㉚ お別れ会の時，のり子が喜ばなかったらいけないから								*		*				2
		㉛ のり子は，お別れ会までの2日間，悲しく寂しい思いをするから					*					*		*		3
		㉜ お別れ会だけでなく，後2日間みんなで遊んであげた方がのり子は喜ぶと思うから		*	*			*		*	*		*			6
		㉝ 大の仲良しとしてのり子を放っはおけない							*		*					2
		㉞ 言ってやったらのり子は安心できるから	*									*				2
		㉟ 言わなかったらのり子がかわいそうだから													*	1
		㊱ のり子が悲しんでいる時に助けてやらないことは，友達として恥ずかしいことだから							*							1
		㊲ みんなにわけを言ったら，わかってくれると思うから								*					*	2
		㊳ みんなにわけを言えば，僕も私もこうしたと言うと思う	*													1
		㊴ クラスのみんながおこったとしても（許してくれなくても），本当のことを言うべきだ		*	*			*			*	*	*		*	6
		個人別の理由づけの数	2	3	3	1	欠	3	2	3	2	4	2	1	3	29

注）　分節化された理由づけで、⑩から⑲までは道徳性発達段階の第1段階の記述，⑳から㉙までは第2段階の記述，㉚から㊴までは第3段階の記述である。

モラル・ディスカッションの前後で，それぞれの児童は，資料の主人公がジレンマの場面でどうすべきかを判断し，その理由を述べている（表3-6-1，3-6-2）。コールバーグの道徳性発達段階の定義に従って，段階分けした結果が図3-3である。討論する前では道徳性の発達段階でのちらばりが大きかったが，討論後では全員が第三段階（自律的な道徳判断）にいた．

これらの結果は，そのまま児童の道徳性の発達を表わすものではない．しかし，より高次の道徳的思考を調節できることは，より高い段階へ向けての発達の基盤となる（道徳性を測定する客観テストとして，我々の開発した道徳性発達検

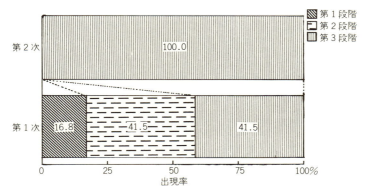

図3-3　授業の前後における道徳性発達段階

査，公平性発達検査，役割取得検査等がある）[21]．

3　「公正な社会」

指導者　吉田重郎（土浦市教育委員会主事）

道徳授業「正しいのはおれたちなのだ」の指導案は，以下に示すとおりである（荒木他，1989年）[22]．

中学三年生　道徳学習指導案

1．主題名　正しいのはおれたちなのだ

2．主題設定の理由

(1)　第一次の判断・理由づけを聞きながら，三年生の立場から二年・三年の言い分を吟味させ（役割取得），話し合わせる．「公正な社会」をめざす方向で意思決定できる．

(2)　資料（NHK録音教材，中学校道徳三年「わたしたしは考える」，NHKサービスセンター発行）

【あらすじ】

　上田たち郷土史研究会のメンバーは文化祭に発表するテーマ「わがふるさと——江戸から明治へ——」に合わせ，1カ月前から当時の生活用具などの展示物を集め

る一方で，民謡なども録音していた．

　今日は町はずれの農家に，おばあさんの粉ひき歌を録音しにいくことになっていた．出発間際に「郷土史研究会」専用にしてもらっていた職員室のカセットレコーダーが二年Ａ組に借り出されて，ないことに気づき，大騒ぎになった．

　上田たちが二年Ａ組に行くと，録音の最中だった．録音しているのは「非行」を扱った学校放送で，明日の学級会で使うと言う．そして，「放送はあと10分くらいで終わるから待って欲しい」とクラス委員の田中君が応えた．上田たちは，「録音の約束の時間がせまっており，この時をのがすと，いつ録音できるともわからない」と主張した．

　「放送は再放送だからそれっきりになってしまう」と田中君は言い張る．

　上田たちが「文化祭のためだ」と言えば，彼は「二年Ａ組のため」と譲らない．

　そこで，上田たちは，レコーダーは「郷土史研究会」の専用になっていたはずだというと，自分たちも先生の許可を得たという．

　ついに，怒りを爆発させた上田は語気を荒げて責めると，「そんなに言うなら，持って行って下さい」と言うなり，級友の止めるのも聞かず田中はレコーダーの電源を抜いた．

　取り返したレコーダーを手に，上田たちは町はずれへの道を急いだ．「二年生のやつら，手間とらせやがって……」「どっちが正しいかって簡単じゃないの」「それでも正しいのはおれたちなんだぜ」とみんながしゃべっているのを聞きながら，上田は，手にしたレコーダーが，なぜかずっしりと重く感じるのだった．

《ジレンマの構造図》

　二年生，三年生ともにそれぞれ言い分があって，善し悪しの判断ができないモラルジレンマである．カセットレコーダーを，「取り上げる」，「待つ」の二つの判断があろう．

　「取り上げる」と判断するならば，「根気強さ」，「権利と義務」が，「待つ」ならば，「寛容」，「思いやり」，「集団の和」といった内容の項目を視点に判断するだろう．

中心価値の「公正な社会」は両者の判断を統合したより高次の価値である．これらの関係を示すと下図のようである．

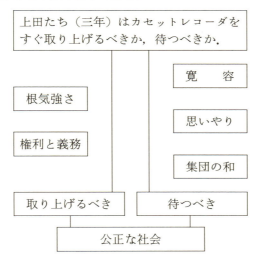

3．学習の展開（単時間扱い）

表3-7　学習の展開

事前の指導

学習活動	意識の流れ	指導上の留意点
1．学習のめあてを知る．	・二，三年生の言い分を考えながら上田たち（三年生）はどうすべきかを判断する．	・登場人物名を知らせる．
2．資料の内容を知る．	・上田たち三年生に役割取得しながら聞く．	・テープの聞き方を知らせる（内容のメモ，言葉のやり取り）．
3．状況の把握をする．	・上田たち三年生や田中たち二年生のおかれた状況を把握する． ア）登場人物を確認 イ）それぞれの言い分をおさえる ウ）上田たち三年生の気持ちは…	・メモをとることに重きをおかず，全体の流れから内容を聞き取らせる． ・三年生の立場で聞かせる． ・教師中心に簡潔にまとめる．
4．第一次の判断理由づけをする．	・上田たちに役割取得しながら，どうすべきか，「公正な社会（正義）」にもとづき判断させる． 上田たちはカセットレコーダーを取り上げるべきか，それとも待つべきか	・5分程度で判断・理由づけカードに書かせる（ここではあまり時間をとらない）．

本時の学習

5．意見を分類・整理する．	・第一次の判断理由づけを整理して示す．	・フラッシュカード等で示す．
6．意見交換する．	・カセットを「取り上げる」派と「（終わるまで）待つ」派のそれぞれの意見を出し合い，整理する． ア）「取り上げる」派 　・先約していた（二年生は急だ）． 　・文化祭の方が明日の学級で使うより重大だ． 　・おばあさんとの約束がある． イ）「（終わるまで）待つ」派 　・録音しているものを取り上げられない． 　・10分くらい遅れてもなんとかなる． 　・粉ひき歌の録音をあきらめる．	・二・三年生が話し合いをする十分な時間がないことに気づかせる． ・一方に判断が偏った場合には，他方にテコ入れ（理由の正当性を指摘する． ・自分と違った判断の立場に立って考える役割取得の機会を積極的に導入する．
7．第二次の判断理由づけをする．	・上田たちはどうすべきであったか，再度判断理由づけをする．	・第一次の判断理由づけにこだわらないように． ・オープンエンド，結論は出さない．

注

(1) 荒木紀幸「3章　学習と記憶」安藤延男編『教育心理学入門』福村出版，1982年，36ページ．

(2) 藤田昌士『道徳教育――その歴史・現状・課題――』エイデル研究社，1985年，146-155ページ．

(3) 宇田川弘『道徳教育と道徳の授業』同時代社，1989年，117-123ページ．

(4) 荒木紀幸「6章　生きる」荒木紀幸編『わたしがわかる・あなたがわかる心理学』ナカニシヤ出版，1987年．

(5) 荒木紀幸編著『道徳教育はこうすればおもしろい――コールバーグ理論とその実践――』北大路書房，1988年．

(6) 永野重史編『道徳性の発達と教育，コールバーグ理論の展開』新曜社，1985年．

(7) 荒木紀幸・野口裕展「中学生を対象としたモラルジレンマ教材と道徳の授業モデル」『兵庫教育大学研究紀要』第7巻，1987年，55-86ページ．

(8) 荒木紀幸・徳永悦郎・山本逸郎・新垣千鶴子・岡田達也・加藤健志・永田彰寿・日野正行・野口裕展・畑耕二・松本朗・吉田重郎「モラルジレンマ資料を用いた小・中学校における道徳の授業実践――ジレンマ資料とその構造，および授業のための

指導案──」『学校教育学研究』兵庫教育大学学校教育研究センター，第1巻，1989年，105-133ページ．
(9) 荒木紀幸「『道徳』授業を変える発問づくり──コールバーグ理論をふまえて──」『現代教育科学』4月号，明治図書，1989年，20-26ページ．
(10) 荒木紀幸「コールバーグ理論と道徳の授業過程」水越敏行・梶田叡一編『授業と評価ジャーナル』No. 6, 明治図書，1989年，145-153ページ．
(11) 荒木編，前掲書，1988年．
(12) 野口裕展「小集団学習による道徳教育の実践」河原政則編『授業方法の開発・展開・実践』タイムス，1988年，374-380ページ．
(13) Bales, R. F., *A set of categories for the analysis of small group interaction*, American Sociological Review 15, 1950年，257-263ページ．
(14) 荒木・野口，前掲書，1987年．
(15) 荒木，前掲書，1989年．
(16) 鈴木憲「道徳性の発達に影響を及ぼす役割取得に関する研究」兵庫教育大学大学院教育研究科修士論文，1988年．
(17) 荒木他，前掲書，1989年．
(18) 徳永悦郎・畑耕二「心理的な揺れを通してはっきりとした問題意識を持つことのできる道徳学習──役割取得能力の育成をめざして──」『兵庫教育大学附属小学校研究紀要』第6集，1986年，93-104ページ．
(19) 鈴木，前掲書，1988年．
(20) 鈴木憲・荒木紀幸「道徳判断に影響を及ぼす役割取得に関する研究──道徳授業による道徳性と役割取得能力の変容──」『日本道徳性心理学研究』第3巻，1989年，40-52ページ．
(21) 荒木編，前掲書，1988年，44-71ページ．
(22) 荒木他，前掲書，1989年．

第4章　我が国における道徳教育の展開

　道徳教育の目的は「道徳的判断力」を育成することにある．すなわち，その子が自分の力で判断のために必要な「事実」を収集し，自分なりにそれらを吟味し意味づけし，自分の責任で態度や行動を決定できるようにすることである．「道徳」の授業では，そのような「道徳的判断力」をもつ主体としての「個」の確立が援助されなければならない．

　この章では，「個」の確立という観点から戦前，戦後の道徳教育の特質を明らかにする．そのうえで現在の「道徳」の授業の問題点を指摘し，解決のための方策を探りたい．

第1節　明治政府の「近代化」政策としての「修身」

1　開明的教育から伝統的儒教教育への転換

　1872（明治5）年の学制の公布から，明治10年代前半までは，教育に関しては「開明的政策の時期」と呼ばれる．

　学制の公布にさいして太政官から布告された「被仰出書」では，「学問は身を立つるの財本」とされている．つまり学問を修めれば「産を興し業を昌にする」ことができ，社会的に成功するというのである．このように学問は立身出世，治産昌業のための不可欠の手段であり，これを身につければだれでも社会的に成功することができると考えられたのである．したがって学問としては，立身出世，治産昌業に直接役立つ「実学」が重視された．

　当時の下等小学校（現在の小学校1～4学年）では，読書算の実用的な科目が

重視されていた．1880（明治13）年の「教育令」でも，「小学校は……その学科を読書習字算術地理歴史修身等の初歩とす」と，「修身」は必須科目の最下位に示されていた．

またこの時期の「読本」では，福沢諭吉『童蒙教草』，中村正直『西国立志編』，ウェイランド『道徳科学原理』（阿部泰蔵訳『修身論』）など，西欧市民社会の自由主義的，民権論的な道徳を述べたものが教科書として使用されていた．

しかし明治10年代中頃から，明治政府は開明政策から国家主義的政策へと方針を転換した．国内においては自由民権運動の高まりへの対応，対外的には条約改正へ向けて富国強兵による国力の充実＝国際的地位の向上が差し迫った課題となったためである．

また教育内容については，伝統的な儒教的倫理を重視する派閥の巻き返しが起こった．儒学者で明治天皇の侍講元田永孚は，1879（明治12）年天皇の名で「教学大旨」を出した．そこでは開明的な教育が知識才芸の獲得を優先したために道義の退廃が起きたこと，したがって「専ら仁義忠孝を明らかにし道徳の学は孔子を主」とすべきことが述べられている．伝統的な儒教的教学への回帰が示されるとともに，「君臣父子の大義」に基づいた道徳教育が打ち出されている．

1881（明治14）年教育令はわずか一年で改正される．先行の教育令は公選学務員制を採用して地方分権を進めた点で，「自由教育令」と呼ばれる．それに対して「改正教育令」は，国家統制を強化するものであった．

そして「修身」は，今度は「小学校は……その学科を修身読書習字算術地理歴史等の初歩とす」と，必須科目の最上位に示された．また民権的思想を述べた書物を教科書として使用することは禁じられ，「教学大旨」の趣旨に則した『小学修身書』が発行された．

2 「教育勅語」に基づく忠良な臣民の育成

1890（明治23）年「教育ニ関スル勅語」が出される．井上毅の原案を元田が修正したものである．「勅語」の謄本は各学校に配布され，式日での奉読が義務づ

けられた．

「改正教育令」以後も，開明派と儒教派とのあいだで道徳教育をめぐる論争は続けられた．しかし明治政府にとって，富国強兵による国力の充実（その意味での「近代化」）は差し迫った急務であった．この点で我が国の「近代化」は西欧のように市民階級の成長による「下からの」近代化ではなく，国家主導の「上からの」近代化だったのである．

早急な富国強兵による国力の充実を達成するためには，国家の方針に対して勤勉かつ忠良であり，しかも一定の知的水準のある国民が必要となる．教育によってそのような国民を育成することが課題となったのである．教育は個人が「身を立つる財本」ではなく，国家が「身を立つる財本」となったわけである．

「勅語」では，まず天皇中心の国家体制（国体）の淵源について，「朕惟ふに我が皇祖皇宗国を肇むること宏遠にして」と述べられ，つぎに「孝」，「友」，「信」，「和」といった重要な徳目が列挙され，最後は「一旦緩急あれは義勇公に奉し，以って天壌無窮の皇運を扶翼すへし」と天皇制国家への奉仕でまとめられている．万世一系の天皇を価値体系の中心にして，そこから個人道徳，社会道徳，国家道徳についての徳目が配置されている．また封建社会での「家」における父子関係や「藩」における君臣関係を，天皇と国民との関係に拡大して適用している．ここに国民は天皇の「赤子」であるとする家族主義的国家観が完成した．

このような「勅語」のねらいは，国民としての自覚の喚起と意識の統一である．それを天皇制国家への奉仕の精神の内面化によって図ったのである．このようにして「上からの」しかも急速な「近代化」を支えうる，勤勉で忠良な臣民が育成されたのである．

このときに改正された「小学校令」では，小学校の目的は「道徳教育及国民教育の基礎並生活に必須なる知識技能を授くる」とされた．また「小学校教則大綱」では，「修身」は「教育ニ関スル勅語の趣旨に基つき」「殊に尊王愛国の志気を養はんことを努めまた国家に対する責務の大要を指示し」と，「勅語」の

徳目の徹底による忠良な臣民の育成のための科目として明確に位置づけられた．なお「歴史」についても，「国史をもって徳育の最大資料となさん」と，修身「化」され始めている．

教育における国民思想の統一は，1900（明治33）年の教科書の国定化によって一応の完成に至る．小学校の「修身」と「国語」については，日清戦争以後の国家主義思想の高まりを背景に，すでに貴衆両院から国定にすべしと建議がなされており，文部省も準備中であった．ところが1899（明治32）年教科書疑獄事件が起こり，代議士，地方長官，教育関係者約140名が収賄で検挙された．これを契機として国定化はなされたのであった．

1904（明治37）年の第一次国定教科書は，個人道徳，社会道徳を中心とするものであった．しかし日露戦争後の国家主義最高潮の中にあって批判が集中した．

そのため1910（明治43）年に第二次国定教科書が発行された．それは忠孝を我が国の国体の精華とする天皇制家族国家倫理を骨格とするものであった．また歴史教科書は神代を詳述し，天皇の治績と臣民の忠誠を記述したものとなった．皇国史観が正面に打ち出され，歴史的事実よりも天皇制国家主義の道徳的理想が重視されるという，修身「化」が進められた．

3 軍国主義体制における皇国民の錬成

第一次世界大戦において我が国は英米仏の連合軍に加わり，それをきっかけにして民主主義思想に接してゆくことになる．このため第三次国定教科書では，天皇，国体に関する題材は減少し，「公益」，「国交」，「憲法」などの公民的内容の題材が登場した．また中等学校においては，「デモクラシー」，「思想問題」，「労働問題」，「婦人問題」など公民的内容の題材が増大した．さらに実業補習学校でも，「公民として自治機関を運転するに足るべき人格を養成する」ために，公民教育が重視された．

またこの時期，「大正自由教育」がさかんになり，児童の個性，生活，自由，創造的活動を重視した教育実践が，全国各地でなされた．沢柳政太郎の成城学

園は，この時期の教育実践を代表する学園であった．小原国芳は『修身授業革新論』を著し，国民道徳のみからなる「修身」を批判し，公民的内容によって構成される「現代科」を提唱した．

しかし 1924（大正 13）年松本女子模範附属小学校の川井清一郎訓導が，県視学委員，学務課長視察の際，教科書を使用せずに森鷗外の「護寺院ヶ原の敵討」を教材として使用したため処分される事件が起こった．この「川井訓導事件」は，自由教育弾圧のための視察によって起こされたものと言われている．

また 1925（大正 14）年に「陸軍現役将校学校配属令」が出され，中学校以上の学校に陸軍将校が配属されることになった．これはワシントン条約に基づく軍縮と財政上の必要性による兵員整理対策であった．そして学校に配属することにより，学生生徒の戦意を高揚し，戦力の低下を防止しようとするものであった．しかし将校は学校にあっても，軍の指揮下に属し，このため校長と衝突するケースが各地で多発した．

第一次世界大戦中我が国は，参戦した列強各国からの物資の注文により好景気を迎えた．しかしやがて好景気は列強の経済回復により終わりを告げ，さらに過剰生産から戦後恐慌を引き起こした．そして 1927（昭和 2）年の金融恐慌，1929 年のニユヨーク株式市場の暴落による世界恐慌の我が国への波及（昭和恐慌）と，経済的な社会不安が増大していった．この頃から学校では，欠食児童や栄養不良が問題となり始めた．

軍部はこのような経済的な閉塞状況を大陸への進出によって解決しようとした．1931（昭和 6）年の満洲事変から，我が国は「十五年戦争」に突入することになる．次第に戦争の泥沼へとはまっていった．また 1932（昭和 7）年の「五・一五事件」により政党内閣は終わり，斎藤実海軍大将が内閣を組織し軍部が政治を動かすようになった．

このような状況において，国民の教育や思想も戦争遂行に都合のよいように次第に統制されていった．第四次国定教科書は，色刷り，挿絵の工夫などできわめて革新的なものであったが，尊王愛国の国民道徳を述べ，皇国民の錬成を

打ち出すものとなった．すなわち「修身」は，「忠良なる日本臣民たるに適切なる道徳の要旨を授け，……殊に国体観念を明徴ならしむ」ことを目的とするようになった．

また学問においても，左翼的な思想のみならず，自由主義的，民主主義的な思想も取り締まり・弾圧の対象となった．1933（昭和8）年滝川幸辰京都大学教授は，刑法に対する客観的な見解を示した『刑法読本』を発禁にされ，文相鳩山一郎によって辞職を余儀なくされた．また1937（昭和12）年矢内原忠雄東京大学教授は，『民族と平和』が時局にそぐわぬとして糾弾され，辞職に追い込まれた．

近衛文麿内閣は，大陸での長期化する戦争の遂行のために国民総力の結集を図った．そして1937（昭和12）年「国民精神総動員実施要綱」を発表し，日本精神の発揚を呼び掛けた．文部省は『国体の本義』を編纂し，各学校に配布した．それはつぎのように天皇制家族主義国家観を我が国固有の美しさとして強調するものであった．

「我が国は一大国家であつて，皇室は臣民の宗家にましまし，……臣民は祖先に対する敬慕の情を以って，宗家たる皇室を崇敬し奉り，天皇は臣民を赤子として愛しみ給ふのである．……国体に基づく忠孝一体の道理がここに美しく輝いている．」

1940（昭和15）年の第五次国定教科書では，「忠良なる日本臣民たるに適切なる道徳」の徹底が図られた．「皇運扶翼」，「挙国一致」，「未曾有の世局」，「八紘一宇」など，「東亜に於ける新秩序建設」のための「聖戦完遂」を訴える用語が散りばめられていた．そして「地理」と「国史」は完全に「第二修身」となった．「地理」では，「日本」は「大日本帝国」と改められ，神社の記事と写真が増加した．またとくに「支那」については，「我が国は支那の反省を促し，東洋永遠の平和を建設する使命の下に国を挙げて全力を尽くし，着々とその目的を遂行している．」と記述されている．一方「国史」の教科書は，天皇の仁愛と忠臣の勤王あるいは国威の発揚という観点からまとめられている．そして「外国には見られぬうるわしい君臣の間がらがうかがえるのであって，ここに比類な

きわが国柄のたふとさがある．」と記述されて，不都合な史実は削除，歪曲されている．

　我が国が米英と戦争に突入する1941（昭和16）年，「国民学校令」により小学校は，「皇国の道に則りて初等普通教育を施し国民の基礎的錬成をなす」ための国民学校と改称された．また国民学校ではそれまでの「修身」，「国語」，「国史」，「地理」は，「国民科」に統合され，「国体の精華を明らかにして国民精神を函養し皇国の使命を自覚せしむる」ことがめざされるようになった．

　昭和初期の経済的社会不安の中で，国民は容易に軍国主義のイデオロギーを受け入れた．そして我が国は戦争の泥沼へとはまり込んでいった．しばしば国民は「だまされて」戦争へと駆り立てられて行ったと言われる．1937（昭和12）年の南京大虐殺事件（虐殺された中国人は30万人にもなると伝えられている）を始め，アジア各国での日本軍の残虐行為について，一般の国民は知ることもできなかった．

　しかしたとえ「真実」に気づいたとしても，ひとたび全体主義の体制が確立されてしまうと，個人は全く無力である．「真実」を訴える方法が存在しない．また訴えれば，「非国民」としての迫害が家族にまでも及ぶ．個人はそのような体制によって何重にも縛りつけられてしまうのである．

　社会心理学者のエーリッヒ・フロムは，ナチズムを受け入れるのに至ったドイツ人のパーソナリティーに，ある共通する未成熟さ——権威への隷属と弱者に対する攻撃性——を見いだした．経済的社会不安の中で，容易に軍国主義イデオロギーを受け入れた当時の国民のパーソナリティにも，同様の未成熟さが存在していたと言える．明治政府は絶対的な課題としての急速な「近代化」のために，むしろ国民が自分なりに判断できる主体としての「個」を確立させることとは正反対の方向で，道徳教育を推進してきたのである．

第4章 我が国における道徳教育の展開　103

第2節　戦後教育の理念と方法

1 「公民科」の構想から「社会科」の成立へ

　敗戦から一ヵ月後の 1945（昭和20）年 9 月 15 日，文部省は「新日本建設の教育方針」を発表した．そこでは「軍国的思想及施策を払拭」し，「世界平和と人類の福祉に貢献」しうる「文化国家，道義国家建設」のための諸施策を実行することが述べられた．

　文部省はまず軍国主義体制の自主追放に努め，皇国思想の宣伝に当たった教学局を廃止し，さらに教科書における軍国的，超国家主義的な教材の削除の通達を出した（さらに翌年 1 月に再度，具体的に削除修正の箇所が指示される）．

　一方，文部省は新しい道徳教育のあり方を諮問するために，戸田貞三，大河内一男，和辻哲郎などからなる公民教育刷新委員会を設置した．委員会は 12 月 22 日に第一号答申を，29 日には第二号答申を出した．文部省はこれに基づいて新しい「公民科」の内容編成に着手した．

　ここで注意することは，日本側独自で新しい「公民科」の設置が決定され，その内容編成作業が進められたということである．公民教育刷新委員会の答申は，GHQ による「修身，日本歴史及び地理の授業停止に関する件」（1945 年 12 月 31 日）より以前に出されている．また，当時文部省で，教師のための手引き書である『公民教師用書』の作成に当たった勝田守一は，『公民教師用書』の検閲を GHQ の教育政策担当の CIE（中央情報教育局）で受けたのは，後に我が国の戦後教育の理念に大きな影響を与えた「第一次米国教育使節団報告書」の出される以前であったことを述べている．[1]

　さて『公民教師用書』では，「修身」について次のように批判がなされている．

　「修身教育は，とかく上から道徳をおしつけるような命令的な傾向が多かったし，同時に何でも児童や生徒を一まとめにして一つのことを型のごとくに教えるとい

ったことが多かった．……命令されれば型の如くには動くが自分から進んで判断して動くことをしない．……道徳を教えてゆくにも，いはゆる徳目を言葉で説明し，言葉でいはせて，それができれば満足するといったところがあった．」(『国民学校公民教師用書』)

そして，つぎのような点を反省している．

①画一主義であったため，子どもたちの自発的な生活態度を育てられなかった．

②表面的な言葉や行動の指導にとどまっていたため，実生活と遊離していた．

このような批判・反省に基づいて，新しい「公民科」の指導では，次のような点が強調されている．

①子どもたちの発達の状態に基づき，日常生活そのものを指導すること．

②子どもたちの自発的活動を促進し，個性を伸ばすように指導すること．

これらのことに基づいて，国民学校の「公民科」の内容は，総合的な生活指導という色彩が強くなっている．すなわち自立的な生活習慣の育成および家庭生活，学校生活，地域社会の生活における，よりよき一員としてのあり方の指導が中心となっている．また中学校と青年学校の内容は，身近な題材に基づいての社会・政治・経済の学習になっている．そしてそれらの学習は学級や校内での自治活動と関連してなされるように述べられている．

しかしこのような内容の学習が，どのような方法でなされうるのかについては述べられていない．内容と方法とを一体としたカリキュラムとしての具体化は「社会科」に引き継がれることになった．

ところで以上のような「公民科」の内容は教師用の手引き書としてまとめられた．1946 (昭和21) 年10月5日に『国民学校公民教師用書』が，22日には『中学校・青年学校公民教師用書』が出された．しかしこのあいだ，文部省では「社会科」の実施を決定しており，「公民科」は実施されないことになった．これは先に述べたCIEによる検閲のさいに，「公民科」が米国でなされているSocial Studiesに似ているとの指摘を受け，Social Studiesの採用を「示唆 suggestion」されたためである.

「社会科」はしばしば,米国によって「押し付け」られた教科であると言われる.しかしこのように「社会科」の採用の「示唆」を受けた段階で,すでに日本側は独自に,かなり性質の似た教科を準備していたのである.「社会科」はけっして「押し付け」られた教科ではない.

2 「修身」に対する批判

戦後教育は戦前の教育に対する批判・反省に基づいて出発した.しかし出発点においてどのような点をどのような理由で批判し,どのように改めるべきだと反省したのかについては,いくつかの立場が存在する.またそれぞれの立場の相違がこの後の教育政策のあり方をめぐっての対立を引き起こすことになる.

まず当時の政府,とくに文部省上層部の批判・反省はどうだったか.

文部省は敗戦の直後から軍国主義,超国家主義的な施策を強く批判し,それらの自主追放を行った.しかし「勅語」を直ちに否定・廃棄したわけではない.公民教育刷新委員会の答申においても,国民教育が「勅語」に基づいてなされることが確認されている.

1946（昭和21）年1月1日の「天皇人間宣言」の後も,文部省上層部におけるこのような見解に変化はなかった.軍国主義と超国家主義を一掃したうえで,天皇制の「国体を護持」することが,当時の政治上層部の基本的な希望であった.

1946（昭和21）年4月,「第一次米国教育使節団報告書」が出される.これは民主主義に基づいた教育理念,方法,内容,制度,行政などのあり方を示したものである.そしてこの報告書に基づいて5月「新教育指針」が文部省より出される.これにより戦後教育の基本方針が確定される.

日本国憲法の原案の作成が進められている同年10月,「勅語」を「我が国教育の唯一の淵源となす従来の考え方を去」ること,また式日の奉読をやめることが文部次官より発せられた.そして1947（昭和22）年3月「教育基本法」が

制定され，「勅語」は6月に「失効確認」の国会決議がなされて，ようやく正式に効力を失った．

このように当時の文部省の上層部は，個性と自主性を圧殺し道義を結局は退廃させたとして軍国主義体制の教育を批判した．しかし「勅語」は人類の普遍的な徳目を示したものであると考えた．だからむしろその精神を振興することが重要であるとしたのである．

第二にマルクス主義の社会科学者たちからの批判はどうだったか．

この立場の批判の中心は戦前のとくに歴史教育の非科学性にある．明治期以来の日本は資本主義発展の歴史である．資本主義が発展すれば，安価な原料の供給地と製品の販売のための市場を獲得するために海外に膨張＝侵略しなければならない．そしてこのような過程で，国内では独占資本家と大多数の労働者，海外では被侵略国の民衆との階級的な矛盾が生じる．これが歴史の法則である．しかしこのような矛盾を隠蔽し回避するために，臣民意識の徹底が教育を通じて，天皇の神格化と国体観念を強調することによりなされたのである．

そしてこの立場では，教育においてマルクス主義の科学的知識を確実に教えること，そして歴史法則に基づいた科学的な社会認識を子どもに育成すべきことが強調される．

たしかに戦前の教育内容の非科学性は批判されなければならない．しかしそれに代わってたとえ科学的な知識であっても，それを「科学的真理」であるという理由で，子どもたちに権威あるものとして教え込むのならば，子どもたちの道徳的判断力を育成することはできない．子どもたちが自分なりに考えるという経験を重視しなければならないのである．

上田薫はこのような視点から，「修身」の内容よりもむしろ方法を批判している．上田によれば，「修身科的な方法」は「二つの自己矛盾」をもっており，その結果「子どもたちは無気力になり表裏ある態度をもつようになった．」のである[2]．

第一の「自己矛盾」は「要求実現の程度の曖昧さ」から帰結される．

「修身」の授業の譬え例で登場する人物は,「勤勉」とか「親切」などの「徳目の権化」である.つまり「その徳目にもっともよくしつらえられた人間」であり,「具体的に生きている人間からいえば,しょせん無限に遠いかなたにある」,絶対にそのようにはなれない「抽象的当為の化けもの」なのである.

それにもかかわらず,教師は登場人物のようになれと子どもたちに要求する.教師としては多くの場合,「励まし」なのであるが,純真な子どもたちは登場人物のようになろうと努力する.そして自分がそうなれないことに悩み,ある子どもは自分に「道徳的に致命的な欠陥」があるのではないかと煩悶する.悩み疲れて無気力になる.

だが,やがて「修身の授業はまさに修身の授業であり,生きた社会生活とは隔離されたものである」との「革命的な認識」に到達する.そして「修身」を侮蔑するようになる.しかし,「その軽侮は,他人に気どられれば,大いなる迫害の種となる性質のもの」であるため,「必然的に表裏ある態度を身につけざるをえないことになるのである.」

第二の「自己矛盾」は,「徳目の衝突」から帰結される.

譬え例では,登場人物だけではなく,譬え例自体も徳目を教え込むのにふさわしく作り上げられている.「子どもたちのなまなましい疑問の出る余地をみごとに封じ去って」しまっている.それぞれの譬え例の徳目どうしは,相互に矛盾しないかのように扱われる.

「しかしひとたび具体的な行為の問題になれば,徳目と徳目とは決して手をつないではいないのである」.たとえば,譬え例に登場する二宮金次郎は「勤勉」であっても,年長者の目を盗んで読書したという点では,「正直」の徳目に反することになる.このような場合,いずれを選ぶにせよ一方を捨てたとして叱責される.このようにして,ここでも「無気力と二重人格」が形成されることになる.

このように,上田は,子どもたちが「修身」の方法に忠実に従えば,逆に「無気力と二重人格」という好ましくない態度を助長することになると論じている.

子どもにとって自分自身の生活に関わり，具体的な題材を手がかりとして，自分なりに考えることのできる授業方法による「道徳」の授業でなければならないのである．

3 「初期社会科」における我が国の「問題解決学習」の構造

「公民科」は「社会科」によってその目的と内容を引き継がれることになった．そして道徳教育については，とくにそのための時間を設定せず，各教科の中で配慮することになった．このため「社会科」は道徳教育をも担当してゆく中心的な教科として期待された．

『昭和22年度版学習指導要領社会科編(1)』では，「社会科の任務」と特色とについて，それぞれつぎのように述べられている．

「青少年に社会生活を理解させ，その進展に力を致す態度や能力を養成することである．」

「社会科はいわゆる学問の系統によらず，青少年の現実の問題を中心として，青少年の社会的経験を広め，また深めようとするものである．」

現実の社会生活から学び，その中で生きて働きうる能力の育成をめざしたのである．

では「社会科」では，どのような人間の形成を追求したのであろうか．

ところで昭和20年代に出された学習指導要領には，「試案」というただし書きがつけられていた．それをもとに教師たちが独自の教育課程を編成するための手引き書だったのである．そして全国各地でそれぞれに特色のある教育課程が編成された．

その中のひとつに奈良女子師範附属小学校の編成した「奈良プラン」がある．そこではその教育課程を通じて，「人間として強い人間」を育てたいと述べられている．

「私たちは，まず何よりも，自己に誠実な独立した人格であることが必要だと考えております．自己に誠実であるということは，自分の人間らしい生活をしたいとい

う切実な要求を,はっきりと認め,それを主張することから,始まります.それは当然,他人の心の中にも,人間らしい生活をしたいという切実な要求があることを,はっきりと認め,その主張を承認することに,つながります.すなわち個人の基本的な人権を確認し主張することであります.それと同時に,自己に誠実であるということは,自己の位置使命能力というものを正しく評価し,卑下もせず,尊大にもならず,他人に雷同もせず,強いて人とちがったことをして得意になろうともせず,すなおな態度で,自分の責任を果たしていくことであります.……このような自己に誠実である人は,いうまでもなく,社会正義に敏感であり,権力に屈せず,時流におもねず,正義の実現につきすすんでいきます.その意味で真に独立した人格であるということができます.」[3]

社会科が育成することをめざした人間像を端的に言うならば,民主主義社会の一員として,自分なりに納得のいくまで考えて,自分の責任で態度や行動を決定できる人間である.そのような人間が「人間として強い人間」なのである.そしてそのような「個」の育成が「社会科」に象徴される戦後教育の「理念」だったのである.

「社会科」は,小学校については総合的な生活指導,中学校については実生活との関連を重視した公民教育という点で,「公民科」の内容を継承した.そして「問題解決学習」を方法原理として採用した.これにより,子どもたちに「実生活で直面する切実な問題」を教材にして,自分たちなりにとことん考えさせるという学習活動の形式を確立した.

ただし我が国の「社会科」における「問題解決学習」は,デューイ教育学の子ども中心主義の思想と反省的探求の原理とに基づきながらも,重松鷹泰,長坂端午,上田薫など,昭和20年代の学習指導要領の作成者によって,理念的にも,方法的にも独自なものに発展させられた.「社会科」を米国の Social Studies の翻訳とする見方は誤りである.

我が国なりの「問題解決学習」は,『昭和26年版小学校学習指導要領社会科編』,『昭和26年版中学校・高等学校学習指導要領社会科編』において完成し

た．

「問題」はつぎのようにして設定されている．

①まず，各学年の子どもたちの「発展の特性」，すなわち社会生活についてどのように認識しているか，社会性はどの程度発達しているか，生活経験の及ぶ範囲はどの程度かなどが明らかにされている．

②つぎに「指導の重点」として，その学年で社会認識，社会性，生活経験などをどの程度まで発達させるとよいのかが示されている．

③そして「指導の重点」を実現するために，子どもたちがどのような内容を学ぶとよいのかが「目標」として示されている．

④各単元で③の内容を学ぶために，子どもたちが追究するテーマが例示されている．

子どもたちはそれぞれの単元でのテーマに基づいて，社会生活のさまざまな事実について調べ，それらがどのような意味をもっているのかについて話し合い，自分なりの社会生活についての見方や態度を形成してゆく．そのようにして社会生活を営む一員としての自覚を深め，そのよりよい一員としてのあり方を身につけてゆくのである．

このように「問題解決学習」では，子どもたちに，自分たちの実生活で見たり聞いたりして得た事実に基づいて，それらの意味を自分たちなりに考えさせ，社会生活における自分のあり方を自分たちの責任で決定させようとしたのである．社会生活における自分なりの，そして自分の責任での判断力をこのようにして育成しようとしたのである．

「問題解決学習」を通して，責任ある判断の主体としての「個」の確立をめざしたのである．

4 「福岡駅」の実践に見られる「問題解決学習」による道徳的判断力の育成

この実践は1954（昭和29）年に富山県福岡町立大滝小学校（後に福岡小学校に

統合)で谷川瑞子教諭によって行われた．第三学年の地域学習における単元である．鉄道を教材として，自分たちの住んでいる地域と他の地域との結び付き，および鉄道の開通する以前の地域の生活と現在との相違などを学習する単元であった(4)．

福岡駅の見学の前時，子どもたちは駅ではどんな人が働いているかについて話し合った．駅長，切符を切る人，信号する人などが出された．するとある子どもが「先生，まだおるわ，地下タビはいとるもんおるわ」と発言した．教室は「地下タビはいとるもん，おぞいもん，どかたやぜ」，「地下タビはいとるもん，おぞいもんや，皮靴はいてっさる人えらいもんや……」(ママ)で騒然となった．

このとき谷川は，口先まで出かかった「地下タビはいている人も，立派な人間です．大事な仕事をしている人です．」という言葉をぐっと呑みこんだ．そして黒板に「地下タビはいた人（おぞい人）」と書きならべた．

福岡駅の見学の後，子どもたちは鉄道開通以前のくらしの様子はどうだったか，および福岡駅からどのような物資がどこへ運ばれて行き，どのような物資がどこから運ばれて来るかについて，調査や身近な人からの聞き取り，図書館の本などによって調べた．

そして，つぎのようなことを知る．

①汽車のないころは，日本いうたら金沢や高岡くらいと思っていた．

②食べ物は主に野菜ばかりで，家で作ったものだけ食べていた．

③家で生産された米，すげ笠，菜種，れんげ草などが県外へ行き，お金が入ってくる．

④肥料，農器具が送られてきて，うちの生産が向上し，お金が入ってくる．

⑤病院に，買物に，旅行に，学校に行く時に汽車を利用する．

など（他は省略）．

このような事実に基づいて，子どもたちは「町の人たちも，わたくしたちの家も，しんしょが良くなってきた．」と，社会生活における鉄道の意味について理解した．

実践の最後に谷川は、「わたしたちの生活に幸福をもたらしている汽車を動かす人は誰だろう？」と問いかけた。ひととおり挙げられた後、さらに「この中で一番大事な人は誰でしょう？」と突っ込んだ。

　子どもたちはみな興奮して自己主張した。「あの係も大事や、この係も大事や、よわったなあ。」と言い、やがて「みんな大事やわ、いらん人おらんわ。」と叫んだ。ひとりでもぼんやりしていると、列車が脱線したり転覆したりして、死傷者や荷物の損害が出たりするからだと言うのだ。

　そして谷川は保線の人々の苦労や、仕事にあたっていて事故で死亡した実話などを話した。すると子どもたちは「まんで、命がけやね。」と感動し、「先生、おらっちゃ、ダラなこと言うとったね、……チョロイことおもっとったもんや」、「心で偉い、おぞいが決まるもんやね。」と語った。

　この実践のポイントは、言うまでもなく、谷川が口まで出かかっていた言葉をぐっと呑み込んだことである。つまり教師の権威によって子どもたちの発言を封じ込め、「地下タビはいている人も、立派な人間です。大事な仕事をしている人です。」と教え込まなかったことである。

　権威によって教え込めば、子どもたちは「地下タビはいとるもん、おぞいもんや」とは言わなくなる。しかしそれは「そう言うと教師に叱られるから」という判断によるものである。保線区の人々に関する社会生活のさまざまな事実に基づいての判断ではない。

　「福岡駅」における「問題解決学習」により、子どもたちは社会生活についての事実を自分なりに意味づけ、地域の社会生活の一員としての新たな関わり方を身につけたのである。このようにして「問題解決学習」では、実生活との関わりの中で、実生活の中に活かされる道徳的判断力を育成しようとしたのである。

5　「問題解決学習」に対する左右からの攻撃と「道徳の時間」の特設

　「問題解決学習」はやがて革新、保守の両側からの激しい攻撃にさらされるこ

「初期社会科」に対しては，すでにその設置当初からマルクス主義の社会科学の立場の学者によって，階級的，唯物史観的な科学的歴史認識の欠落が指摘されていた．矢川徳光は「問題解決学習」を資本主義社会の適者生存の競争に敗れないように「上手に生きていく」能力を得させようとするものだと批判している．[(5)] このような観点から，教育科学研究会では，当初，低学年の社会科の廃止とマルクス主義の社会科学の内容を系統的に教えていくことを主張した．

　しかしこのような主張は，つぎの二点で誤っている．

　まず第一に，科学の内容を絶対に正しいものとして教え込むのならば，子どもたちの自分なりの，そして責任のある判断力を育成することはできない．「権威」を皇国史観から唯物史観に置き換えただけである．「問題解決学習」は，いわゆる「系統的知識」を否定するのではない．知識と子どもの実生活での経験との対応を重視するのである．

　第二に，科学の理論は世界をある観点から整合的に捉えるための見方である．科学の理論とはこのような点で，この立場が主張するように絶対的なものではない．したがってどのような状況で，どのような理論を用いて考えるのかなど，やはり重要なのは人間の側の主体的な判断力である．この立場では，唯物史観という科学理論による新たな「権威主義的パーソナリティ」を育成することになる．

　他方，天野貞祐文相は，1951（昭和26）年に教育課程審議会に「道徳教育の振興について」諮問した．そして文部省はその答申に基づいて「道徳教育のための手引き書要綱」を発表した．また翌年，岡野清豪文相は「広義の『修身』を復活させたい」との談話を発表した．さらに安藤正純文相は1955（昭和30）年，天皇の在り方を小学校教育に盛り込みたいこと，および祝日の国旗掲揚と君が代斉唱が望ましいことを発言した．

　このような発言はつぎのような背景によるものである．第一に戦後教育の理念，および「社会科」に見られるような教育方法と内容が米国によって，米国

のものを「押し付け」られたということへの反動，第二に「基礎的学力の低下」の指摘である．第一の「押し付け」については，すでにそうではないこと，つまり「問題解決学習」が戦前の教育に対するわが国自身による批判・反省の上に，米国の Social Studies を参考にしながら我が国独自のものに作り上げたことを述べた．

「基礎的学力の低下」について，当時，つぎのようなことがまことしやかに指摘された．

①福島県と福岡県の位置関係がわからない．②源頼朝と徳川家康の前後関係がわからない．③「出雲には大国主命の本社がある．」を「でぐもにはだいこくせいめいのほんしゃがある．」と読んだ．など．

このような「基礎的学力の低下」は「問題解決学習」によるとされた．つまり「問題解決学習」では基礎的なことが教えられていないと非難されたのである．

しかしつぎの点を確認しなければならない．㈦すべての子どもがそうなのか．——誇張されて攻撃のための論拠とされているのではないか．㈥地名物産，年号人名などを教え込んだとしても，きちんと覚え続けていることはできるか．——試験のために一生懸命に覚えても，終わるとほとんど忘れてしまう．㈫「基礎学力の低下」があったとしても，その原因は敗戦直後の社会的混乱や貧困によるものではないか．㈢③などは，社会体制の変化により，もはや覚えておく必要のなくなったものである．

保守主義者にとって，「勇気」，「正直」，「勤勉」などの徳目は，「基礎学力」なのである．このような徳目をそれにふさわしい譬え話によって教え込めば，社会生活の一員としての「正しい」あり方を身につけることができると考えているのである．しかしそうはならないことはすでに述べた．保守主義者たちの主張は懐古趣味的な楽天主義である．

しかし対日政策の転換，すなわち我が国の民主化から反共化への重点の移行に伴い，保守政党の側では革新側に対する教育政策上での対抗措置を考え始め

た．1954（昭和29）年「偏向教育の事例」が文部省により国会に提出され，またこの年，いわゆる「教育二法案」（政治的中立法，教育公務員特例法）が可決された．さらに翌年，民主党は「うれうべき教科書」を刊行し，第一次教科書批判キャンペーンを行った．1956（昭和31）年にはそれまで公選制であった教育委員を任命制に改め，また教員についての勤務評定の実施を断行した．

　戦後教育の理念とその実現のための方法は，革新，保守の両派からの攻撃，両派の対立に基づく保守政党による制度的な切り崩しによって，次第に骨抜きにされていった．

　なお『学習指導要領』についても，「昭和30年版」からは「（試案）」の二文字が削除され，法的拘束力をもつようになった．また「社会科」も，「問題解決学習」から，地理歴史の「系統学習」の色彩の強いものに転換した．

　1957（昭和32）年松永東文相は，小中学校における「道徳」の設置の方針を表明した．さまざまな立場からの疑問や反対にもかかわらず，教育課程審議会はわずか7時間の審議で「道徳の時間」の「特設」を決定した．1958（昭和33）年「学校教育法施行規則の一部を改正する省令」の公布により，特設「道徳の時間」が学校教育の一領域に加えられることになった．ここに社会生活についての知識とそこにおける態度・行動とを統一的に指導しようとする「問題解決学習」，およびそれによる道徳教育は崩壊したのである．

第3節　「道徳」授業の現状と課題

1　「気持ち」を問う「道徳」授業のつまらなさ

　繰り返し述べてきたように，「道徳」の授業では道徳的判断力が育成されなければならない．適切な道徳的判断は，判断のために必要な関連する多くの事実を収集し，それらを適切に意味づけて，いくつかの可能な行動を比較・検討することによって下される．授業ではそのような冷静な，自分なりの意志決定の

仕方が訓練されるべきである。そのようにして、責任ある判断の主体としての「個」の確立が援助されなければならない。

ところが、多くの授業では冷静な判断力の育成よりも、「内心を突き動かすような」心情をもたせることがめざされている。このため授業における教師の発問は、「そのときの主人公の気持ちはどうだっただろう？」、「そんなとき、みんなだったらどう感じるだろう？」などから構成される。そして主人公の心情に共感させることにより、ねらいとする価値を子どもたちに内面化させることがめざされる。

つまり、資料（譬え話）の登場人物の心情を「ごもっとも」なこととして受け入れさせ、その行動を「りっぱなこと」として理解させるという構造になっているのである。共感すべき心情と評価されるべき行動が初めから決定されている。子どもたちにとっては、初めからどのように感じて、どのように考えて、どのように発言したらよいのかの「筋書き」が見えてしまっているのである。

このような点で、子どもたちは「ホンネ」で考える必要はないのである。教師が言ってもらいたいことを察知して、それに合わせた発言をすればいいのである。だから当然のこととして自分自身の生き方には関わってこない。そのために真剣な討論にはならない。「タテマエ」的な発言ばかりで、面白くない授業となる。

宇佐美寛は、「より望ましい行動ができるようにするのが、あるべき道徳教育である。」[6]と述べている。ある行動をするのは、その行動をすべきだという心情に基づくものである。しかし「より望ましい行動」は、むしろ心情に突き動かされてなされてはいけない。熱した心情に冷却水をかけることが重要である。つまりどのように行動することが適切なのかを、冷静に検討できる思考が重視されなければならないのである。

宇佐美は「手品師」という小学校五年生対象の「文部省資料」を用いた授業を批判している。この資料のあらすじを示す。

あるところに、腕はいいのだがあまり売れず、その日のパンを買うのもやっとと

いう手品師がいた．彼は大劇場で華やかに手品をやることを夢見て，腕を磨いていた．ある日，町でしょんぼりとしゃがんでいる男の子に出会った．男の子の父はすでに亡く，母は働きに出てずっと帰ってこないという．手品師は手品を見せて元気づけてやった．男の子は大きな目を輝かせ，「あしたも来てくれる？」と尋ねた．手品師は来ることを約束する．

　その夜，大きな町に住む友人から電話があり，急病で倒れた評判の手品師の代役での出演を頼まれた．大劇場のステージに立つチャンスであった．手品師は迷ったが，「ぼくには，あした約束があるんだ．」と言って，出演を断った．

宇佐美はつぎのように述べている．

「一般に，現実に生きている普通の人間は，そう簡単にAかBかの二者択一に甘んずるものではない．まずAもBも両方とも生かすことが出来ないかどうか考え調べる努力をするはずである．また，それが出来ないと思っても，ただちに二者択一を受け入れることはない．」

宇佐美は，すぐに男の子を探し出して大劇場に連れてゆくことを思いつき，そして探し出すための方法を考えることや，男の子との約束を別の手品師に代わってもらうなど，多くの選択肢のあることを指摘している．宇佐美は「考えさせるべき大すじは自分が手品師だったとしたときの行動である．」としている．したがって「柔軟に様々な行動の可能性を発想する思考」を鍛えることが求められるのである．

宇佐美のこのような観点からすれば，二者択一的な判断による手品師の行動を疑うことなく認めている授業では，当然道徳的な判断力は育成できないことになる．このような授業では，たいていの場合「友人からの電話で迷う手品師の気持ちはどうか．」とか，「手品師が男の子との約束を守ったのは，どんな気持ちがあったからか．」などが中心的な発問になる．「判断」の適否が問われることなく，「気持ち」が問われるのである．しかも，「判断」が肯定されたうえでの「気持ち」であるため，対立し合う答えが出される可能性はほとんどない．建て前的な発言ばかり出されるつまらない授業になる．

望ましい道徳の授業とは，複数の選択可能な行動を考え，それらの比較・検討がなされる授業である．そのような授業によって判断力は育成されるのである．心情を育てようとして「気持ち」を問う授業は，子どもにとってつまらない授業である．しかもそのような授業によって，子どもが「より望ましい行動ができるようになる」ことは不可能である．

2 事実認識を重視した「道徳」授業を

『手品師』を資料に用いる場合，宇佐美は「手品師が友人に答える場面以降は削除する方がいい」と提唱している．そのことにより子どもたちの思考は，手品師にはどのような行動をとることが可能か，そしてそれらの行動を比較・検討するためにはどのような事実を調べなければならないのかと展開する．そうなると，もちろん資料で示されていることの範囲は越えてゆく．しかし子どもたちは，現実性を感じて思考を展開してゆくことになる．

前節で筆者は，「徳目」にふさわしい譬え話を教え込みさえすれば，子どもたちの道徳性が育成されるとする考えを懐古趣味的な楽天主義とけなした．繰り返し述べてきたが，「修身」は，譬え話の登場人物の心情に子どもたちを感激させ，同様の心情をもたせて同様の行動ができるようにしようとした．「修身」でも，現行の「道徳」でも心情を育ててもたせれば，道徳的に望ましい行動が実行できるようになると仮定されているわけである．

しかし冷静な思考を伴わない心情は，かえって望ましくない行動をしばしば引き起こす．先の手品師の行動を点検してみても，それがきわめて単純で浅薄な判断であることは容易に判明した．このように道徳教育における心情主義は，いまだに十分に反省されていないのである．道徳教育は心情ではなく，行動のための判断力の育成が目標であることを，改めて認識しなければならない．

道徳教育の目的は責任ある道徳的判断の主体を育成することである．つまり自分なりに判断のために必要な関連する事実を収集し，それらを意味づけて，可能な選択肢を比較・検討し，自分自身の責任で取るべき態度・行動を決定で

きるようにすることである．道徳教育は，そのような責任ある判断の主体としての「個」の確立を目標とし，「道徳」の授業ではそのような「個」の確立を援助してゆくのである．

このために「道徳」の授業では，道徳的判断を子どもたちに実際にさせる必要がある．つまり子どもたち自身に，判断に至るまでの冷静で，慎重な思考の働きを体験させることが必要である．子どもたちは判断のために必要な関連する事実を集め，それらを意味づけ，可能な選択肢を比較・検討し，自分なりの判断を下すのである．

しばしば価値観の断絶とか子どものしつけの低下などが指摘される．そしてそれはしばしば道徳教育の強化を主張する論拠とされている（繰り返し述べるが，心情主義の道徳の「授業」を強化しても「なげかわしい」状況は変わらない）．

しかし子どもは，「知らないからできない」のである．そのような行動を「する」と，あるいは「しない」と，どういうような不都合な事態が生じるのか，そしてそれが自分の生存とどのように関わってくるのかが「わからない」から，そう「する」あるいは「しない」のである．そのことが「わかれ」ば，「する」あるいは「しない」のである．

このように事実認識を重視して判断力を育成しうる道徳の「授業」を構成することが，我が国の道徳教育の課題とされなければならない．

注

(1) 『新教育の実践大系Ⅱ・社会科教育のあゆみ』「学習指導要領の改訂問題 対談——社会科学習指導要領のできるころ——」における勝田の証言による．
(2) 上田薫『上田薫社会科教育著作集④・徳目主義との対決』明治図書，以下の引用の範囲は110-122ページである．
(3) 奈良女高師附属小学校学習研究会『たしかな教育の方法』秀英出版，3-4ページ．
(4) 上田薫編『社会科教育史資料4』東京法令に収蔵．

(5) 矢川徳光『新教育への批判』刀江書院（〈矢川徳光教育学著作集〉3，青木書店に収蔵）．
(6) 宇佐美寛「外へ，事実へ，行動へ」『現代教育科学』No.389．なお以下の宇佐美の文章の引用はこの論文からである．

第5章　学習指導要領「特別の教科　道徳」

第1節　特設「道徳」から「特別の教科　道徳」へ

　日本では，戦後しばらくの間は道徳教育のための特別な時間は設けられず，新設された社会科を中心に各教科や教科外で道徳教育が行われていた．道徳教育は，教育課程の一領域を示す領域概念ではなく，機能概念としてとらえられており，その意味で全面主義の道徳教育が採用されていたのである．また，社会科を中心に位置づけられた道徳教育では，総合的な生活指導や生活態度の形成という面を有しており，その意味で生活主義的であったといえる．

　しかし，1957（昭和32）年11月に教育課程審議会は「道徳」の時間の特設を決定し，翌年3月には「小学校・中学校教育課程の改善について」と題する最終答申を出した．文部省は，これを受けてただちに事務次官通達として「小学校・中学校における『道徳』の実施要領について」を発し，1958（昭和33）年4月より小・中学校において「道徳」の時間を特設すべきことを定めた．この特設に対してはさまざまな批判もあったが，同年8月28日には，学校教育法施行規則の一部改正によって，小・中学校の教育課程は，「教科」，「特別教育活動」，「道徳」，「学校行事等」の4領域編成となり，「道徳」は，法的にも小中学校に義務づけられ，同年2学期から「道徳」の時間の実施が確定した．また，同じく8月28日には，小・中学校それぞれの学習指導要領道徳編が，学習指導要領の告示（同年10月1日）に先駆けて，単独告示された．その後，1968（昭和43）年の小学校学習指導要領の改訂と翌年の中学校学習指導要領の改訂では，学校教育法施行規則の改正にともない，教育課程が，4領域から「各教科」，「道徳」，

「特別活動」の3領域に変更された．学習指導要領は約10年おきに改訂されているが，「道徳」が教科とは別に一領域として位置づけられているという点は，2008（平成20）年告示の学習指導要領までは変わっていない．しかし，2017（平成29）年3月告示の学習指導要領では，小中学校ともに，「特別の教科　道徳」（以下，道徳科と略記する）として位置付けられた．小学校では，2018（平成30）年度から，中学校では2019（平成31）年度からすべての学年で完全実施される．

　教科であるということには，3つの条件があるといわれている．それは，①中学校以上では当該教科の教育職員免許状がある，②教科書がある，③厳密な評価を行う，という3つである．これらは法的に定められたものではなく，一般にそのように理解されているということである．今回の道徳の教科化では，このうちの教科書の存在だけが満たされている．したがって，他の教科とは異なる扱いで，「特別の教科」として位置付けられたととらえることができる．

　また，教科にはなったものの，これまで同様に，学校の教育活動全体を通じての道徳教育も行われる．道徳科は，「学校の教育活動全体を通じて行う道徳教育の要」と位置づけられている．

　今回の道徳の教科化の議論は，政府に設けられた教育再生実行会議のいじめ問題に対する提言から始まった．そのスローガンとして文部科学省では，「考え，議論する道徳」への転換という表現を用いている．従来の心情主義的なアプローチから，子どもたちが考え，議論する道徳科授業への転換が期待されているのである．

第2節　小学校学習指導要領「特別の教科　道徳」

1　小学校学習指導要領「道徳」の変遷

　1958（昭和33）年の小学校学習指導要領では，「総則」の「第3　道徳教育」において，「学校における道徳教育は，本来，学校の教育活動全体を通じて行う

ことを基本とする」ことや,「道徳教育の目標は,教育基本法および学校教育法に定められた教育の根本精神に基く」ことが唱えられている.「道徳」の時間が特設されたとはいえ,「道徳」の時間だけで道徳教育が行われるようになったのではなく,いわば「全面主義・特設主義」の道徳教育が行われるようになったのである. 道徳の「内容」については,「基本的行動様式」,「道徳的心情・判断」,「個性伸長・創造的生活態度」,「民主的な国家・社会の成員としての道徳的態度と実践意欲」の4つを柱にして,その下に36の内容項目が掲げられている.

1968(昭和43)年の改訂では,以前には「総則」に記載されていた道徳の時間の目標が,「第3章 道徳」に移されている.「内容」については4つの柱は削除され,内容項目は32に整理された.

1977(昭和52)年の改訂では,それまでは「第1章 総則」にあった道徳教育の目標も,道徳の時間の目標と同様に,「第3章 道徳」の「目標」に移されている.「内容」はさらに28項目に精選された.

1989(平成元)年の改訂では,「第3章 道徳」の目標に,「生命に対する畏敬の念」が加えられ,さらに「主体性のある日本人を育成する」ことが強調されている.「内容」については,「主として自分自身に関すること」,「主として他の人とのかかわりに関すること」,「主として自然や崇高なものとのかかわりに関すること」,「主として集団や社会とのかかわりに関すること」の4つの視点で,低学年14項目,中学年18項目,高学年22項目が分類整理されている.

1998(平成10)年の改訂では,道徳教育の目標は,「第1章 総則」と「第3章 道徳」の両方に記されている. 以前の指導要領との比較で言えば,「第3章 道徳」に記されていた道徳教育全体の目標がおおはばに「第1章 総則」に移され,その記述の量も増えている. 学校教育全体の中で道徳教育を行うということが強調されているといえる. 学校教育全体の中で,とくにボランティア活動や自然体験活動などの豊かな体験が強調されている. 道徳の時間の目標には,新たに「道徳的価値の自覚」という言葉が入った. これまでも,道徳の時間には道徳的価値を学ぶことになっていたが,この言葉によって道徳の時間のそう

した位置づけがより明確になったといえる．内容については，4つの柱に分けられているという点は変更がない．この学習指導要領が完全実施され始めた2002（平成14）年は，週5日制が始まった年でもある．道徳の時間が週1コマ行われるという点に変更はないものの，学校の教育課程全体としては，内容削減・時間数削減の方向にあった．

2008（平成20）年の改訂は，2006（平成18）年に公布施行された改正教育基本法の趣旨を踏まえて行われた．改正教育法は，その第1条で，教育の目的を，「教育は，人格の完成を目指し，平和で民主的な国家及び社会の形成者として必要な資質を備えた心身ともに健康な国民の育成を期して行わなければならない」と記している．第2条では，その目的を実現するための目標がさらに詳しく記されており，その中には，「豊かな情操と道徳心を培う」というような表現もある．

またこの改訂の際，各教科やその他の領域の規定の中に道徳教育を行うことが記された．たとえば算数科では，次のように記されている．「第1章総則の第1の2及び第3章道徳の第1に示す道徳教育の目標に基づき，道徳の時間などとの関連を考慮しながら，第3章道徳の第2に示す内容について，算数科の特質に応じて適切な指導をすること」．従来，学校の教育活動の全体を通して道徳教育が行われることが記されていたが，それは，「第1章　総則」か「第3章　道徳」においてであった．それが，各教科やその他の領域の中に記されたのである．各教科やその他の領域には，それぞれに固有の目標があり，また教えるべき内容があるということを顧慮すれば，これは特筆すべきことであろう．

2017（平成29）年の改訂では，先に記したように，「道徳」の時間は，「特別の教科　道徳」になった．その内容については，次項以降で取り上げることにする．

2　小学校「特別の教科　道徳」の目標

道徳教育の目標は，「第1章　総則」と「第3章　特別の教科　道徳」の両方に記載されている．「総則」では，主に，「特別の教科である道徳を要として学

校の教育活動全体を通じて行うもの」としての道徳教育についての目標が記されている．

「第3章　特別の教科　道徳」では，道徳科の目標が記されている．これまでの学習指導要領では，キーワードとして「道徳性」と「道徳的実践力」の両方が使われていたが，今回は，両者の使用が混乱を招くとして「道徳性」しか使われていない．道徳性とは，『小学校学習指導要領解説　特別の教科　道徳編』によれば，「人間としてよりよく生きようとする人格特性であり」，「道徳的判断力，道徳的心情，道徳的実践意欲と態度」⁽¹⁾などからなる．

道徳的判断力とは，「それぞれの場面において善悪を判断する能力」である．道徳的心情とは，「道徳的価値の大切さを感じ取り，善を行うことを喜び，悪を憎む感情」のことである．道徳的実践意欲とは，「道徳的判断力や道徳的心情を基盤とし道徳的価値を実現しようとする意志の働き」であり，道徳的態度は，「それらに裏付けられた具体的な道徳的行為への身構え」⁽²⁾である．態度というと，日常用語としては具体的な行為を指すことが多いが，ここでは，心理学で用いられるような，心的な構えを指している．

また，「道徳的価値」と表現されていた語句が，複数形で「道徳的諸価値」と表現されている．日本語は，単数と複数を明確に区別する言語ではないが，ここではあえて複数形であることが強調されている．従来は，1時間の授業で1つの道徳的価値を取り上げるというのが原則であるととらえられていたが，今回の改訂では，場合によっては道徳的価値同士がぶつかることもありうるということも取り上げることが意図されている．

さらに，「物事を多面的・多角的に考え」という表現も新たに入れられた．教師が望ましい答えを子どもに押し付けるのではなく，子ども自身がさまざまな立場に立って考えることができるようになることが期待されている．

「道徳的な判断力，心情」という表現は，判断力と心情の順番が従来と比べて入れ変わっている．前述したように，今回の教科化は，「考え，議論する道徳」への転換である．判断力がより重視されているといえる．

3　小学校「特別の教科　道徳」の内容

次に内容についてみていこう．

これまでも内容は4つの柱に整理されていたが，この点は変わらない．しかし，これまでは番号が振られていたが，今回は，A，B，C，Dというアルファベット記号になった．番号は重要度や順番をイメージさせるが，それを避けるためである．また，3つめと4つめの順番が変更され，「A　主として自分自身に関すること」，「B　主として人との関わりに関すること」，「C　主として集団や社会との関わりに関すること」，「D　主として生命や自然，崇高なものとの関わりに関すること」となった．この順番の方が，自分自身から始まって外側へと広がっていくイメージでとらえやすい．とはいえ，この順番で教えなければならないということではない．授業実践の際にはこの順番で教えなくとも問題はない．

また，Dの柱の表現に「生命」という用語が入った．これまでも内容項目の中には入っていたが，柱の中に入れることで「生命の尊さ」について教えることが強調されたといえる．

これらの内容項目は，これまでは，文章で表現されていた．今回の改訂では，その内容を端的に示す語句が付け加えられている．たとえば，Aの柱の一つめは，[善悪の判断，自律，自由と責任]と記されている．その中身は，「〔第1学年及び第2学年〕よいことと悪いこととの区別をし，よいと思うことを進んで行うこと．」「〔第3学年及び第4学年〕正しいと判断したことは，自信をもって行うこと．」「〔第5学年及び第6学年〕自由を大切にし，自律的に判断し，責任のある行動をすること．」である．発達段階に応じての指導が理解しやすいように，低学年から高学年に向けて順に並べて表記されている．

内容項目は，低学年が19項目，中学年が20項目，高学年が22項目ある．高学年の項目としてのみ記載されているのは，[真理の探究]と[よりよく生きる喜び]であり，中学年と高学年にのみ記載されているのは，[相互理解，寛容]である．

このように，内容項目を明示して教えるというのは，徳目主義的な立場であり，望ましくないとの批判もあるかもしれない．たとえば，ピアジェやコールバーグらの認知発達論的な立場に立てば[3]，子どもたちの道徳的判断の構造を発達させることが大切なのであって，内容の教え込みは必要ないといえるだろう．また，ラスやハーミンらの価値明確化の立場からすれば[4]，各人が大切にすべき価値の内容は各人の判断にゆだねられるべきだといえるだろう．たしかに，各内容項目についてはさらなる検討を要すると思われるものもある．けれども，子どもたちが大人になって入っていく社会には，個人の人権を侵害するような国家主義的な道徳ばかりが存在しているのではなく，民主的な社会を維持するために必要な社会的規範もまた存在するのであり，道徳教育ではそれらを教えなければならないといえる．

4　指導計画の作成と内容の取扱い

「第3　指導計画の作成と内容の取扱い」において，道徳教育の「全体計画」と道徳科の「年間指導計画」を作成すべきことが示されている．「全体計画」は，その学校の道徳教育の基本方針であり，Ａ4版1枚程度で，学校の教育目標と道徳教育の重点目標との関連や，教科教育や生徒指導との関連などが示されているものが多い．ときには，学校行事や教科の教育課程との関連を教科横断的に，場合によっては教材名まで記して示した「別葉」とよばれるものを作成する場合もある．「年間指導計画」は，年間35回（小学校1年生では年間34回）の道徳科授業を，内容項目や教材名まで記して示したものである．

道徳科の授業は，通常は学級担任が行うが，「校長や教頭などの参加，他の教師との協力的な指導など」も勧められている．また，「各分野の専門家などの積極的な参加や協力を得たりするなど」も勧められており，ゲストティーチャーの活用も可能である．しかし，授業そのものは，教師がコントロールすべきであり，ゲストティーチャーに丸投げするようなことがあってはならない．

また，2008（平成20）年度告示の学習指導要領で記載された情報モラルにつ

いては，今回も「指導を充実すること」が記されている．

さらに，今回の学習指導要領では，教材に関して，「児童の発達の段階や特性，地域の実情等を考慮し，多様な教材の活用に努めること．」と謳われている．今後は，道徳科も教科書が無償配布されるのであり，教科書には使用義務があるので，教材としては検定済みの教科書を使わざるをえない．しかし，道徳科で教える内容には［伝統と文化の尊重，国や郷土を愛する態度］なども含まれており，一部を地域教材などで代替することも可能であると考えられている．

評価に関しては，「児童の学習状況や道徳性に係る成長の様子を継続的に把握し，指導に生かすように努める必要がある．ただし，数値などによる評価は行わないものとする．」と記されている．『小学校学習指導要領解説　特別の教科　道徳編』では，「学習における評価とは，児童にとっては，自らの成長を実感し意欲の向上につなげていくものであり，教師にとっては，指導の目標や計画，指導方法の改善・充実に取り組むための資料となるものである．」と説明されている．他の教科と同様の評価は難しいが，道徳科にとっても評価は必要なのである．

具体的な評価方法としては，総合的な学習の時間に行われているような，学習の過程や成果などの記録をファイルに蓄積していくポートフォリア評価や，児童自身のエピソードを蓄積していくエピソード評価，作文やレポート，スピーチやプレゼンテーションなどをさせて見取るパフォーマンス評価などが考えられる．また，道徳科の評価は，他者との比較による相対評価であってはならず，到達目標を定めた絶対評価であってもならないと考えられており，「一人一人の児童がいかに成長したかを積極的に受け止めて認め，励ます個人内評価として行う」[5]ことが推奨されている．

5　小学校における「特別の教科　道徳」の指導方法

これまでの日本の道徳授業は，副読本に掲載された読み物資料を用いて，主人公の気持ちを考え，話合いをし，そのことを通して道徳的価値を学ぶという

のが一般的であった．主人公の気持ちを追いかけるという点と，読み物資料の最後は感動させて終わるということが多いという点で，心情主義的な授業が行われていたといえる．

今回の教科化では，学習指導要領の中に，「児童の発達の段階や特性等を考慮し，指導のねらいに即して，問題解決的な学習，道徳的行為に関する体験的な学習等を適切に取り入れるなど，指導方法を工夫すること．」と記され，これまでの授業方法に加えて，問題解決的な学習と体験的な学習が導入された．

道徳教育に係る評価等の在り方に関する専門家会議の報告書では，質の高い多様な指導方法として，「読み物教材の登場人物への自我関与が中心の学習」，「問題解決的な学習」，「道徳的行為に関する体験的な学習」の3つがあげられている[6]．これらは，「多様な指導方法の一例」であるとされ，「これらに限定されるものではない」ともされているので，これら以外の授業方法を用いることも可能である．

自我関与型のねらいは，「教材の登場人物の判断や心情を自分との関わりで多面的・多角的に考えることなどを通して，道徳的諸価値の理解を深める」ことである．この報告書では，「登場人物の心情理解のみの指導」は望ましくないものとされているが，従来の指導法では，ときとしてそうした形に陥ることがあったため，あえて「自我関与」という言葉を入れたのであろうと考えられる．従来型の授業を行う場合には，とりわけ自分との関わりでとらえるということに力を入れる必要がある．

問題解決型のねらいは，「問題解決的な学習を通して，道徳的な問題を多面的・多角的に考え，児童生徒一人一人が生きる上で出会う様々な問題や課題を主体的に解決するために必要な資質・能力を養う」ことである．モラルジレンマ授業やディベート的な授業など，討論を中心とした授業がこのタイプに当てはまる．ただし，報告書では，「主題やねらいの設定が不十分な単なる生活経験の話し合い」は望ましくないとされている．問題解決的な学習をとおして，道徳科の目標を実現するようにしなければならない．

体験型のねらいは,「役割演技などの疑似体験的な表現活動を通して,道徳的価値の理解を深め,さまざまな課題や問題を主体的に解決するために必要な資質・能力を養う」ことである.具体例として,役割演技があげられているが,スキルトレーニングなどもこのタイプに入るであろう.

役割演技は,心理療法家 J. L. モレノの考案した心理劇から派生したものであり,ロールプレイングとも呼ばれている[7].他に類似のものとして,動作化や劇化と呼ばれるものもある.動作化は,簡単な身ぶりをやってみることであり,低学年で用いられることが多い.劇化はシナリオどおりに演じることである.役割演技は,日本での実践では,シナリオどおりにやらせることもあれば,シナリオなしで自由に演じさせることもある.実際に演じてみると,頭で考えていたのとは違った行為を行うことになったりもする.道徳科における学びを実際の行動につなぐという意味では効果的な方法だといえる.

いずれの方法を取り入れるにせよ,学習指導要領にも記載されているとおり「指導のねらいに即して」いなければならない.つまり,授業がねらいとして設定している道徳的価値をないがしろにすることはできないということである.

第3節 中学校学習指導要領「特別の教科 道徳」

1 中学校学習指導要領「道徳」の変遷

1958(昭和33)年の学習指導要領では,小学校では4つの柱立てがあったが,中学校版では3つの柱になっている.それぞれは次のように,文章で表現されている.①日常生活の基本的な行動様式をよく理解し,これを習慣づけるとともに,時と場に応じて適切な言動,動作ができるようにしよう.②道徳的な判断力と心情を高め,それを対人関係の中に生かして,豊かな個性と創造的な生活態度を確立していこう.③民主的な態度および国家の構成員として必要な道徳を発達させ,よりよい社会の建設に協力しよう.

1969（昭和44）年版では，この3つの柱が削除され，内容項目は13項目に精選されている．さらに，この13の各項目に，2つの観点が示されている．

1977（昭和52）年版では，13の項目が新たに16項目に再構成されている．さらに配慮されるべき事項がカッコ書きで付け加えられている．

1989（平成元）年版では，小学校と同様に，4つの視点が示され，全部で22の内容項目が掲げられている．以前の版にあったカッコ書きはなくなっている．

1998（平成10）年版では，4つの視点はそのままで内容項目が1つ増えている．これは，「法の精神の理解」や「義務の履行」といっしょになっていた「公徳心」が，別な項目として記されるようになったためである．

2008（平成20）年版では，内容項目がさらに1つ増えて，24項目となった．これは，これまでの「2-(2)温かい人間愛の精神を深め，他の人々に対し感謝と思いやりの心をもつ」から「感謝」を取り出して，「2-(6)多くの人々の善意や支えにより，日々の生活や現在の自分があることに感謝し，それにこたえる」という項目を作ったためである．

他にも特筆すべき改訂点として，小学校と同様に，「道徳教育推進教師」が設置されたこと，各教科やその他の領域の規定の中に道徳教育を行うことが記されたこと，道徳の時間が道徳教育の「要」であることが記されたことなどがある．

2017（平成29）年の改訂では，小学校と同様，「道徳」の時間は，「特別の教科　道徳」なった．その内容については，次項以降で取り上げることにする

このように振り返ってみると，道徳的価値とも呼ばれる内容項目は少しずつ変化しているが，道徳的価値を教えるという点には変更がないということがわかる．

2　中学校「特別の教科　道徳」の目標

道徳教育の目標は，学習指導要領の第1章　総則」と「第3章　特別の教科　道徳」に記載されている．

まず「第1章 総則」の「第1 中学校教育の基本と教育課程の役割」の2の(2)において,「道徳教育や体験活動,多様な表現や鑑賞の活動等を通して,豊かな心や創造性の涵養を目指した教育の充実に努めること.」が謳われている.「豊かな心や創造性の涵養を目指した教育」は,道徳に限定されたものではないが,豊かな心を育むひとつの方法として道徳教育があるということである.

そのうえで,「学校における道徳教育は,特別の教科である道徳を要として学校の教育活動全体を通じて行うもの」であることが示されている.そしてその学校における道徳教育は,「教育基本法及び学校教育法に定められた教育の根本精神に基づき,自己の生き方を考え,主体的な判断の下に行動し,自立した人間として他者と共によりよく生きるための基盤となる道徳性を養うことを目標とすること.」とされている.

つぎに,「第3章 特別の教科 道徳」においては,特別の教科としての道徳科の目標が次のように記されている.「第1章総則の第1の2の(2)に示す道徳教育の目標に基づき,よりよく生きるための基盤となる道徳性を養うため,道徳的諸価値についての理解を基に,自己を見つめ,物事を広い視野から多面的・多角的に考え,人間としての生き方についての考えを深める学習を通して,道徳的な判断力,心情,実践意欲と態度を育てる.」

目標は,端的に言えば,「道徳性を養う」ことである.この点は,2008（平成20）年版の指導要領では,「道徳的実践力を育成する」こととなっていたので,変更されたのである.その理由は,道徳性と道徳的実践力は混同されることが多かったためである.道徳性には道徳的習慣や道徳的行為が含まれるが,道徳的実践力にはそれらは含まれないとされていたのであるが,道徳的実践力という言葉から考えると,そこには習慣や行為が含まれているかのように思われる.そうした誤解を招かないように,今回,道徳性のみを使用することになったのである.これは,小学校も同様である.

また,「道徳的価値」が「道徳的諸価値」と複数形になっていることや,「多面的・多角的」の用語が入っていること,心情と判断力の順番が変更されたこ

とは，先に説明した小学校と同様である．

　この目標に関して，中学校版が，小学校版と違っている点は2つある．まず，小学校版では「物事を多面的・多角的に考え」となっている箇所が，「物事を広い視野から多面的・多角的に考え」となっている．発達に応じてより広い視野から考えさせるということである．また，小学校版では「自己の生き方についての考えを深める」となっている箇所が「人間としての生き方についての考えを深める」となっている．これも，自分事としてだけでなく，中学生の発達段階に応じて，人間としてどう生きるべきかを考えさせるということである．

3　中学校「特別の教科　道徳」の内容

　次に内容についてみていこう．

　中学校版も小学校版と同様に，内容は，「A　主として自分自身に関すること」，「B　主として人との関わりに関すること」，「C　主として集団や社会との関わりに関すること」，「D　主として生命や自然，崇高なものとの関わりに関すること」の4つの柱に整理されている．Aには［自主，自律，自由と責任］など5項目，Bには［思いやり，感謝］など4項目，Cには，［遵法精神，公徳心］など9項目，Dには，［生命の尊さ］など4項目，合わせて22項目が掲載されている．これら22項目は，各学年においてすべてを取り上げなければならないことになっている．

　実際に教えようとすると難しいと感じられる内容として，Dに含まれている［感動，畏敬の念］がある．これは，「美しいものや気高いものに感動する心をもち，人間の力を超えたものに対する畏敬の念を深めること」である．畏敬という言葉は，「おそれうやまう」という意味であるが，人間の力を超えて，人間が畏れ敬う対象は，神のようなものになってしまうのではないだろうか．しかし，一方で，憲法では政教分離の原則が謳われ，国公立学校では，宗教を直接教えることは禁止されている．教科化後は，検定済みの教科書が用意されているので，それを用いる限り問題は生じない．しかし，そうした場合でも，不用

意に，特定の宗教の教えを子どもたちに伝えることのないように注意したい．ちなみに，私立学校においては，道徳教育を宗教教育で代替することは，教科化後も法的に認められているので，問題は生じない．

　また，愛国心に関する問題も，よく議論の対象となる．Cの柱には，［我が国の伝統と文化の尊重，国を愛する態度］という項目がある．そこには「日本人としての自覚をもって国を愛し」とあり，さらに同じくCの［国際理解，国際貢献］にも，「世界の中の日本人としての自覚をもち」という表現がある．愛国心そのものは，郷土愛の延長線上にあるものであるととらえれば，日本人にかぎらず，世界の人々が有するものであろう．それぞれの人が自国に対する愛をもっていてもなんら問題はないと考えられる．しかし，現在，日本の学校には外国籍の児童生徒もいるし，本人が日本籍であっても保護者が外国人である場合もある．さまざまな出自の児童生徒に「日本人としての自覚」を強要するのは人権侵害には当たらないのだろうか．日本の学校で教育を受けているのだから当然だとの考え方もあるだろうし，彼らに対しては「自らが生まれ育った国の人間としての自覚」で置き換えるべきだとの考え方もあるだろう．いずれにせよ，実際の教育実践の場においては，教育的配慮が必要だといえる．

　ところで，こうした内容項目は，道徳的価値とも呼ばれているが，さまざまな価値の中で道徳的価値は，どのような性質をもつのであろうか．J.デューイによれば，「ありたいと思うところのものを決定するものとして，自我のうちに変化をもたらすもの」[8]が道徳的価値である．つまり，道徳的価値とは，「行為に影響を与え，その行為を改善するのに寄与するような価値のことであり，非道徳的な価値とは，それとは反対に，行為に対して望ましくない影響を与え，行為を以前より好ましくないものにするような価値のことである」[9]．

　こうした道徳的価値は，人間の行為を道徳的視点から価値判断することで確認される．その道徳的視点とは，たとえば，人間の行為，欲望，性行，意図，動機などが，人間の生活に望ましいか否かについて判断することである．また，行為，欲望，性行，意図，動機などが，個人的なものにとどまるのではなく，

「普遍化可能性」をもつか否かを判断することである．さらに，それらのことが「共感」をもって多くの人々に受け入れられるか否かを判断することである．こうした道徳的視点により「普遍化可能」であり，「共感」をもって受け入れられ，人間の行為にとって良い影響を与えるものを道徳的価値として確認するのである．

したがって，道徳的価値の自覚には，道徳的視点からの価値判断力の育成が大切である．また，「善さ」に対する「共感」の力が重視される．

4 中学校における「特別の教科 道徳」の指導方法

「第3 指導計画の作成と内容の取扱い」では，小学校版と同様のことが示されており，道徳教育の全体計画に基づいて道徳科の年間指導計画を作成することや，内容項目については各学年ですべて取り上げること，学級担任が指導を行うことを原則とするが校長や教頭などの参加や他教師との協力的な指導などについても工夫することなどが求められている．

また，指導方法についても，これまでの伝統的な授業スタイルに加えて，問題解決的な学習と道徳的行為に関する体験的な学習を取り入れるなどの工夫が求められる．

道徳の時間の指導過程は，これまで，一般に，「導入，展開，終末」の3段階で説明されてきた．これは道徳科においても有効であろう．

「導入」では，教師や生徒の体験に触れたり，新聞記事やテレビの報道を取り上げたり，授業で扱う資料と関連するような話題から入ることが多い．

「展開」では，教材を用いて，まず教材理解を図り，中心となる道徳的価値に関して，グループや全体で話合いをしたり，ワークシートに記入したりする．「展開」は，「前段」と「後段」に分けられることがある．「前段」では，教材を理解し，教材に描かれた物語を通して道徳的価値を学ぶ．「後段」では，自らの生活を振り返ってどこまでそれが出来ているかを考えさせるのである．この段階では「価値の一般化」あるいは「価値の主体的自覚」を行うのである．これ

は，頭で理解した道徳的価値を実践へとつなぐという意味があるが，一方で，教材で描かれた人物の行動と比べて自分がいかに駄目かということを意識させる懺悔の道徳教育になるのではないかとの批判もある．一般に，「展開後段」を取り入れた道徳授業は，小学校で多く実践されており，中学校ではあまり見受けられないと言われている．しかし，教科化後の道徳科授業では，指導方法として，読み物教材を使った話合い中心の従来型の授業方法でも，「自我関与」が重要だとされている．「自我関与」させるためには，「展開後段」を取り入れることが効果的だと考えられる．

「終末」は，最後のまとめの段階である．教師の説話によって終わるのが一般的であるが，今後は，最後にワークシートに記入させたり，作文を書かせたりすることが多くなるのではないかと予想される．これは，評価の問題と関連している．道徳科の評価は，数値による評価ではないが，子どもの学びの姿を記述で評価することになる．その際に，その根拠が求められる．もちろん，こうした根拠となるものを集めるには，授業中の様子を観察したり，発表を記録したりするなどさまざまな方法が考えられるが，授業を行っている教師が，すべての生徒の様子を記録することは難しい．そこで，生徒が記したものを蓄積していくようなポートフォリオ的な評価が必要となる．

「問題解決的な学習」は，小学校と同様に，新たに学習指導要領に書き込まれた指導法であるが，小学生と中学生の発達段階を考慮すれば，自ずと違った授業展開になっていくだろう．たとえば，モラルジレンマ資料を用いて議論する場合でも，中学生では，法律がどうなっているのか，法で定められていないのにそうしたことが許されると考える理由はなにかなど，より高次のレベルで理由づけを巡る議論が可能となる．

「道徳的行為に関する体験的な学習」についても，同様に，新たに学習指導要領に書き込まれた指導法である．ここにいう「体験」は，職場体験や自然体験などというときの体験とは異なっている．道徳科で行われる体験的な学習は，教室を飛び出して行うような体験学習ではない．教室における授業で実施可能

な指導法としての体験学習なのである．役割演技やスキルトレーニングなどである．

　スキルトレーニングとして国際的によく知られているのは，ソーシャルスキルトレーニングとライフスキル教育である．前者は，もともと精神疾患を患った者が社会復帰する際の指導法として考案されたものである．たとえば挨拶の仕方や人との接し方などの社会的行為の仕方をスキル（技能）として学ぶというものである．また後者は，WHO（世界保健機構）が提唱したもので，日常のさまざまな問題や要求に対してより建設的かつ効果的に対処するために必要な能力を10のスキルあるいは能力として教えるものである．

　これまでも，スキルトレーニングは道徳の時間に行われてきたが，多くの場合，そうした実践は「道徳の授業でやるべきことではない」と批判を受けてきた．そうした授業では，スキルを教えることに終始して，道徳的価値を教えることがないがしろにされる傾向があったためである．

　最近では，モラルスキルトレーニングという名称で，道徳的価値を取り上げ，道徳性を育成しながらスキルを学ばせる指導法も提案されている[10]．

　こうしたスキルトレーニングは，しつけのようなイメージでとらえられると小学生向きの指導法であると誤解されるかもしれない．しかし，たとえば，会社の新人研修などでもスキルトレーニングは行われており，大人にとっても有効な指導法なのである．そうした意味では，中学校においては，小学校よりも高度なレベルでスキルトレーニングが可能となるといえよう．

5　評価と通知表

　最後に，評価に関して，もう一度，取り上げる．

　2008（平成20）年度版の中学校学習指導要領には，「生徒の道徳性については，常にその実態を把握して指導に生かすよう努める必要がある．ただし，道徳の時間に関して数値などによる評価は行わないものとする．」と記されていた．2017（平成29）年版では，「生徒の学習状況や道徳性に係る成長の様子を継続的

に把握し，指導に生かすよう努める必要がある．ただし，数値などによる評価は行わないものとする．」と記されている．少しばかり表現は異なるが基本的には同じようなことが記されているように思われる．

　しかし，実際に学校現場では，異なる捉え方がなされている．これまでの道徳の時間では，児童に対する評価はまったく行われていない．ただし，日常の行動の記録は付けられている．学校教育法施行令および学校教育法施行規則では，学習及び健康の状況を記録した書類である「指導要録」を作成することが校長に義務づけられている．その「指導要録」の「指導に関する記録」の中に，「行動の記録」の欄があり，そこには次の 10 の項目がある．これは小学校も同様であり，「基本的な生活習慣」「健康・体力の向上」「自主・自律」「責任感」「創意工夫」「思いやり・協力」「生命尊重・自然愛護」「勤労・奉仕」「公正・公平」「公共心・公徳心」である．記入の仕方については，文部科学省より発せられた通知の中に次のように記されている．「各教科，道徳，特別活動，総合的な学習の時間，その他学校生活全体にわたって認められる生徒の行動について，各項目ごとにその趣旨に照らして十分満足できる状況にあると判断される場合には，○印を記入する．また，特に必要があれば，項目を追加して記入する」[11]．しかし，この行動の記録は，道徳の時間に限った評価ではない．

　ところが，「特別の教科　道徳」として教科化されることになったので，道徳科についても，中学校では 2019（平成 31）年度から，小学校ではその前年度から，「指導要録」に記録が付けられることになる．その記録は，先にも述べたように，励ます個人内評価で，記述式で記されることになる．上に述べた 10 個の「行動の記録」の項目については，道徳科の評価とも内容的に関連するので，今後，新たに検討され修正されることになる[12]．

　「指導要録」の他に，学校には，通知表（通信表，通知簿，通信簿と呼ばれることもある）がある．これによって生徒本人や保護者に成績等が伝えられる．通知表は，じつは法定表簿ではないので，作成するかどうかは任意であるが，「指導要録」の書式にならって作成されることが多い．だから，多くの学校で，道

第 5 章　学習指導要領「特別の教科　道徳」

徳科の評価についても，通知表に記されることになると予想される．

　したがって，道徳科の評価に関しては，2017（平成 29）年版の学習指導要領の改訂は従来と大きな違いはないように見えながらも，じつは，評価が実際に行われるという点で，非常に大きな変化を生じさせることになる．

注

(1)　文部科学省『小学校学習指導要領解説　特別の教科　道徳編』p. 19
(2)　文部科学省『小学校学習指導要領解説　特別の教科　道徳編』p. 20
(3)　本書，第 2 章，第 3 章，第 9 章を参照．
(4)　L. E. ラス，M. ハーミン，S. B. サイモン『道徳教育の革新』ぎょうせい，1991 年を参照．
(5)　文部科学省『小学校学習指導要領解説　特別の教科　道徳編』p. 112
(6)　道徳教育に係る評価等の在り方に関する専門家会議『「特別の教科　道徳」の指導方法・評価等について（報告）』平成 28 年 7 月 22 日，別紙 1
(7)　早川裕隆『役割演技を道徳授業に』明治図書，2004 年を参照．
(8)　ジョン・デュウイー，ジェームズ・H. タフツ，帆足理一郎訳『倫理学』春秋社，1962 年，264 ページ．
(9)　志賀英雄・酒井康・加賀裕郎・佐野安仁・武安宥『道徳教育の基礎』ミネルヴァ書房，1985 年，40 ページ．
(10)　林泰成『モラルスキルトレーニング　スタートブック』明治図書，2013 年を参照．
(11)　文部科学省「小学校児童指導要録，中学校生徒指導要録，高等学校生徒指導要録，中東教育学校生徒指導要録並びに盲学校，聾学校及び養護学校の小学部児童指導要録，中学部生徒指導要録，後頭部生徒指導要録の改善等について（通知）」13 文科初第 193 号　平成 13 年 4 月 27 日　「別紙第 2 中学校生徒指導要録に記載する事項等」より．
(12)　「指導要録」の様式の決定は，公立学校に関しては，教育委員会が行うことになっているが，文部科学省から参考様式が示されている．

小学校学習指導要領（平成29年告示）

第1章　総　　則

第1　小学校教育の基本と教育課程の役割

1　各学校においては，教育基本法及び学校教育法その他の法令並びにこの章以下に示すところに従い，児童の人間として調和のとれた育成を目指し，児童の心身の発達の段階や特性及び学校や地域の実態を十分考慮して，適切な教育課程を編成するものとし，これらに掲げる目標を達成するよう教育を行うものとする。

2　学校の教育活動を進めるに当たっては，各学校において，第3の1に示す主体的・対話的で深い学びの実現に向けた授業改善を通して，創意工夫を生かした特色ある教育活動を展開する中で，次の(1)から(3)までに掲げる事項の実現を図り，児童に生きる力を育むことを目指すものとする。

(1)　基礎的・基本的な知識及び技能を確実に習得させ，これらを活用して課題を解決するために必要な思考力，判断力，表現力等を育むとともに，主体的に学習に取り組む態度を養い，個性を生かし多様な人々との協働を促す教育の充実に努めること。その際，児童の発達の段階を考慮して，児童の言語活動など，学習の基盤をつくる活動を充実するとともに，家庭との連携を図りながら，児童の学習習慣が確立するよう配慮すること。

(2)　道徳教育や体験活動，多様な表現や鑑賞の活動等を通して，豊かな心や創造性の涵養を目指した教育の充実に努めること。

　学校における道徳教育は，特別の教科である道徳（以下「道徳科」という。）を要として学校の教育活動全体を通じて行うものであり，道徳科はもとより，各教科，外国語活動，総合的な学習の時間及び特別活動のそれぞれの特質に応じて，児童の発達の段階を考慮して，適切な指導を行うこと。

　道徳教育は，教育基本法及び学校教育法に定められた教育の根本精神に基づき，自己の生き方を考え，主体的な判断の下に行動し，自立した人間として他者と共によりよく生きるための基盤となる道徳性を養うことを目標とすること。

　道徳教育を進めるに当たっては，人間尊重の精神と生命に対する畏敬の念を家庭，学校，その他社会における具体的な生活の中に生かし，豊かな心をもち，

伝統と文化を尊重し，それらを育んできた我が国と郷土を愛し，個性豊かな文化の創造を図るとともに，平和で民主的な国家及び社会の形成者として，公共の精神を尊び，社会及び国家の発展に努め，他国を尊重し，国際社会の平和と発展や環境の保全に貢献し未来を拓く主体性のある日本人の育成に資することとなるよう特に留意すること。
  (3) 学校における体育・健康に関する指導を，児童の発達の段階を考慮して，学校の教育活動全体を通じて適切に行うことにより，健康で安全な生活と豊かなスポーツライフの実現を目指した教育の充実に努めること。特に，学校における食育の推進並びに体力の向上に関する指導，安全に関する指導及び心身の健康の保持増進に関する指導については，体育科，家庭科及び特別活動の時間はもとより，各教科，道徳科，外国語活動及び総合的な学習の時間などにおいてもそれぞれの特質に応じて適切に行うよう努めること。また，それらの指導を通して，家庭や地域社会との連携を図りながら，日常生活において適切な体育・健康に関する活動の実践を促し，生涯を通じて健康・安全で活力ある生活を送るための基礎が培われるよう配慮すること。
3 2の(1)から(3)までに掲げる事項の実現を図り，豊かな創造性を備え持続可能な社会の創り手となることが期待される児童に，生きる力を育むことを目指すに当たっては，学校教育全体並びに各教科，道徳科，外国語活動，総合的な学習の時間及び特別活動（以下「各教科等」という。ただし，第2の3の(2)のア及びウにおいて，特別活動については学級活動（学校給食に係るものを除く。）に限る。）の指導を通してどのような資質・能力の育成を目指すのかを明確にしながら，教育活動の充実を図るものとする。その際，児童の発達の段階や特性等を踏まえつつ，次に掲げることが偏りなく実現できるようにするものとする。
  (1) 知識及び技能が習得されるようにすること。
  (2) 思考力，判断力，表現力等を育成すること。
  (3) 学びに向かう力，人間性等を涵養すること。
4 各学校においては，児童や学校，地域の実態を適切に把握し，教育の目的や目標の実現に必要な教育の内容等を教科等横断的な視点で組み立てていくこと，教育課程の実施状況を評価してその改善を図っていくこと，教育課程の実施に必要な人的又は物的な体制を確保するとともにその改善を図っていくことなどを通し

て，教育課程に基づき組織的かつ計画的に各学校の教育活動の質の向上を図っていくこと（以下「カリキュラム・マネジメント」という。）に努めるものとする。

第6 道徳教育に関する配慮事項

道徳教育を進めるに当たっては，道徳教育の特質を踏まえ，前項までに示す事項に加え，次の事項に配慮するものとする。

1 各学校においては，第1の2の(2)に示す道徳教育の目標を踏まえ，道徳教育の全体計画を作成し，校長の方針の下に，道徳教育の推進を主に担当する教師（以下「道徳教育推進教師」という。）を中心に，全教師が協力して道徳教育を展開すること。なお，道徳教育の全体計画の作成に当たっては，児童や学校，地域の実態を考慮して，学校の道徳教育の重点目標を設定するとともに，道徳科の指導方針，第3章特別の教科道徳の第2に示す内容との関連を踏まえた各教科，外国語活動，総合的な学習の時間及び特別活動における指導の内容及び時期並びに家庭や地域社会との連携の方法を示すこと。

2 各学校においては，児童の発達の段階や特性等を踏まえ，指導内容の重点化を図ること。その際，各学年を通じて，自立心や自律性，生命を尊重する心や他者を思いやる心を育てることに留意すること。また，各学年段階においては，次の事項に留意すること。

(1) 第1学年及び第2学年においては，挨拶などの基本的な生活習慣を身に付けること，善悪を判断し，してはならないことをしないこと，社会生活上のきまりを守ること。

(2) 第3学年及び第4学年においては，善悪を判断し，正しいと判断したことを行うこと，身近な人々と協力し助け合うこと，集団や社会のきまりを守ること。

(3) 第5学年及び第6学年においては，相手の考え方や立場を理解して支え合うこと，法やきまりの意義を理解して進んで守ること，集団生活の充実に努めること，伝統と文化を尊重し，それらを育んできた我が国と郷土を愛するとともに，他国を尊重すること。

3 学校や学級内の人間関係や環境を整えるとともに，集団宿泊活動やボランティア活動，自然体験活動，地域の行事への参加などの豊かな体験を充実すること。また，道徳教育の指導内容が，児童の日常生活に生かされるようにすること。そ

の際，いじめの防止や安全の確保等にも資することとなるよう留意すること。
4 　学校の道徳教育の全体計画や道徳教育に関する諸活動などの情報を積極的に公表したり，道徳教育の充実のために家庭や地域の人々の積極的な参加や協力を得たりするなど，家庭や地域社会との共通理解を深め，相互の連携を図ること。

第 3 章　特別の教科　道徳

第 1　目　標

　第 1 章総則の第 1 の 2 の(2)に示す道徳教育の目標に基づき，よりよく生きるための基盤となる道徳性を養うため，道徳的諸価値についての理解を基に，自己を見つめ，物事を多面的・多角的に考え，自己の生き方についての考えを深める学習を通して，道徳的な判断力，心情，実践意欲と態度を育てる。

第 2　内　容

　学校の教育活動全体を通じて行う道徳教育の要である道徳科においては，以下に示す項目について扱う。
　A　主として自分自身に関すること
　〔善悪の判断，自律，自由と責任〕
　　〔第 1 学年及び第 2 学年〕
　　　　よいことと悪いこととの区別をし，よいと思うことを進んで行うこと。
　　〔第 3 学年及び第 4 学年〕
　　　　正しいと判断したことは，自信をもって行うこと。
　　〔第 5 学年及び第 6 学年〕
　　　　自由を大切にし，自律的に判断し，責任のある行動をすること。
　〔正直，誠実〕
　　〔第 1 学年及び第 2 学年〕
　　　　うそをついたりごまかしをしたりしないで，素直に伸び伸びと生活すること。
　　〔第 3 学年及び第 4 学年〕
　　　　過ちは素直に改め，正直に明るい心で生活すること。
　　〔第 5 学年及び第 6 学年〕
　　　　誠実に，明るい心で生活すること。

〔節度，節制〕
　〔第 1 学年及び第 2 学年〕
　　健康や安全に気を付け，物や金銭を大切にし，身の回りを整え，わがままをしないで，規則正しい生活をすること。
　〔第 3 学年及び第 4 学年〕
　　自分でできることは自分でやり，安全に気を付け，よく考えて行動し，節度のある生活をすること。
　〔第 5 学年及び第 6 学年〕
　　安全に気を付けることや，生活習慣の大切さについて理解し，自分の生活を見直し，節度を守り節制に心掛けること。
〔個性の伸長〕
　〔第 1 学年及び第 2 学年〕
　　自分の特徴に気付くこと。
　〔第 3 学年及び第 4 学年〕
　　自分の特徴に気付き，長所を伸ばすこと。
　〔第 5 学年及び第 6 学年〕
　　自分の特徴を知って，短所を改め長所を伸ばすこと。
〔希望と勇気，努力と強い意志〕
　〔第 1 学年及び第 2 学年〕
　　自分のやるべき勉強や仕事をしっかりと行うこと。
　〔第 3 学年及び第 4 学年〕
　　自分でやろうと決めた目標に向かって，強い意志をもち，粘り強くやり抜くこと。
　〔第 5 学年及び第 6 学年〕
　　より高い目標を立て，希望と勇気をもち，困難があってもくじけずに努力して物事をやり抜くこと。
〔真理の探究〕
　〔第 5 学年及び第 6 学年〕
　　真理を大切にし，物事を探究しようとする心をもつこと。
B　主として人との関わりに関すること

［親切，思いやり］
　〔第1学年及び第2学年〕
　　　身近にいる人に温かい心で接し，親切にすること。
　〔第3学年及び第4学年〕
　　　相手のことを思いやり，進んで親切にすること。
　〔第5学年及び第6学年〕
　　　誰に対しても思いやりの心をもち，相手の立場に立って親切にすること。
［感謝］
　〔第1学年及び第2学年〕
　　　家族など日頃世話になっている人々に感謝すること。
　〔第3学年及び第4学年〕
　　　家族など生活を支えてくれている人々や現在の生活を築いてくれた高齢者に，尊敬と感謝の気持ちをもって接すること。
　〔第5学年及び第6学年〕
　　　日々の生活が家族や過去からの多くの人々の支え合いや助け合いで成り立っていることに感謝し，それに応えること。
［礼儀］
　〔第1学年及び第2学年〕
　　　気持ちのよい挨拶，言葉遣い，動作などに心掛けて，明るく接すること。
　〔第3学年及び第4学年〕
　　　礼儀の大切さを知り，誰に対しても真心をもって接すること。
　〔第5学年及び第6学年〕
　　　時と場をわきまえて，礼儀正しく真心をもって接すること。
［友情，信頼］
　〔第1学年及び第2学年〕
　　　友達と仲よくし，助け合うこと。
　〔第3学年及び第4学年〕
　　　友達と互いに理解し，信頼し，助け合うこと。
　〔第5学年及び第6学年〕
　　　友達と互いに信頼し，学び合って友情を深め，異性についても理解しながら，

人間関係を築いていくこと。

［相互理解，寛容］

〔第3学年及び第4学年〕

　自分の考えや意見を相手に伝えるとともに，相手のことを理解し，自分と異なる意見も大切にすること。

〔第5学年及び第6学年〕

　自分の考えや意見を相手に伝えるとともに，謙虚な心をもち，広い心で自分と異なる意見や立場を尊重すること。

C　主として集団や社会との関わりに関すること

［規則の尊重］

〔第1学年及び第2学年〕

　約束やきまりを守り，みんなが使う物を大切にすること。

〔第3学年及び第4学年〕

　約束や社会のきまりの意義を理解し，それらを守ること。

〔第5学年及び第6学年〕

　法やきまりの意義を理解した上で進んでそれらを守り，自他の権利を大切にし，義務を果たすこと。

［公正，公平，社会正義］

〔第1学年及び第2学年〕

　自分の好き嫌いにとらわれないで接すること。

〔第3学年及び第4学年〕

　誰に対しても分け隔てをせず，公正，公平な態度で接すること。

〔第5学年及び第6学年〕

　誰に対しても差別をすることや偏見をもつことなく，公正，公平な態度で接し，正義の実現に努めること。

［勤労，公共の精神］

〔第1学年及び第2学年〕

　働くことのよさを知り，みんなのために働くこと。

〔第3学年及び第4学年〕

　働くことの大切さを知り，進んでみんなのために働くこと。

〔第5学年及び第6学年〕
　　働くことや社会に奉仕することの充実感を味わうとともに，その意義を理解し，公共のために役に立つことをすること。
［家族愛，家庭生活の充実］
　〔第1学年及び第2学年〕
　　父母，祖父母を敬愛し，進んで家の手伝いなどをして，家族の役に立つこと。
　〔第3学年及び第4学年〕
　　父母，祖父母を敬愛し，家族みんなで協力し合って楽しい家庭をつくること。
　〔第5学年及び第6学年〕
　　父母，祖父母を敬愛し，家族の幸せを求めて，進んで役に立つことをすること。
［よりよい学校生活，集団生活の充実］
　〔第1学年及び第2学年〕
　　先生を敬愛し，学校の人々に親しんで，学級や学校の生活を楽しくすること。
　〔第3学年及び第4学年〕
　　先生や学校の人々を敬愛し，みんなで協力し合って楽しい学級や学校をつくること。
　〔第5学年及び第6学年〕
　　先生や学校の人々を敬愛し，みんなで協力し合ってよりよい学級や学校をつくるとともに，様々な集団の中での自分の役割を自覚して集団生活の充実に努めること。
［伝統と文化の尊重，国や郷土を愛する態度］
　〔第1学年及び第2学年〕
　　我が国や郷土の文化と生活に親しみ，愛着をもつこと。
　〔第3学年及び第4学年〕
　　我が国や郷土の伝統と文化を大切にし，国や郷土を愛する心をもつこと。
　〔第5学年及び第6学年〕
　　我が国や郷土の伝統と文化を大切にし，先人の努力を知り，国や郷土を愛する心をもつこと。
［国際理解，国際親善］

〔第1学年及び第2学年〕

　他国の人々や文化に親しむこと。

〔第3学年及び第4学年〕

　他国の人々や文化に親しみ，関心をもつこと。

〔第5学年及び第6学年〕

　他国の人々や文化について理解し，日本人としての自覚をもって国際親善に努めること。

D　主として生命や自然，崇高なものとの関わりに関すること

［生命の尊さ］

　〔第1学年及び第2学年〕

　　生きることのすばらしさを知り，生命を大切にすること。

　〔第3学年及び第4学年〕

　　生命の尊さを知り，生命あるものを大切にすること。

　〔第5学年及び第6学年〕

　　生命が多くの生命のつながりの中にあるかけがえのないものであることを理解し，生命を尊重すること。

［自然愛護］

　〔第1学年及び第2学年〕

　　身近な自然に親しみ，動植物に優しい心で接すること。

　〔第3学年及び第4学年〕

　　自然のすばらしさや不思議さを感じ取り，自然や動植物を大切にすること。

　〔第5学年及び第6学年〕

　　自然の偉大さを知り，自然環境を大切にすること。

［感動，畏敬の念］

　〔第1学年及び第2学年〕

　　美しいものに触れ，すがすがしい心をもつこと。

　〔第3学年及び第4学年〕

　　美しいものや気高いものに感動する心をもつこと。

　〔第5学年及び第6学年〕

　　美しいものや気高いものに感動する心や人間の力を超えたものに対する畏敬

の念をもつこと。

［よりよく生きる喜び］

〔第5学年及び第6学年〕

　　よりよく生きようとする人間の強さや気高さを理解し，人間として生きる喜びを感じること。

第3　指導計画の作成と内容の取扱い

1　各学校においては，道徳教育の全体計画に基づき，各教科，外国語活動，総合的な学習の時間及び特別活動との関連を考慮しながら，道徳科の年間指導計画を作成するものとする。なお，作成に当たっては，第2に示す各学年段階の内容項目について，相当する各学年において全て取り上げることとする。その際，児童や学校の実態に応じ，2学年間を見通した重点的な指導や内容項目間の関連を密にした指導，一つの内容項目を複数の時間で扱う指導を取り入れるなどの工夫を行うものとする。

2　第2の内容の指導に当たっては，次の事項に配慮するものとする。

(1)　校長や教頭などの参加，他の教師との協力的な指導などについて工夫し，道徳教育推進教師を中心とした指導体制を充実すること。

(2)　道徳科が学校の教育活動全体を通じて行う道徳教育の要としての役割を果たすことができるよう，計画的・発展的な指導を行うこと。特に，各教科，外国語活動，総合的な学習の時間及び特別活動における道徳教育としては取り扱う機会が十分でない内容項目に関わる指導を補うことや，児童や学校の実態等を踏まえて指導をより一層深めること，内容項目の相互の関連を捉え直したり発展させたりすることに留意すること。

(3)　児童が自ら道徳性を養う中で，自らを振り返って成長を実感したり，これからの課題や目標を見付けたりすることができるよう工夫すること。その際，道徳性を養うことの意義について，児童自らが考え，理解し，主体的に学習に取り組むことができるようにすること。

(4)　児童が多様な感じ方や考え方に接する中で，考えを深め，判断し，表現する力などを育むことができるよう，自分の考えを基に話し合ったり書いたりするなどの言語活動を充実すること。

(5) 児童の発達の段階や特性等を考慮し，指導のねらいに即して，問題解決的な学習，道徳的行為に関する体験的な学習等を適切に取り入れるなど，指導方法を工夫すること。その際，それらの活動を通じて学んだ内容の意義などについて考えることができるようにすること。また，特別活動等における多様な実践活動や体験活動も道徳科の授業に生かすようにすること。

(6) 児童の発達の段階や特性等を考慮し，第2に示す内容との関連を踏まえつつ，情報モラルに関する指導を充実すること。また，児童の発達の段階や特性等を考慮し，例えば，社会の持続可能な発展などの現代的な課題の取扱いにも留意し，身近な社会的課題を自分との関係において考え，それらの解決に寄与しようとする意欲や態度を育てるよう努めること。なお，多様な見方や考え方のできる事柄について，特定の見方や考え方に偏った指導を行うことのないようにすること。

(7) 道徳科の授業を公開したり，授業の実施や地域教材の開発や活用などに家庭や地域の人々，各分野の専門家等の積極的な参加や協力を得たりするなど，家庭や地域社会との共通理解を深め，相互の連携を図ること。

3 教材については，次の事項に留意するものとする。

(1) 児童の発達の段階や特性，地域の実情等を考慮し，多様な教材の活用に努めること。特に，生命の尊厳，自然，伝統と文化，先人の伝記，スポーツ，情報化への対応等の現代的な課題などを題材とし，児童が問題意識をもって多面的・多角的に考えたり，感動を覚えたりするような充実した教材の開発や活用を行うこと。

(2) 教材については，教育基本法や学校教育法その他の法令に従い，次の観点に照らし適切と判断されるものであること。

　ア 児童の発達の段階に即し，ねらいを達成するのにふさわしいものであること。

　イ 人間尊重の精神にかなうものであって，悩みや葛藤等の心の揺れ，人間関係の理解等の課題も含め，児童が深く考えることができ，人間としてよりよく生きる喜びや勇気を与えられるものであること。

　ウ 多様な見方や考え方のできる事柄を取り扱う場合には，特定の見方や考え方に偏った取扱いがなされていないものであること。

4　児童の学習状況や道徳性に係る成長の様子を継続的に把握し，指導に生かすよう努める必要がある。ただし，数値などによる評価は行わないものとする。

中学校学習指導要領（平成29年告示）

第1章　総　　則

第1　中学校教育の基本と教育課程の役割

1　各学校においては，教育基本法及び学校教育法その他の法令並びにこの章以下に示すところに従い，生徒の人間として調和のとれた育成を目指し，生徒の心身の発達の段階や特性及び学校や地域の実態を十分考慮して，適切な教育課程を編成するものとし，これらに掲げる目標を達成するよう教育を行うものとする。

2　学校の教育活動を進めるに当たっては，各学校において，第3の1に示す主体的・対話的で深い学びの実現に向けた授業改善を通して，創意工夫を生かした特色ある教育活動を展開する中で，次の(1)から(3)までに掲げる事項の実現を図り，生徒に生きる力を育むことを目指すものとする。

(1)　基礎的・基本的な知識及び技能を確実に習得させ，これらを活用して課題を解決するために必要な思考力，判断力，表現力等を育むとともに，主体的に学習に取り組む態度を養い，個性を生かし多様な人々との協働を促す教育の充実に努めること。その際，生徒の発達の段階を考慮して，生徒の言語活動など，学習の基盤をつくる活動を充実するとともに，家庭との連携を図りながら，生徒の学習習慣が確立するよう配慮すること。

(2)　道徳教育や体験活動，多様な表現や鑑賞の活動等を通して，豊かな心や創造性の涵養を目指した教育の充実に努めること。

　　学校における道徳教育は，特別の教科である道徳（以下「道徳科」という。）を要として学校の教育活動全体を通じて行うものであり，道徳科はもとより，各教科，総合的な学習の時間及び特別活動のそれぞれの特質に応じて，生徒の発達の段階を考慮して，適切な指導を行うこと。

　　道徳教育は，教育基本法及び学校教育法に定められた教育の根本精神に基づき，自己の生き方を考え，主体的な判断の下に行動し，自立した人間として他者と共によりよく生きるための基盤となる道徳性を養うことを目標とすること。

　　道徳教育を進めるに当たっては，人間尊重の精神と生命に対する畏敬の念を家庭，学校，その他社会における具体的な生活の中に生かし，豊かな心をもち，

伝統と文化を尊重し，それらを育んできた我が国と郷土を愛し，個性豊かな文化の創造を図るとともに，平和で民主的な国家及び社会の形成者として，公共の精神を尊び，社会及び国家の発展に努め，他国を尊重し，国際社会の平和と発展や環境の保全に貢献し未来を拓く主体性のある日本人の育成に資することとなるよう特に留意すること。
  (3) 学校における体育・健康に関する指導を，生徒の発達の段階を考慮して，学校の教育活動全体を通じて適切に行うことにより，健康で安全な生活と豊かなスポーツライフの実現を目指した教育の充実に努めること。特に，学校における食育の推進並びに体力の向上に関する指導，安全に関する指導及び心身の健康の保持増進に関する指導については，保健体育科，技術・家庭科及び特別活動の時間はもとより，各教科，道徳科及び総合的な学習の時間などにおいてもそれぞれの特質に応じて適切に行うよう努めること。また，それらの指導を通して，家庭や地域社会との連携を図りながら，日常生活において適切な体育・健康に関する活動の実践を促し，生涯を通じて健康・安全で活力ある生活を送るための基礎が培われるよう配慮すること。
3 2の(1)から(3)までに掲げる事項の実現を図り，豊かな創造性を備え持続可能な社会の創り手となることが期待される生徒に，生きる力を育むことを目指すに当たっては，学校教育全体並びに各教科，道徳科，総合的な学習の時間及び特別活動（以下「各教科等」という。ただし，第2の3の(2)のア及びウにおいて，特別活動については学級活動（学校給食に係るものを除く。）に限る。）の指導を通してどのような資質・能力の育成を目指すのかを明確にしながら，教育活動の充実を図るものとする。その際，生徒の発達の段階や特性等を踏まえつつ，次に掲げることが偏りなく実現できるようにするものとする。
  (1) 知識及び技能が習得されるようにすること。
  (2) 思考力，判断力，表現力等を育成すること。
  (3) 学びに向かう力，人間性等を涵養すること。
4 各学校においては，生徒や学校，地域の実態を適切に把握し，教育の目的や目標の実現に必要な教育の内容等を教科等横断的な視点で組み立てていくこと，教育課程の実施状況を評価してその改善を図っていくこと，教育課程の実施に必要な人的又は物的な体制を確保するとともにその改善を図っていくことなどを通し

て，教育課程に基づき組織的かつ計画的に各学校の教育活動の質の向上を図っていくこと（以下「カリキュラム・マネジメント」という。）に努めるものとする。

第6　道徳教育に関する配慮事項

道徳教育を進めるに当たっては，道徳教育の特質を踏まえ，前項までに示す事項に加え，次の事項に配慮するものとする。

1　各学校においては，第1の2の(2)に示す道徳教育の目標を踏まえ，道徳教育の全体計画を作成し，校長の方針の下に，道徳教育の推進を主に担当する教師（以下「道徳教育推進教師」という。）を中心に，全教師が協力して道徳教育を展開すること。なお，道徳教育の全体計画の作成に当たっては，生徒や学校，地域の実態を考慮して，学校の道徳教育の重点目標を設定するとともに，道徳科の指導方針，第3章特別の教科道徳の第2に示す内容との関連を踏まえた各教科，総合的な学習の時間及び特別活動における指導の内容及び時期並びに家庭や地域社会との連携の方法を示すこと。

2　各学校においては，生徒の発達の段階や特性等を踏まえ，指導内容の重点化を図ること。その際，小学校における道徳教育の指導内容を更に発展させ，自立心や自律性を高め，規律ある生活をすること，生命を尊重する心や自らの弱さを克服して気高く生きようとする心を育てること，法やきまりの意義に関する理解を深めること，自らの将来の生き方を考え主体的に社会の形成に参画する意欲と態度を養うこと，伝統と文化を尊重し，それらを育んできた我が国と郷土を愛するとともに，他国を尊重すること，国際社会に生きる日本人としての自覚を身に付けることに留意すること。

3　学校や学級内の人間関係や環境を整えるとともに，職場体験活動やボランティア活動，自然体験活動，地域の行事への参加などの豊かな体験を充実すること。また，道徳教育の指導内容が，生徒の日常生活に生かされるようにすること。その際，いじめの防止や安全の確保等にも資することとなるよう留意すること。

4　学校の道徳教育の全体計画や道徳教育に関する諸活動などの情報を積極的に公表したり，道徳教育の充実のために家庭や地域の人々の積極的な参加や協力を得たりするなど，家庭や地域社会との共通理解を深め，相互の連携を図ること。

第3章　特別の教科　道徳

第1　目標

第1章総則の第1の2の(2)に示す道徳教育の目標に基づき，よりよく生きるための基盤となる道徳性を養うため，道徳的諸価値についての理解を基に，自己を見つめ，物事を広い視野から多面的・多角的に考え，人間としての生き方についての考えを深める学習を通して，道徳的な判断力，心情，実践意欲と態度を育てる。

第2　内容

学校の教育活動全体を通じて行う道徳教育の要である道徳科においては，以下に示す項目について扱う。

　A　主として自分自身に関すること

［自主，自律，自由と責任］

　自律の精神を重んじ，自主的に考え，判断し，誠実に実行してその結果に責任をもつこと。

［節度，節制］

　望ましい生活習慣を身に付け，心身の健康の増進を図り，節度を守り節制に心掛け，安全で調和のある生活をすること。

［向上心，個性の伸長］

　自己を見つめ，自己の向上を図るとともに，個性を伸ばして充実した生き方を追求すること。

［希望と勇気，克己と強い意志］

　より高い目標を設定し，その達成を目指し，希望と勇気をもち，困難や失敗を乗り越えて着実にやり遂げること。

［真理の探究，創造］

　真実を大切にし，真理を探究して新しいものを生み出そうと努めること。

　B　主として人との関わりに関すること

［思いやり，感謝］

　思いやりの心をもって人と接するとともに，家族などの支えや多くの人々の善意により日々の生活や現在の自分があることに感謝し，進んでそれに応え，人間

愛の精神を深めること。
［礼儀］
　　礼儀の意義を理解し，時と場に応じた適切な言動をとること。
［友情，信頼］
　　友情の尊さを理解して心から信頼できる友達をもち，互いに励まし合い，高め合うとともに，異性についての理解を深め，悩みや葛藤も経験しながら人間関係を深めていくこと。
［相互理解，寛容］
　　自分の考えや意見を相手に伝えるとともに，それぞれの個性や立場を尊重し，いろいろなものの見方や考え方があることを理解し，寛容の心をもって謙虚に他に学び，自らを高めていくこと。
　C　主として集団や社会との関わりに関すること
［遵法精神，公徳心］
　　法やきまりの意義を理解し，それらを進んで守るとともに，そのよりよい在り方について考え，自他の権利を大切にし，義務を果たして，規律ある安定した社会の実現に努めること。
［公正，公平，社会正義］
　　正義と公正さを重んじ，誰に対しても公平に接し，差別や偏見のない社会の実現に努めること。
［社会参画，公共の精神］
　　社会参画の意識と社会連帯の自覚を高め，公共の精神をもってよりよい社会の実現に努めること。
［勤労］
　　勤労の尊さや意義を理解し，将来の生き方について考えを深め，勤労を通じて社会に貢献すること。
［家族愛，家庭生活の充実］
　　父母，祖父母を敬愛し，家族の一員としての自覚をもって充実した家庭生活を築くこと。
［よりよい学校生活，集団生活の充実］
　　教師や学校の人々を敬愛し，学級や学校の一員としての自覚をもち，協力し合

ってよりよい校風をつくるとともに,様々な集団の意義や集団の中での自分の役割と責任を自覚して集団生活の充実に努めること。

［郷土の伝統と文化の尊重,郷土を愛する態度］

　郷土の伝統と文化を大切にし,社会に尽くした先人や高齢者に尊敬の念を深め,地域社会の一員としての自覚をもって郷土を愛し,進んで郷土の発展に努めること。

［我が国の伝統と文化の尊重,国を愛する態度］

　優れた伝統の継承と新しい文化の創造に貢献するとともに,日本人としての自覚をもって国を愛し,国家及び社会の形成者として,その発展に努めること。

［国際理解,国際貢献］

　世界の中の日本人としての自覚をもち,他国を尊重し,国際的視野に立って,世界の平和と人類の発展に寄与すること。

D　主として生命や自然,崇高なものとの関わりに関すること

［生命の尊さ］

　生命の尊さについて,その連続性や有限性なども含めて理解し,かけがえのない生命を尊重すること。

［自然愛護］

　自然の崇高さを知り,自然環境を大切にすることの意義を理解し,進んで自然の愛護に努めること。

［感動,畏敬の念］

　美しいものや気高いものに感動する心をもち,人間の力を超えたものに対する畏敬の念を深めること。

［よりよく生きる喜び］

　人間には自らの弱さや醜さを克服する強さや気高く生きようとする心があることを理解し,人間として生きることに喜びを見いだすこと。

第3　指導計画の作成と内容の取扱い

1　各学校においては,道徳教育の全体計画に基づき,各教科,総合的な学習の時間及び特別活動との関連を考慮しながら,道徳科の年間指導計画を作成するものとする。なお,作成に当たっては,第2に示す内容項目について,各学年におい

て全て取り上げることとする。その際,生徒や学校の実態に応じ,3学年間を見通した重点的な指導や内容項目間の関連を密にした指導,一つの内容項目を複数の時間で扱う指導を取り入れるなどの工夫を行うものとする。
2 第2の内容の指導に当たっては,次の事項に配慮するものとする。
 (1) 学級担任の教師が行うことを原則とするが,校長や教頭などの参加,他の教師との協力的な指導などについて工夫し,道徳教育推進教師を中心とした指導体制を充実すること。
 (2) 道徳科が学校の教育活動全体を通じて行う道徳教育の要としての役割を果たすことができるよう,計画的・発展的な指導を行うこと。特に,各教科,総合的な学習の時間及び特別活動における道徳教育としては取り扱う機会が十分でない内容項目に関わる指導を補うことや,生徒や学校の実態等を踏まえて指導をより一層深めること,内容項目の相互の関連を捉え直したり発展させたりすることに留意すること。
 (3) 生徒が自ら道徳性を養う中で,自らを振り返って成長を実感したり,これからの課題や目標を見付けたりすることができるよう工夫すること。その際,道徳性を養うことの意義について,生徒自らが考え,理解し,主体的に学習に取り組むことができるようにすること。また,発達の段階を考慮し,人間としての弱さを認めながら,それを乗り越えてよりよく生きようとすることのよさについて,教師が生徒と共に考える姿勢を大切にすること。
 (4) 生徒が多様な感じ方や考え方に接する中で,考えを深め,判断し,表現する力などを育むことができるよう,自分の考えを基に討論したり書いたりするなどの言語活動を充実すること。その際,様々な価値観について多面的・多角的な視点から振り返って考える機会を設けるとともに,生徒が多様な見方や考え方に接しながら,更に新しい見方や考え方を生み出していくことができるよう留意すること。
 (5) 生徒の発達の段階や特性等を考慮し,指導のねらいに即して,問題解決的な学習,道徳的行為に関する体験的な学習等を適切に取り入れるなど,指導方法を工夫すること。その際,それらの活動を通じて学んだ内容の意義などについて考えることができるようにすること。また,特別活動等における多様な実践活動や体験活動も道徳科の授業に生かすようにすること。

(6) 生徒の発達の段階や特性等を考慮し,第2に示す内容との関連を踏まえつつ,情報モラルに関する指導を充実すること。また,例えば,科学技術の発展と生命倫理との関係や社会の持続可能な発展などの現代的な課題の取扱いにも留意し,身近な社会的課題を自分との関係において考え,その解決に向けて取り組もうとする意欲や態度を育てるよう努めること。なお,多様な見方や考え方のできる事柄について,特定の見方や考え方に偏った指導を行うことのないようにすること。
(7) 道徳科の授業を公開したり,授業の実施や地域教材の開発や活用などに家庭や地域の人々,各分野の専門家等の積極的な参加や協力を得たりするなど,家庭や地域社会との共通理解を深め,相互の連携を図ること。
3 教材については,次の事項に留意するものとする。
 (1) 生徒の発達の段階や特性,地域の実情等を考慮し,多様な教材の活用に努めること。特に,生命の尊厳,社会参画,自然,伝統と文化,先人の伝記,スポーツ,情報化への対応等の現代的な課題などを題材とし,生徒が問題意識をもって多面的・多角的に考えたり,感動を覚えたりするような充実した教材の開発や活用を行うこと。
 (2) 教材については,教育基本法や学校教育法その他の法令に従い,次の観点に照らし適切と判断されるものであること。
  ア 生徒の発達の段階に即し,ねらいを達成するのにふさわしいものであること。
  イ 人間尊重の精神にかなうものであって,悩みや葛藤等の心の揺れ,人間関係の理解等の課題も含め,生徒が深く考えることができ,人間としてよりよく生きる喜びや勇気を与えられるものであること。
  ウ 多様な見方や考え方のできる事柄を取り扱う場合には,特定の見方や考え方に偏った取扱いがなされていないものであること。
4 生徒の学習状況や道徳性に係る成長の様子を継続的に把握し,指導に生かすよう努める必要がある。ただし,数値などによる評価は行わないものとする。

第6章 道徳教育における「包括者論」の視点
　　　──実存的教育論の可能性──

第1節　実存的教育論の課題

1　道徳教育と実存

　道徳教育とはなにかと問われれば，とりあえず，《道徳教育とは，もろもろの道徳的な徳目や道徳的価値についての内面的自覚を促し，さらにそれらを自主的に選択し実践する能力としての道徳性の発達をめざす営みである》と言えよう．ところで，この暫定的な定義からも，すでにうかがわれるように，道徳教育は，単に人類が歴史的に蓄積してきた道徳的諸価値を子どもに伝達するだけではなく，子どもによるそれらの価値の再発見・再創造と結び付かなければならない．というのも，子どもは，すでにある秩序や慣習によって他律的に規定されるのではなく，自己自身の決意と責任において行為することを通してのみ，道徳的な行為の意味を理解していくと考えられるからである．道徳教育は，既成の世界に子どもを単に適応させるのではなく，選択・決意といった自由な行為によって子ども自身が自らの手で自己を形成していくプロセスを意図的に援助することを重要な課題としている．道徳教育の課題をこのように解するとき，人間を「実存」として捉える視点が，道徳教育にとって，いかに不可欠であるかがわかる．なぜならば，実存とは，まさに，代替することのできないこの私，自らのあり方を自ら選び，決していくような自由で主体的な自己存在を意味するからである．ここから我々は，道徳教育はそれが真に子どもの存在を尊重する限り，実存的な道徳教育でなければならない，と一応言うことができるであ

ろう．

　しかし，道徳教育と実存ということを改めて考えてみるとき，両者のあいだには，少なからず困難な問題があるように思われる．

2　実存的教育論の課題

　一般的に言って，教育的営為は，他者への依存的な援助関係を人間形成の前提とする人間観に立って初めて可能になると考えられる．これに対して，実存という人間のあり方には，他者との指導的・援助的関係を排除してしまう「非教育学的なもの」が含まれるように思われる．実存的な人間生成論に従えば，自己の存在を否定するようないわゆる限界状況のもとで，これを直視しつつ自由な決断において自らが自己を代理不可能な個別者として現成することにおいて，自己は本来の自己自身となるとされる．そこには，教え教えられるという教育的作用が入り込む余地はもはやないように見えるのである．(2) とすれば，先に我々は，《道徳教育は，選択・決意といった自由な行為によって子ども自身が自らの手で自己を形成していくプロセスを意図的に援助することを課題とする》と述べたが，そもそもそうした意図的な援助が，はたして可能かどうかが根本的に問われてくる．道徳教育は，それが単なる徳目注入主義に終わってはならない以上，「実存的」でなければならないが，それにもかかわらず，道徳教育と実存とのあいだには，両者の安易な結合をはばむ要素があるのである．

　ここで我々は，『実存哲学と教育学』で展開されたボルノーの実存的教育論に言及する必要があろう．というのも，かれは，従来の教育観と実存哲学的人間観とのあいだにある上述のアポリアを十分認識したうえで，なお可能な，実存の現成にあずかる教育作用の領域を明確に取り出したからである．そこで，ボルノーの所論の要点を簡潔にたどることによって，我々が取り組むべき実存的教育論の課題をはっきりさせよう．

　ボルノーによれば，道徳教育を含めて従来の教育全般においては，二つの根本的見解が支配的であったとされる．一つは，手細工人の仕事と類比される機

械的教育概念である．すなわち，手細工人が，まえもって抱いている計画に従って，まえもって与えられる材料を使って適当な道具を用いて，品物を作り出すように，教育者もまた，その心に浮かぶ目標に向かって，彼に委ねられた人間を，一定の仕方で形成するという見解である．これに対して，第二の見解は，有機的な教育概念，すなわち人間は随意に形成されるべき素材ではなく，自己固有の法則に従って自己自身のうちに設定された目標に向かって発展するという考え方である．ところで両者は，一見，異質なもののように見えるが，ボルノーによれば，実は，それらは生の過程の連続性を踏まえた教育過程の連続性という共通の仮定から出発しているとみなされる．両概念の必然的仮定は，ルソーとヘルバルト以来，教育学の基本概念となった「陶冶性」なのである[3]．積極的なものであれ，消極的なものであれ，我々の言うところの《道徳教育における意図的な援助》が，こうした教育の連続的形式に含まれることは明らかである．

　これに対して，ボルノーは，意図的・計画的な教育作用ではないが，実存の現成にあずかる無意図的な教育形式があることを発見した．周知のように，これがいわゆる教育の「非連続的形式」にほかならない．実存としての本来的自己の実現は，自己自身が身をもってなすしかないわけであるが，こうした本来的自己へと目覚ましめるできごとが，教育の領域には，たしかに存在する．たとえば，教師が思わず吐いた戒めの一言が，子どもに飛躍的な自己変革をもたらし，かれを主体的な道徳的行為の実行者へと転ずるといったことが実際にある．そうした非連続的形式の際立ったものとして，ボルノーは，危機，覚醒，訓戒，助言，出会い，冒険・挫折などをあげている[4]．

　さて，自然的所与の世界に根を下ろした人間が，そうした所与性や無名性を克服して本来的自己に向けて飛躍するためには，換言すれば，実存的自己生成を果たすためには，非連続的教育形式が，きわめて生産的な意味をもっていることは，明らかである．子どもたちを責任ある判断力を備えた独立人として独り立ちさせることが，道徳教育の最大の目標であるとするならば，こうした教

育の非連続的形式の重要性は、強調しても強調しすぎることはない。

しかし、教育、とりわけて道徳教育の実存的次元を自覚的に取り出したというだけなら、ボルノーの意図の半分しか語ったことにならないであろう。実存哲学によってひらかれた教育学的思惟の新しい形式とこれまでの古い形式という「二つの領域を、相互に正しい関係に置くことが、重要である」(5)とか、非連続的できごとは、あくまでも例外であるが、これを「教育事象全体を構成する本質的例外として、捉えることが、問題である」(6)とか言われるところからもわかるように、ボルノーの一番の狙いは、伝統的な教育のモーメントと実存哲学の教育的モーメントを橋渡しすることにある。これを我々の言葉に置き換えるならば、道徳教育が「実存的」でなければならないからといって、これまでなされてきた、そして現になされている、意図的な道徳教育が無意味であって、排除されなければならないということにはならないということである。問題は、道徳教育において、意図的な教育形式を基礎にしつつ、これと無意図的な教育形式とを、いかにして統合するかである。このボルノーが提起した問いに答えることこそ、我々が取り組むべき実存的教育論の課題であると言えよう。というのも、この課題が果たされて初めて、実存哲学の視点を、道徳教育の営み全体の中に十全に活かして行く道も開かれてくると思われるからである。

今、いっこうに改まらない混乱した現代の倫理的状況のもとで、学校での道徳教育の強化、とくにそのいっそうの計画的推進が求められている。その是非はともかくとして、これを子どもたち自身にとって本当に稔りあるものとするためには、そうした計画的に進められる道徳教育の意義とともに限界が明確にされなければならない。こうした問題を考えてゆくうえでも、意図的な教育形式と無意図的な教育形式との統合の可能性を問うことは重要である。それは、単に実存的教育論の問題というよりも、我々が直面している焦眉の、きわめて今日的な問題でもあると言わなければならない。

第2節　ヤスパースの包括者論

1　包括者論への注目

　前節で明らかにされた実存的教育論の課題に答えてゆくためには，そもそも道徳教育における二つの教育形式を統合する拠り所はなにかを明確にすることが，なによりも重要である．しかし，ボルノーに従えば，こうした拠り所を実存思想そのものに求めることはもはやできないであろう．かれによれば，実存思想が有効なのは教育の無意図的・非連続的形式に限定されるのであって，それをこえては一言も積極的な発言をなしえない．教育学において「実存哲学はただ刺戟を与えるものとしてのみ取り上げられる」のであって，それはその「宿命的な偏向性」のゆえに，結局，「乗り越え」られなければならない．実存的自己生成への鋭い認識にもかかわらず，実存哲学は一面的であって，人間が漸進的に形成される存在でもあるという事実を看過してしまっている，とボルノーは考えるのである．では，どこに，かの拠り所を求めればよいのであろうか．あくまでもボルノーに従ってゆくのであれば，『実存哲学と教育学』以降の彼の教育人間学の展開の後を追う必要があろう．またそうした考察は，重要でもあり，有益でもあると思われる．しかし，実存思想に対してボルノーのような断定を下してしまう前に，はたしてこうした断定が妥当かどうかがまずもって問われねばならない．言い換えるならば，二つの教育形式を統合する拠り所が，実存思想そのもののうちにないかどうかが，検討されなければならないのである．そうしてこそ，実存思想を正当に評価したということにもなろう．そして，我々は，ヤスパースの実存哲学，中でも『理性と実存』以降，はっきりと示された包括者論（Periechontologie）とくに「包括者のあらゆる諸様態の紐帯としての理性」の概念の中に，そうした拠り所がきわめて明確な形で示されていると考える．そこで以下において，ボルノーを離れ，我々は，包括者論の要とも言うべきこの理性の概念を中心に論じつつ，当面の課題に取り組み，あ

るべき道徳教育の方向を探りたいと思う．

2 包括者とはなにか

　存在の問題が，ヤスパースの哲学を終始一貫する根本問題であるが，『理性と実存』以降の，いわゆる後期思想において，この根本問題を論じたのが「包括者論」である．

　包括者とは，端的には，存在そのものを意味するが，ヤスパースは，この包括者の思想に二つの方向から接近する．一つは「地平（Horizont）」という見地であり，もう一つは「主-客-分裂（Subjekt-Objekt-Spaltung）」の自覚という観点である．

　ヤスパースによれば，我々の思考や認識や知識は，つねに一定の地平に限定されている．特定の対象も知られた存在も全体ではなくて，そのつどの地平の中で対象となり，知となるものである．もちろん，我々は個々の対象知にとどまらず，世界全体なり，いっさいの対象存在なりを一つの知や体系として捉えようとはする．しかし，この場合でも，それはやはり存在者全体についての特殊な把握として，それに応じた地平に限定されたものであらざるをえない．「我々がどこに到達しようと，そのつど達成されたものをたえず閉じ込めるところの地平が，いわばいっしょに進んでゆく．地平はつねに新たに現存しているのであって，それが単なる地平であって終結ではないゆえに，あらゆる窮極的な滞留を断念することを強いる．我々はけっして，制限づけてゆく地平がそこで終わりになるような立場を獲得することはないし，また，今や地平なしに閉ざされていて，それゆえもはやそれ以上を指示することのないような全体が，そこから概観可能となるであろうような立場を獲得することはない」（W. 37-38）．

　我々にとっては存在者についてのどのような全体知や体系であっても，依然，一つの地平におけるものであって，存在そのものではない．このことを十分弁えつつ，さらに存在そのものを問いたずねるとき，それ自身としては我々から

退いてゆくこの存在そのものは，我々の知の限界として，すなわち，もはやいかなる地平でもなくすべての地平を包み込むようなものとして感得される．この「対象でもなければ，形成された全体という地平でもない」存在を，ヤスパースは，包括者と呼ぶのである（W. 38）．

存在そのものが，包括者であるということは，ヤスパースが認識や思考の根本構造とみなす「主-客-分裂」の自覚からも言われる．我々の思考や認識においては，思考し認識する主体に対して，思考され認識される客体が対立している．この対立を，ヤスパースは「主-客-分裂」と見る（Einf. 25）．我々が意識的である限り，我々には主-客-分裂が不可避である．しかし，哲学の課題であるところのいっさいの存在者をこえた「全体としての存在」そのものは単なる「主体でも客体でもありえず」，両者を包括するものでなければならない（ebd.）．この分裂したものを包括しているものが，今度は，「包括者」とされる．分裂とは，根源的に一つであったものが，引き裂かれてあるという事態を指すのであろうが，「主-客-分裂」という用語でもって，ヤスパースは，分裂されていないものが根源的に存在する次元を指示している．

3　包括者論における理性

包括者は，いっさいの地平を包み主-客をこえた一者として，本来は唯一のみであって，それ自身としては認識の対象とはなりえず，つねに客観的叙述をこえたものであるが，ひとたび思惟され，哲学的な解明が加えられるとき，「包括者の諸様態」へと区分される．

ヤスパースは，包括者の諸様態を，我々自身であるところの包括者と存在自身であるところの包括者という仕方で区分する．前者に属するのが，現存在（生命をもち，現実的で現存している存在の開けた空間），意識一般（必然的に認識されるものが現われてくるところの悟性の無限に開かれた普遍的な空間），精神（一つの全体を，思惟・感情・行為において，空想を通じて生み出す，我々の内なる形成力），実存（代替不可能な自由な自己存在）であり，後者に属するのが世界（いっさいの実在的

第6章　道徳教育における「包括者論」の視点　167

他者存在の根源であるところの無限に開かれた空間）と超越者（存在そのもの，一者，包括者の包括者）である．さらに，主体の側での現存在，意識一般，精神とそれに応じた客体の側での世界とが内在的な包括者とされ，実存とそれに応じた超越者とが，主体の側と客体の側での飛躍を通じて成立するものとして超越的な包括者とされる．ところで，これら包括者の諸様態について，ヤスパースは，つぎのように述べている．「現存在と精神は，見渡しがたい個別化にあって無限に多数である．意識一般は，たしかにその意味上一つであるが，しかし現象においては，意識一般に参与する思惟的点的存在の無数性と結び付いている．実存は，多数の実存の，共存関係と対立関係とにおいてある．世界は，もろもろの局面・探求可能性・対象領域に分裂している．一なる超越者は，さまざまな暗号という，多面的な歴史的現象において，それら暗号を見たり聞いたりする実存に対して語っており，しかも，現実性そのものの一者としては，近づきがたい」(*PGO*. 126)．このように多様な包括者の諸様態は，そのおのおのがまた無限に多様な姿で「現われ」，「一個の全体という纏まった有機体」，調和的全体へと「完結する」ことはない (*ebd.*)．しかし，ヤスパースによれば「こういったすべてを口にしながら」(*ebd.*)我々のうちには，「包括者のあらゆる様式の連関をめざすある他のもの」(*VE*. 46)「一切が一切に属し，相互に結合しているところ，いかなるものも無駄であったり，無益であったり，余計であったりすることのないところ，いかなるものも脱落したり，忘却されたりすることのないところへ」向かう「根絶しがたい意志」がある (*PGO*. 126)．この「統一への意志」が，ヤスパースの言う「理性」にほかならない．理性は，それとは「疎遠(8)
(fremd)」と思われるものにすら引き寄せられ，すべてを結合し，あらゆる無関係性を止揚しようとする．「理性は……内在において，自らを絶対化しようとするいっさいに先立って存在するところのものである．それは，いかなる絶対的な瓦解，最終的であるようないかなる分裂したままの状態をも許さない．それは，なにものかが呼び戻しがたく分解し，存在から脱落し，底なしに沈み，消え去るのに，甘んじようとは欲しない」(*PGO*. 127)．しかし，統一をめざすに

もかかわらず,「時間の中で実現される紐帯」(*ebd.*)として,理性は,固定した統一に至ることはない.それは,すべての自己完結的な統一,体系を踏みこえてゆく.「理性はあるなにものかにおいて満足することを許さない不安静(Unruhe)である」(*VE.* 47).

「語法上」理性と悟性は,しばしば同じように使われてきたが,「人間が人間として,思惟的に行うこと,あるいは行いうること」(*PGO.* 128)を曖昧にしないためには,両者は,はっきりと区別されなければならない.意識一般と等置される「悟性は,なお理性ではない」(*ebd.*)のであって,そこにおいては,人間はいまだ人間の最高の可能性をつかんでいない.「悟性は,限定し,固定し,制限し,そうして明晰かつ判然たらしめる」(*ebd.*).もちろん,理性は,「悟性を決して放棄しはしない」(*ebd.*).「悟性の蔑視」は「理性の蔑視」であり,「悟性なしには」理性は,「一歩たりとも進みえない」(*ebd.*).しかし,理性は悟性を包みこえてゆく.「理性の推進力のもとに,悟性は自己自身を通じて自己を超出しうるのであるが,このとき悟性は自らの限界にまで衝き当たり,そこで超出を実現する.この超出することこそ,悟性を軽んじたり忘却したりするのではなく,悟性とともに悟性以上であるもの,まさしく理性なのである」(*ebd.*).

理性的思索とともに,「自らを絶対的に措定しようとする」悟性の「合理性の突破がなされる」(*PAb.* 90).しかし,「この突破は,それ自体合理的手段をもって行われる.それは悟性を喪失することなく,悟性をこえてゆく」(*ebd.*).こうした悟性をこえた理性を特徴づけるものは,「悟性的固定化の放棄」であり,新たな全体性や統一性に向かう「克服と結合との衝迫(Drang)」である(*E.* 52).だが,理性が「所有を誇る悟性的傲慢」(*ebd.*)や「知的権力意志」(*W.* 117)に逸脱するとき,いずれの全体性や統一性も,それがいかに包括的なものであっても,「悟性的独断」(*W.* 806)へと転倒してしまう.

悟性的に獲得されたものがたえず覆されてゆくという事態を「ただ混乱して経験するのみで,理性的にそれを構成しつつ関連づけるに至らない場合」(*W.*

117),人間は,自己の進むべき方向を見失ってしまう.「人間は,悟性に対するその信頼が動揺させられるさいには,悟性より以下の存在の仕方をするか悟性より以上の存在の仕方をするかの二者択一の前に立つことになる.それは,悟性によって獲得されたものの解体とともに生命の衝動的なものの中へと没落し,そこからまた,思考なき服従の中に避難するか,あるいは知られたものとしてのいっさいの真理を再び溶かし込み,包括者のたち現われてくる真理へと止揚してゆく理性によって,その危険を克服するのか,という二者択一である」(*ebd.*).

こうした理性と悟性との対立,悟性以下か悟性以上かといった二者択一的状況が,決定的に重要なことを示す.すなわち,ヤスパースによれば,理性はなんら「自然のままに自ずから存在する」ような生得的能力ではなく,それを選ぶわたしの「決意を通じてのみ現実となるのである」(*RaA*. 50).「人間はここにいる自分が理性的だとは思わない.人間は自己に与えられた現存在の中からいわば回れ右をするのである.人間はひとりでにではなく,自己のもつ自由に立脚して理性の道へたどりつくのである」(*RaA*. 52).理性は,自然界の生起とは異なって,「ある事柄がわたしにとって明晰になりうるような」(*W.* 118)仕方で明晰になることはない.「理性は,わたしが理性を知っているということによって存在するのではなく,科学において,実践において,科学よりも深く真理に入り込む精神的創造において,わたしが理性を身をもって遂行するということによってのみ存在するのである」(*RaA*. 65).

このように人間は,理性へと決断しなければならないというところから,理性と実存との結び付きがはっきりしてくる.「理性は一見閉ざされたように見える現存在の現実態の中から跳び出して,存在そのものの現実性の中へ跳び込むということによってのみ,実存とともに実現される」(*RaA*. 54).

理性が実存と等置されないことは明らかであるが,問題は,両者の相互依存関係である.理性は実存に依存している.なぜなら,理性は「理性を担い,理性において明瞭となり,理性に決断する衝迫を与える実存の内容」(*VE.* 49)な

しには存しえないからである．理性は「自体的には」存せず，実存に関係して初めて有効に働きうる．理性が実存から遊離するとき理性は「無地盤」で「空虚」となる．「実存を欠く理性は，可能な限りにおいてどんなに豊富であっても，結局はとりとめのない思惟へ，すなわち意識一般だとか，精神の弁証法などのせいぜい知性的な運動へ陥る．それは自己の歴史性の結合根拠のない知性的一般者へ逸脱することによって，理性ではなくなる」(*VE.* 50)．しかし，理性が実存に吸収されてしまうのではない．理性は，あくまでも実存の「対極」として，その固有の権利を保持しなければならない．「理性が実存に偏して，絶望的に公開性に反抗する」(*VE.* 49) ならば，実存もまたともに犠牲にされる．

理性が実存に依存するように実存も理性に依存する．「理性の問いの刺激」が，実存を「初めてそれ本来の運動へ」もたらす (*ebd.*)．「理性がなければ，実存は無為であり，眠っており，在らざるがごとしである」(*ebd.*)．しかし，理性は実存を駆り立てるだけでなく，「信頼性」を与え，「実存の連続性をつくりだす」(*RaA.* 61)．こうした連続性を欠くとき，実存は，我意的で，不寛容で，独裁的で，不忠実で気まぐれである．「理性なき実存は，感情・体験・無疑問的な衝性・本能・恣意に支えられて，盲目的な強制へ陥る．しかし，それと同時に，それはこれらの現存在力という経験的な一般者に陥る．それは無超越的な自己主張をもつ偶然的な現存在という単なる特殊性であることにおいて，歴史性を欠くことによって，実存ではなくなる」(*VE.* 50)．だが，理性がそうであったように，実存も「理性に偏して，それ自体実質的な現実と取り違えられるところの昧晰性のために，自己を失ってはならない」(*VE.* 49)．理性は実存によって初めて存在するのであり，実存は理性によって初めて存在する．「両者は相互的に向上し，互いに明瞭性と実現性を見いだしあうのである」(*VE.* 50)．

「理性は，真理の意味の様態のそれぞれを妥当させることによって，それらすべてを互いに関連づける．理性は，一つの真理がそれ自身のうちに限定されることを妨げる．理性は，包括者の一様態を孤立化させ，絶対化する信仰が虚偽であることを理解する．……理性は，一者を時期尚早に，不完全に，偏頗に固

第6章　道徳教育における「包括者論」の視点　171

定化する欺瞞を破棄する」(*PG*. 38-40)．理性は，いかなるものであれ，あらゆる独断化の試みを退けるのである．超越者すらその例外ではない．こうした独断化の徹底的な拒絶の根拠をヤスパースは，「理性の根本態度（Grundhaltung）」，「普遍的な共同の生（Mitleben）」に求める（*W*. 115)．「他者へとたえず推し進む働きとしての理性は，普遍的な共同の生の可能性，関与すること（Dabeisein）の可能性であり，また，語るものを全く現前的に聞き，理性自身が初めて語らしめるものを全く現前的に聞く可能性である」(*ebd*.)．

「普遍的な共同の生」における「制限なしに開かれてある状態（Aufgeschlossenheit）」を通して，理性（Vernunft）は，理性なしには「聞き取りえない（unvernehmbar）」ように見えるものすら「聞き取る（vernehmen）」．そのさい，普遍的な共同の生が「現われてくるすべてのものを無関心に妥当せしめる働き」(*ebd*.)と混同されてはならない．それは，「身を開いて自らを関係させる働き（das aufgeschlossene Sichangehenlassen）」であり，つねに交わりの断絶を拒む実存的な「関与すること」である(*ebd*.)．ヤスパースによれば，理性とは，「無制限な」「全体的な交わりへの意志（der totale Kommunikationswille）」なのである．「理性は無制限の交わりへの意志と表裏一体をなしている．理性はいっさいのものにおのれを開放し，いっさいの存在者のうちなる一者を求めているから，交わりを断絶することを拒否する．……理性は存在全体のうちから生まれる概観しがたい可能性に対して，揺るぎのない信頼を抱いているから，何遍でも思い切って交わりをしてみることを要求する．交わりを否定するのは，理性にとっては理性そのものの否定である」(*RaA*. 42-43)．

全体的な交わりへの意志が，理性にとって，「あらゆる形態の真理に至る」(*RuA*. 416)唯一の道である．「時間内で真理を唯一永遠の真理として」客観的に「所有」することはできない．我々は「真理の多重性の前で挫折する」(*W*. 971)から，「絶対的な真理の認識」(*PG*. 40)は不可能なのである．真理は，包括者の各様態ごとに，「それ固有の意味」をもっている(*PGO*. 123)．すなわち「真理とは意識一般においては，各『我思う』に対する強制的な普遍妥当性，現存在に

おいては，生命の充実，そのつどこのような個々の現存在の自己主張，幸福，自己表現，精神においては，(根源的な解釈や，諸形態の生産的発見における)意味了解の運動，ならびに(いろいろな解釈の解釈における)了解されたものの了解の運動，実存においては，……歴史的決意の無制約性における根源との同一化，というそれぞれ固有の意味をもっているのである」(*ebd.*). 全体として真理を把握することが不可能であるにもかかわらず，「際限のない交わりへの意志の奮起」(*W.* 971)が，繰り返し時間の中で自己を実現しようとする理性の徴表である。「交わりを欠く真理は，理性にとって，非真理と同じである」(*RaA.* 43). このことは，とくに人間同士の交わりにあてはまる。「人間は，世界の中で，他の人間を，かれが了解しつつ信頼して同盟しうる唯一の現実性として見いだす。人間のあいだの結合のあらゆる段階において，運命をともにする者が，愛しつつ真理への道を見いだす。この真理への道は，孤立して，わがままで強情な，そして自己の殻に閉じこもる人間からは失われてしまう」(*PG.* 40).

　何事も回避しない「交わりへの準備」から，「いわば理性の気分」(*PG.* 39)とか「理性の雰囲気」(*W.* 119)と言われるものが，人間に生じてくる。この雰囲気の中で，存在するいっさいのものが有効となり何事も「隠蔽」されたり，「一義性によって軽薄に」されたりしない(*ebd.*). 「一般に哲学が在るところでは，至るところこの理性の雰囲気が感じとられる」(*ebd.*).

　包括者論が熟してゆく中で，ヤスパースは自分の哲学は，実存哲学と呼ばれるよりもむしろ「理性の哲学」と呼ばれるべきだと述べているが(*RaA.* 63)，理性に与えられる高い位置からして——もちろんだからといって，実存が低く見られるということにはならないが——十分頷かれるところであろう。「理性とは哲学することである」(*PGO.* 128)とすら言われる。理性は，包括者の諸様態のいずれの根源にも入り込み，「それらの現実化と真実化とを成就することができる」(*W.* 116). 「理性は，包括者の諸様態の中で，またそのあいだで生じるような戦いの真正さを可能にする」(*ebd.*). 理性は，包括者のそれぞれの様態が，誤った自己完結的な真理へと孤立化していくことを阻む。紐帯としての理性が，

「包括者の全体性」を見失うとき,「現存在は,いわゆるプラグマティズム,生物主義,真理主義および社会学主義の形で絶対化され,意識一般は合理主義の形で,精神は『教養』の形で,実存は実存主義(これはニヒリズムになる)の形で,世界は唯物論,自然主義,観念論,汎神論の形で,超越者は無世界論の形で絶対化される」(*PGO.* 141).ここには,もはや,真理は存在しない.理性こそ「哲学的論理学」としての「包括者論」の「源泉」なのである(*W.* 119).

　以上,包括者論においてヤスパースが,理性をどのように考えているかを見てきた.いま一度その要点を繰り返すならば,つぎのようになろう.

　①理性は,いかなるものも脱落させたり忘却したりすることのない,すべてを結合し,あらゆる無関係性を止揚しようとする「統一への意志」である.しかし,その統一は,時間内での固定した自己完結的統一ではない.

　②理性は悟性を軽んじはしないが,これを「超出」し,包み越える.単なる悟性的合理性,悟性的統一は突破される.

　③理性は生得的能力ではなく,それを選ぶ自己の決意によって現実化する.理性は実存に担われているのである.しかし,逆に,実存もまた理性を欠くとき,単なる「偶然的な現存在」に堕する.

　④理性は,包括者の一様態を絶対化するような,いっさいの独断化の試みを徹底的に拒絶する.理性は,「包括者の全体性」を見失うことなく,各様態それぞれ固有の真理意義を認める.それは「制限なしに開かれてある状態」,「身を開いて自らを関係させる働き」として「全体的な交わりへの意志」である.これが「理性の根本的態度」であり,またそこから何事も無視したり隠蔽したりしない「理性の雰囲気」が生まれる.

　我々の課題は,道徳教育における意図的・連続的形式と無意図的・非連続的教育形式とをいかにして統合するかにある.つぎにこうした課題との関連において理性を要とするヤスパースの包括者論が検討されなければならない.それは同時に,これからの実存的道徳教育論の可能性を探ることにもなろう.

第3節　道徳教育における包括者論の視点

1　二つの教育形式をつなぐもの

　道徳教育における意図的・連続的形式と無意図的・非連続的形式とを包括者の諸様態に対応させるならば，前者には〈現存在・意識一般・精神－世界〉という内在的な諸様態が属し，後者には〈実存－超越者〉という超越的な様態が属する，と一応言えるであろう．

　人間が現存在として扱われるとき，教育は，あらゆる人間的活動の基礎である成長していく「生命」を育み護ることとして現われる．したがって，道徳教育では，もっぱらこうした生命の心身ともに健全な発展を可能にするような基本的な生活習慣を身に付けさせることがめざされよう．また，現存在としての人間は他の現存在とともに生きることによってのみ自らを維持・発展させることができるのであるから，道徳教育は，さらに，この現存在の共同に関わる交際の形式とか現存在的共同の存立の制約としての習俗・慣習に，子供を習熟させることを目的とする．人間が意識一般として捉えられるとき，教育は，自己を取り巻く諸対象についての明瞭な認識を獲得させる強制的思考の訓練であったり，有用な知識の媒介であったり，厳密な知においてすべての他者と一致しうるような語り方へと導くことであったりする．それゆえ，とくに道徳教育では，倫理的な場面において，公平で矛盾のない一貫した合理的思考と判断とをなしうる能力を育て，そうした思考に支えられた普遍的道徳法則に通暁させることがもくろまれる．さらに，人間が精神とみなされるとき，この精神が生み出し，保持し，伝承してきた人倫的諸理念に導くことが，道徳教育の任務となる．それは，単なる現存在や実質を欠いた悟性の無拘束的な正当性（Richtigkeit）への転落から子どもたちを解放し，理念によって導かれ理解される包括的な精神的生にかれらを参与させる．かれらは，歴史的に受け継がれてきた精神的全体性の一項（Glied）として，自己自身を見いだすのである，

こうした現存在，意識一般，精神（それらはそれぞれ固有の世界をもつ）に応じた道徳教育が，いずれも意図的・連続的なものであることは明らかである．家庭でのいわゆる「しつけ」や，学校において計画的になされる「道徳教育」はどれも，これらのうちの一つに帰属すると言えよう．

これに対して人間が可能的実存として受け取られるとき，道徳教育は，自らの選択・決意において，自己の行為に責任を負う代置不可能な道徳的主体への道として現われる．こうした実存生成（Existenzwerdung）への教育において決定的なことは，各人の実存は決して他者の意のままにならない（unverfügbar）ということである．教師は，被教育者を実存として生み出すことはできない．自己となろうとすることは，最終的には，被教育者の最も内面的で固有の決意にかかっている．だれもこの決断を他者に代わって引き受けてやることはできない．直接子供に働きかけて計画的に操作しようとする要求は，実存の「不如意性（Unveufügbarkeit）」においてことごとく挫折せざるをえないのである．責任をもって行為する実存へと訴えかける道徳教育は，方法的，心理学的に調整されることも，計画的に保証されることもない．このような実存的道徳教育が，無意図的・非連続的形式をとることは，繰り返すまでもない．

さて，道徳教育の二つの形式と包括者の諸様態との対応関係が確認された．ところで，ここでまず重要なことは，二つの形式に含まれる個々の教育形態はどれ一つとして軽視，無視されてはならないということである．どれか一つでも欠ければ，またいずれかが他と切り離され孤立化，絶対化されれば，たちまち「いびつ」で「ゆがんだ」人間が育てられることになる．たとえば，自然的生命としての現存在が軽視されれば，他のいっさいは実在性を欠いた砂上の楼閣に終わるであろう．しかし，現存在を絶対視すれば，自然必然性に解消されない人間の自由は否定されかねない．また，首尾一貫した論理的思考の能力を育てることは，道徳教育のおいて，もちろん不可欠であるが，「意識一般は，それ自身のみではもろもろの内実の根源であるのではない」（W. 70）と言われるように，これだけが孤立化されると，空虚な思考の形式だけが残ることになろう．

さらに，精神を欠けば，人間存在は，単なる自然的生命と形式的な悟性的思考に還元されてしまう．だが，教師が一定の理念を絶対化して子供を教育すれば，子供は理念の調和的全体の部分とみなされ，おのおのの独自の存在がおろそかにされる．こうした道徳教育が，多くの過ちを犯したことを，我々は幾度となく経験してきている．しかし，最も尊重されるべきこのかけがえのない自己存在（実存）すら，意識一般や精神といった包括者の他の諸様態との関連を失えば，単に非合理で刹那的な盲目的決意主義に陥りかねない．子供への意図的な働きかけをすべて放棄したいわゆる《自由放任》が，けっして子供の主体性・自主性を育てることにならないことが，このことをよく物語っている．

このように連続的であれ非連続的であれいずれの教育形態も一つとしてとびこされてはならず，孤立化，絶対化されてはならない．この孤立化，絶対化を阻む働きが「紐帯としての理性」であることは明らかであろう．理性は，包括者の一様態を絶対化するようなあらゆる独断化の試みを退け，いかなるものも脱落させたり忘却したりすることのない，すべてを結合する「統一への意志」「全体的な交わりへの意志」であったが，こうした理性は，道徳教育においても決定的に重要な意義を担っている．道徳教育が「理性の根本的態度」に貫かれるとき初めて，そこに含まれる個々の教育形態はそれぞれそれに相応しい場所を得るのである．

「包括者の諸様態は異なったものの併存ではないから，それらのあいだでいわゆる選択と称せられる二者択一を放棄するだけでは不十分であって，むしろそれらの位階秩序（Rangordnung）を把握することが必要である」（*VE.* 68）と言われるように，「統一への意志」としての理性は単純に包括者の諸様態を並列的に結合するものではない．ヤスパースによれば，高い段階は，それ自身だけで孤立化されては実現されず，むしろ「それが限定し，突破し，そして同時に確保しなければならないいっそう低い段階」を「前提」として実現される（*VE.* 68）．すなわち，内在的な包括者の諸様態においては意識一般は現存在を前提とし，精神はこれら二つを前提とする（三つの様態に応じた「世界」も同様の関係に

第 6 章 道徳教育における「包括者論」の視点　177

ある).さらに可能的実存として,自己は,「精神における組織的存在と意識一般の普遍妥当性と現存在的現実とを保存しながら」(VE. 70),これらのいずれにも解消することのない,自己のあり方を自己自身で決定する自由な自己存在へ向けて,内在的な自己の諸様態とそのおのおのに応じた世界とを「包み越えてゆく(übergreifen)」のである.そして,ヤスパースによれば,この実存への飛躍において(それは同時に「限界状況」の経験でもあるのだが),自己は自己の自由を「贈与」したものとして「超越者」に面するのである.このような一連の現存在から精神への高まりと,実存への飛躍とを可能にする働きが,「現存在において,意識一般において,精神において,これらのものを果てしなく前進させる動因として現われる」(VE. 71)理性である.端的に言って,理性によって,包括者の諸様態は,「すべてがそれから由来し,それへと向かうような一者に根拠づけられている」(W. 127)と言われるように,超越者が最終的根源として他のいっさいを包括するという仕方で,全体として統一されてゆくのである.

　包括者の諸様態を「向上的な系列において」(VE. 68)実存 - 超越者へと統一してゆく働きである理性は,子どもの実存をなによりも重んじる道徳教育においても,そこに含まれる教育諸形態相互を同様に関連づけるものとして機能しなければならないであろう.理性的に進められる道徳教育においては,各教育形態は,単に併存するのではない.意図的・連続的形式においては,先行する形態は,後続する形態に補完されることによって自らを完全なものにすることができるし,逆に後者は前者を前提としている.しかし,これらの諸形態からなる連続的形式全体も,けっしてそれ自身において自足したものではなく,無意図的・非連続的形式へと統一されていくことによって,初めて道徳教育の究極目的に至りうるのである.ボルノーも「陶冶は,もはや教育の究極目標ではなく,単に準備的な性格をもつにすぎない」[9]として,我々がヤスパースの包括者論から引き出したのと,同様の趣旨のことを述べているが,かれにおいてはなお両形式を統合する拠り所が——少なくとも『実存哲学と教育学』では——十分明確ではなかったように思われる.しかし,今や我々は,ヤスパースの「理

性」概念こそ，そうした統合の原理であると明言して差し支えないであろう．

　実存的道徳教育は，包括者論の立場に立って初めて，十分な成果をあげることが期待される．ところで，このような教育は，人間をその《全体性(Ganzheit)》においてみる人間観を背景にしているとも言えよう．我々は現存在していると同時に意識一般でもあり，また全体的理念を求めるものとして精神でもある．しかも，これらを包越して，ありうるがゆえにあるべきである自己，すなわち実存を実現しようするものでもあった．包括者論は，なによりも，この具体的な人間の姿全体を見据えるところから出発していると思われる．現代は，精神的実体が失われ，現存在の欲望とそれに奉仕する意識一般が偏重される歪んだ時代であろう．教育もまた，明らかに，この軌道のうえにある．たとえば，テストで計量化できるような知識の夥多が重視されたり，権力，富といった現存在における成功が絶対視されたりする．現代日本の教育の混迷も，包括者論が教えるような「全体的人間」を見失ったところに，その原因があるのではないだろうか．それだけに，ヤスパースに導かれて，我々が論じてきた道徳教育の展望は，きわめて重要である．

　すでに述べたところから明らかなように，包括者論そのものにおけると同様，これに基づく実存的道徳教育論においても，理性がその要となっている．道徳教育が稔りあるものとなるためには，いわゆる教育三角（被教育者，教育者，教材）のすべてにわたって，理性が浸透しなければならない．しかし，中でもその鍵を握っているのは，教育を具体的に遂行する教育者一人ひとりのあり方であろう．この点について，つぎのように，ヤスパースは，非常に示唆深いことを述べている．「教育はその実質においては，いつもただ，自分自身を教育する教育者的人格（Erzieherpersönlichkeit）によってのみ実現されることができる……」(AZM. 387)，「教育につきものは教師である．おそらく教育は今日あまりにも自明なものとして受け取られている，あたかも正しい教育とはなにか，それはいかなる内容をもち，それはいかに計画されうるかを，教育するものがすでに知っているごとく．〔しかし―筆者―〕教師たち自身が教育されなければなら

ない．……教師は教育されていて，完成したものとして未完成な子どもたちに順送りに渡してやるといった前提は，成人たる人民は教育されており万事につけて正しく判断するといった前提と同様，全体として馬鹿げている．交わりを介して自己教育においていまなお教育されるものだけが，教育するのである．きびしくて執拗な学習を媒介にしてこの自己教育へと教育される者だけが，正しく教育されるのである」(AZM. 444-445)．このように教師自身が，まず，自らを教育しなければならない．言い換えるならば，教師が「制限なしに開かれてある状態」としての「理性の根本態度」をまず身につけなければならないのである．それは，具体的には，教師が一つのものの唯一的真理性・絶対性を拒絶し，一つの立場への固執を拒否する広い態度を持するということであり，また，たえず子どもに「耳を傾け(hinhören)」，実存を核とする子どもの全体存在を見失わないようにするということであろう．こうした態度が，必ず，道徳教育の根底になければならない．もしこれを欠けば，いかなる工夫を凝らしてもいっさいは無益であろう．

　ヤスパースは，「理性の雰囲気」について，「ある完全に開かれたまなこが，現実とその可能性とその際限なき解明可能性とを見てとるところに，また，そのまなこが裁き手となることなく絶対的な教説を言表することなく，誠実さと正義をもって存在するところのいっさいのものへ押し入っていくところに，この雰囲気が広がっている」(W. 119)と述べている．ここからわかるように，教師が「理性の根本態度」を身につけることによって，そこには「理性の雰囲気」と呼ぶべきものが生じうる．そして「空気のような作用をする」(RaA. 77)とも言われるこの「理性の雰囲気」を，まさに「呼吸する」(W. 119)ことによって，子供たち自身の中に，「理性の根本態度」が育まれてくると言えるのではないであろうか．もちろん，理性への歩みは，最終的には，子供自身によってなされねばならず，その点でこの歩みは教師の意のままにはならず，[10]「強制の手がどれほどわずか付け加わっても，肝心なものが破壊される」(AZM. 388)のであろうが．

2　これからの道徳教育に求められるもの

　初めにも言ったように，今，学校での道徳教育の強化，とりわけそのいっそうの計画的推進が図られようとしている．現在，子どもたちがおかれている倫理的状況を考えるならば，これも当然といえば当然であろう．たしかに，「我々は教育において至る所で熟慮し計画することができる」(*PuW.* 37)し，「たえざる計画は，我々人間とって必要である」(*PuW.* 37)．もし道徳性の発達に関する心理学的な知見や綿密に練られた教授法に基づく計画を欠けば，道徳教育は，そのときどきの教師の思いつきと偶然とに委ねられかねないであろう．しかし，計画的推進は，同時にその限界の自覚に立って進められるべきである．計画の限界を「洞察し，良心的にこの限界を守ることは」，計画そのもの以上に重要である (*PuW.* 37)．

　我々は，ややもすると「すべてのものを『製作する』ことができるという信念」によりながら，「願わしい人間を，計画に従って」つくろうとする (*AZM.* 386)．しかし，我々の知識や能力は制限されているゆえ，こうした試みは，結局，失敗せざるをえない．「教育的な計画の限界は狭い．それらの限界がこされると，調教か，さもなければ人間そのものをまさに教育することのない，連関なき混沌としての博識が生ずるのである」(*AZM.* 387)．計画やそれにまつわる知識といったものは，元来，手段であって自己目的化されてはならない (*PuW.* 38)．

　包括者論が教えるように，「単独の人間が自由に基づいてなすものはすべて，作り出せるものの外に存する」(*AZM.* 387)．計画的に進められる意図的・連続的な教育の形式は，この「作り出せるものの外に存する」ものへの準備である．またそうしたものへの覚醒を促す，無意図的・非連続的教育形式が，あらかじめ計画できないものであることは言うまでもない．教育計画の本来の意義は，「計画しえないものを，自由なもろもろの可能性のための場を作ることによって計画するということ」(*ebd.*) であろう．

　ここでも「理性」が重要である．「どの計画においても悟性が活動している」

第6章 道徳教育における「包括者論」の視点   181

（AZM. 388）と言われるように，教育計画を立てるのは悟性である．しかし，「それぞれの特殊目的においては汲み尽くされないこれらの計画の意味を導き」，「計画の諸限界を認識」させるのは，人間の全体存在を見失わない「理性」である（AZM. 387）．「計画は理性の代わりをすることはできない．我々は，我々の掌中にある諸事物を偶然に委ねるならば，あまりにも少なく計画することになる．我々は，人間的な事物の全体を我々の意図の掌中収めて変革したいと思うならば，あまりにも多く計画することになる」（AZM. 388）．

　教育計画の限界は，同時に，もっぱら経験的・合理的に理解され，またそうした方向に相応しい問題だけを取り扱う教育科学の限界でもあろう．そこでは知識は，意識一般のもとで見られ，正しい（richtig）か誤っている（falsch）かのいずれかである．知識の他の局面は，軽視されがちである．たしかに，教育科学は教育計画にとって有効な一定の強制的確実性を提供しはするであろう．だが，「科学はそれ固有の意味への問いに対して答えを与えることはできない」し，「科学的認識は人生にとっていかなる目標も与えることができない」（E. 8）．「過剰な計画において，科学による指導と称せられるものが，理性の自由への転回にとって代わるとき，禍が始まるのである」（AZM. 388）．現在の教育科学偏重の風潮を考えるならば，教育計画の限界とともにこのような教育科学の限界の自覚が，計画化の強化が企図されているだけに，これからの道徳教育にとって，ますます大切なものとなってくるであろう．

　実存哲学の退潮と言われて久しい．教育学においてもしかりである．だが，ヤスパースの包括者論の内に，我々は，今後なお生かしうる実存的教育論の可能性を見いだすことができるであろう．上に見たように，それは，とくに道徳教育にとって示唆深い．

　最後に，つぎのヤスパースの言葉を引いて，本章を終わることにしよう．「決定的なことは，個々の教師によって，彼らが自らの責任に対して自由であるその教室の四つの壁のあいだで生じる．そこでは，やがて，官僚式の計画や規則

による取締りや学校教育の大家たちにとってしばしば恐怖となるところの、かの現実的な生活が行われるのである」(*PuW.* 37).

凡 例
ヤスパースの著作からの引用、略述箇所は、つぎの略号をもって文中に示す。

AZM.   *Die Atombombe und die Zukunft des Menschen. Politisches Bewußtsein in unserer Zeit,* München 1958.
E.   *Existenzphilosophie,* Berlin New York 1974.
Einf.   *Einführung in die Philosophie,* München 1976.
PAb.   *Philosophische Autobiographie,* München 1977.
PGO.   *Der philosophische Glaube angesichts der Offenbarung,* München 1962.
PG.   *Der Philosophische Glaube,* München 1974.
PuW.   *Philosophie und Welt,* München 1958.
RaA.   *Reason and Anti-reason in our Time,* Hamden Connecticut 1971.
RuA.   *Rechenschaft und Ausblick,* München 1958.
VE.   *Vernunft und Existenz,* München 1973.
W.   *Von der Wahrheit,* München 1958.

　＊なお、訳文は、邦訳のあるものは、ほぼそれにならう。

注
(1) 村田昇編著『道徳教育論』ミネルヴァ書房、1985年、16ページ。
(2) 皇紀夫「実存思想と教育」村田昇編著『教育哲学』有信堂、1983年、115ページ。
(3) O. F. Bollnow, *Existenzphilosophie und Pädagogik,* Stuttgart 1959, S. 16-18.
(4) *Ibid.,* S. 24ff.
(5) *Ibid.,* S. 23.
(6) *Ibid.,* S. 151.
(7) *Ibid.,* S. 21.
(8) 以下の理性の叙述についてはつぎのロールの著作に負うところが大きい。F. Röhr, *Die pädagogische Theorie im Denken von Karl Jaspers,* Bonn 1986.

(9) O. F. Bollnow, *Existenzphilosophie und Pädagogik*, S. 124.
(10) Vgl., F. Röhr, *Die pädagogische Theorie im Denken von Karl Jaspers*, S. 112.

第7章　子どもの現象学における道徳教育の視点

　　はじめに

　戦後，学校制度は子どもに教育を施すことができるという立場から，子どもの学習権の充実を本来のねらいとする制度に移行した．教育の営みの根幹は子どもの学習権であり，学習権の主体として子どもが教育の主体である．このことの確認は，学校制度のあり方や教育内容を構成するさいの理念的枠組を形成する．と同時に道徳教育では，学習権の主体としての子どもの主体性をどう評価するかという困難な問いを引き起こす．子どもにいっさいを委ね，子どもの要求にそのまま追随することが，子どもの権利の尊重になるとは思えない．しかし子どものためという名目で，子どもに対する社会の要求がすべて正当化されるはずはない．すると現状改革や将来の社会のためであれ，子ども自身のためであれ，子どもを道徳的に指導するという営みは，いかなる場合にいかなるものとして正当化されるのか．さしあたり確認できるのは，道徳教育が子どものためという名目での子どもの忘却と抑圧に陥るのを避けねばならないということである．そのために道徳教育は，子どもが主体的にあることの意味を明らかにして，少なくとも子どもの生に準拠しなければならない．

　子どもの生に準拠することは，単なる規範的要求のひとつではなく，むしろ道徳教育が踏まえるべき現実でもある．なぜなら規範や課題がいかなる教育的意図を伴って導入されようと，それは現実を超越した統制的理念ではなく，それ自身子どもによって生きられる現実となるからである．教育者が現実と理想，事実と価値とを分断して規範的領域を守り抜こうとすれば，教育者の状況把握

第7章 子どもの現象学における道徳教育の視点 185

は子どもの現実から遊離してしまう．つまり，状況として共有されているからといって，規範が教育者と被教育者の相方に同一の意味で生きられているとはかぎらないという現実を踏まえる必要がある．道徳教育がまず問われねばならないのは，そうした相互主観的意味の構成であり，またその改変の場としての教育状況そのものであり，そしてそこで体験されている意味の多層的絡み合いの構造である．

　以上の視点から，子どもの現象学は「事象そのもの」への還帰をまず要求する[(1)]．したがって現象学的意味での「事象そのもの」は，自体存在や単なる事実の領域ではなく，むしろ価値や規範や理念でさえ意味として生きられている体験領域のことである．現象学の創始者フッサール（E. Husserl）によれば，「直観的に見るということ，つまりただ単に感性的に経験しつつ見るということだけでなく，どのような種類のものであれ原的に与える意識であるかぎりの見るということ一般」[(2)]，すなわち「原的に与える直観」[(3)]が，現象学的意味での「事象そのもの」である．とはいえ，子どもの直観や体験や生に直接準拠することは，いかにして可能だろうか．もちろんそれは可能でない．逆に追体験が完全に可能であると誤認すると，子どもの忘却に陥る．むしろまず問い返されねばならないのは，我々自身の子どもに対する理解，またその規範理解そのものである．そのような仕方で，教育学において子どもの現象学は，教育者自身の規範的反省をも考察の射程に収めて子どもの生に準拠しようとする．以下の考察の課題は，以上の視点で子どもの生や体験に準拠しようとする教育学の必然的限界を踏まえながらも，そこでなおかつ子どもの生に準拠した道徳教育の視点を展開すること，換言すれば，子どもの主体性を尊重しうる道徳教育の可能性を探ることにある．

　その場合，子どもそのものに準拠するという視点で教育学を展開しているのは，オランダの教育学者ランゲフェルド（M. J. Langeveld）である．その視点から彼は「子どもの人間学」を提唱し[(4)]，現象学的発想を具体化している．以下の考察では，ランゲフェルド教育学を手引きとして，まず，(1)教育人間学から

区別される子どもの人間学の現象学的視点を明らかにする．つぎに，(2)道徳教育における子どもの現象学の視点，および，(3)子どもの現象学における道徳教育の視点の考察を通して，子どもの現象学の道徳教育的意義を究明する．

第1節　教育人間学から子どもの人間学へ

　ランゲフェルドの子どもの人間学は，教育人間学の発想を子ども理解へ具体化したものであるとともに，現象学的立場から批判的に展開したものでもある．そこでまず，子どもの人間学が一般にいかなる視点に立つのかを，教育人間学の具体化ならびに批判的展開という二つの側面から際立たせることにしたい．
　さて，そのさまざまな哲学的含意を度外視すれば，教育人間学は，教育学の学的自立性を根拠づけるために教育学固有の領域を確保するという要求において成立した．教育学が陶冶理想や人格や「子どもから」というさまざまな教育理念を措定的に前提すること，あるいは目標や方法を社会学ないし心理学から援用することは，教育学の「憂慮すべき (bedenklich) 学的非自立性」を意味する[5]．「憂慮すべき」というのは，そのことが根本概念をドグマとして前提し，諸学の対象構成的機能を不問に付したまま容認する「イデオロギー的被拘束性」にほかならないからである[6]．それを脱却するために教育学は，教育学固有の領域とそこへの接近方法を自律的に確保しなければならない．そのような意図のもとで，問題化しつつあった人間の理念と人間的経験が，更新されつつある問題地平とともに教育学の課題として導入される．したがって教育人間学は，諸学の人間研究の成果を従来通り援用して人間像を新たに構築するのではない．逆に，確定的な像の構築が不可能であるという人間理解に定位しようとする．「神学的，形而上学的，イデオロギー的拘束からの教育学の離反が全うされるそのときには，人間の本質の開放性や不可究明性，したがってその無限な規定可能性が教育学的思惟のはっきりした問いにならなければならない」[7]．ロッホ

第7章 子どもの現象学における道徳教育の視点 187

(W. Loch) によれば,「開かれた問いという構成原理」をもとに「人間を問題として立てる」ことが,「人間学的次元」に準拠する教育人間学の課題である[8]。

ところで人間存在の開放性は,概念によって抽象化されない具体的存在の汲み尽しがたさだけでなく,領域カテゴリーを超越する独特の脱領域性を意味する。人間に関して概念や法則を領域的に構成しても,人間は捉えられない。すると教育人間学は,いかにして人間の独自性への自律的接近を可能とするのか。そこでロッホの場合であれば,「統合的にして分化的な発想」[9]すなわち「構成主義的」であると同時に「還元主義的」[10]でもある人間学的解釈が,したがって人間が「文化の創造者であるとともに文化の被造物である」[11]という二重構造の相即性が,教育人間学の探究原理になる。すなわち,意義や象徴や価値表象や規範,さらに人間研究の諸成果は人間理解を更新しつづけるが,他方では人間の創造的活動の指標として,それらは予め統合のもとにある。いわば教育人間学は,原理的に確定できない人間の超越性の内実を一挙に開放し去ることによって内在へと反転させ,超越性をそのまま内在化することによって,人間固有の領域への自律的接近の道を確保したのである。

しかし教育人間学のこうした解釈学的展開は,人間の開放性の原理に背馳する[12]。「解釈学的循環を通して,解釈者と解釈すべきものとのあいだに存在する解釈学的差異が見えてくる。これは大体において乗りこえられるべきものである」[13]。差異が乗りこえられるべきなのは,それによって「部分と全体,前理解と理解すべきもの」[14]との開かれた一致が予断されざるをえないからである。そのようにして人間学的解釈は,すでに存立している理解の枠組への拘束を引き受ける。そのとき教育人間学のこの展開は,教育科学の自律的領域確保のために閉鎖的性格を帯びることになったといってよい。

教育人間学のこうした方向性に対し,つぎに「開放性」あるいは「人間に関しての根本的非像性」[15]に定位してそれを徹底化したのは,ボルノー (O. F. Bollnow) である。

かれは,文化をその創造者である人間から理解する「人間学的還元の原理」

と，すべての文化をオルガノンとして客観的形象から人間の生を理解する「オルガノン原理」との相補性において人間学的考察法を提示する[16]．さらにそれに加え，人間の生の個別諸現象の人間学的解釈の原理を「開かれた問いの原理」として付加する．したがってかれにおいて開かれた問いは，文化と生との相関関係に依拠した記述においてではなく，そうした関係を突き破るところで成立する．それを促すのが，実存的出会いである．

「出会いは衝撃的なものをもっている．それはわたしに向かって絶対的な要求をもって迫り，それに対しては個別性や差異性といった観念はたいして重要でなくなるような全くの他者が，わたしに対してたち現われる」[18]．

教育人間学の開かれた問いは出会いにおいて，すなわち既存の枠組を構築していく陶冶的意志を突破するような対話において徹底化される．ところが徹底化されるとき，真の実存的出会いは「いっさいの教育計画からはずれるもの」であり，「教育学的に対象化することはできない」[19]．出会いの概念は，教育学の基礎となることはできず，陶冶を補足する視点として考慮されるにとどまる[20]．この意味でボルノーは，教育人間学固有の問題圏を離れることによって開放性を徹底化している．

しかし開放性を徹底化するためにボルノーが実存的出会いに定位せざるをえなかったことは，教育人間学の原理的困難を示唆する．それは，人間の開放性に依拠する限り人間学的次元を自律的に確保できず，しかし自律的領域として確保しようとすると開放性の原理に背馳するという困難である．教育人間学は，「人間の本質についての規範表象を全く問題にしない」にもかかわらず，「本質的で存在上の権限からして妥当な人間像」の「必要性」に直面する[21]．そして教育人間学についてのそうした概略から確認されるのは，ランゲフェルドが以上の事情から，子どもの人間学を教育人間学に対する批判的視点として提示したということである．

かれの子どもの人間学は，「教育されうる動物であるがゆえに教育されねばならない動物としての人間」[22]という人間学的定式に依拠して教育を正当化する．

この意味でかれにとっても、教育や学校や人間の成長の過程は、すべて文化の所産として解釈される。しかしだからこそ教育学は、教育や学校問題を考察するさい、まず子どもの生に準拠して、「人間が子どもとして始まるという根本的事実」[23]の意味を主題的に問う必要がある。この視点からすると、文化と生との相関関係に依拠した人間学的記述ならびに教育の正当化は、あまりに抽象的であるばかりか、子どもの生、子どもの生活世界そのものへの接近の通路をもたない。なぜなら文化の創造者であるとともにその被造物であるという二重構造の相即性を、教育学は子ども理解の原理として前提できず、むしろ課題とするからである。文化的存在としての人間の世界性が事実性として措定的に前提されるかぎり、子どもは子どもとして主題化されないか、あるいは課題としての世界性を受容するものとしてしか問われることがない。

そこで人間学に対置される子どもの人間学固有の課題は、つぎのようになる。教育学がどのような子ども像を引き受けさせようと子どもは固有の生活世界を生きている。受容的な子ども像、主体的な子ども像、あるいはあるがままの子ども像以前に、子どもは固有の生を生きている。我々は、いったい子ども像を経由しない子どもそのものをいかにして問うことができるのか。しかしそう問うとすれば、課題となる世界と子どもの世界とを規範と事実とに分断し、自体存在の審級を独断的に措定することになる。すると課題として問われねばならないのは、教育課題としての自立を獲得していないが、しかしすでに固有の生活世界を生きているという子どもの両義的あり方、しかも子どもは全き他者なのではなく、自ら子ども像を介して自己を規定しつつあるという事実性なのである。したがって子どもの人間学の課題の難しさは、子どもそのものをあるがままに記述するというだけでなく、同時に成長しつつある子どもを教育学的視点から問うという点にある。そしてこうした課題において子どもの人間学は、単に子どもそのものにと言うより、教育という営みの中に生きている子どもの状況すなわち「教育状況」に準拠する。この意味で、子どもの現象学とは、子どもの教育状況としての「事象そのもの」に準拠するような、人間学的見方の

現象学的展開なのである．次節では，道徳教育における子どもの現象学の視点を考察する．

第2節　道徳教育における子どもの現象学の視点
　　　　──規範と子ども──

　子どもの現象学は以上の視点で子どもの生に準拠し，子どもの主体性の意味を解明しようとする．しかし，道徳教育における規範的観点は，規範から純化された事実そのものによって正当化されるのではない．なぜなら，「教育の遂行においては，子どもにとっても教育者にとっても事実と行為は，存在と存在規定との，記述的秩序と規範的秩序との統一を形成している」[24]以上，そのような純化は不可能だからである．そしてまた規範的観点そのものが，事実に訴えて検証あるいは反証されうるものではないからである．すると，初めから規範的観点に立っている道徳教育が子どもの生に準拠することは，いったい可能なのだろうか．可能であるとすれば，どのような視点として可能なのか．以下の考察では，この問いに答える形で，道徳教育における子どもの現象学の視点を明確にしたい．その場合，子どもや規範だけを主題的に問うのでは十分ではない．むしろ規範的課題を教育状況として生きる子どもの生を問う視点そのものが，反省的に問われねばならない．そこで今のところ，道徳教育固有の主題圏に限定せず，学校制度の中に生きる子どもについてのランゲフェルドの考察を手引きとして，この問題を考察することにしたい．
　さて，『子どもの道としての学校』でランゲフェルドは，子どもに体験されている学校と教育を記述している．やはり教育人間学者であるかれの視点からすると，学校は自然の道ではなく文化の営みである．学校や学校における子どもの発達は自然な歩みに沿っているのではなく，いわば「自然な不自然」[25]であり，この意味で制度そのものが「第二の獲得された自然」[26]である．そしてそのよう

なものとして学校は，理念上どう位置づけられようと，「人間存在の歴史的諸形態が再生産されるだけでなく生み出される」場以外のものではない．子どもは学校において，自己固有の生と世界あるいは生活意識から引き出され，「将来に向けての課題連関」に参加する．「学校に行くことは学ばねばならず，他者のイニシアチブによる課題を引き受けなければならないことを意味する」．もちろんかれは，それによって制度としての学校を丸ごと容認しようとしているのではない．むしろ確認されねばならないことは，学校がやはりひとつの「文化的成果」であるということ，しかし社会における「秩序形式」に向かって自然に発達する子どもなどは存在しないという意味で，子どもはいつか社会化の形式に直面せざるをえないということである．そのような意味において，学校は「子どもの道」である．

したがって子どもにとって学校は，それが制度としていかに自明であろうと，やはり「他者の世界」，「まだ知られていない世界」として現われる．しかも学校に位置する大人にとっても，子どもは「他なるもの（Fremde）」である．いわば学校とは，他なるものである大人と子どもとの出会いの場であるとともに，子どもにとっては，子ども固有の世界と学校制度としての課題の世界とが出会う場なのだと言ってよい．

そこで問題は，子ども固有の世界と課題の世界との差異と同一性，ないし関連をどう評価するかである．制度としての学校を前提し，課題としての世界を学ぶべきであると考える規範的観点に立つかぎり，子どもの世界は課題の世界へ止揚され，子ども固有の生と主体性は等閑に付されるも同然である．しかし他方では，「異文化としての子ども」や「異人」としての子どもを評価しすぎると，子どもが子どものままでいることはないという事実を忘却することになる．したがって子どもと規範，あるいは子どもの世界と課題の世界とを静態的に並置するかぎり，子どもは学校において，「他者のイニシアチブによる課題」を「自らのイニシアチブ」によって引き受けなければならないと言うほかはない．しかしそのように言うとき，子ども自身のためという名目での子どもの忘却と抑

圧の危険は大きくなる．すると問い返されねばならないのは，二つの世界を静態的に並置し，一方に加担することによって他方を廃棄するという二者択一的な規範的図式そのものであると言わねばならない．

そのような静態的二項図式が問い返されねばならないのは，大人でさえ，つねに課題連関において自己を客観化しているとはかぎらないからである．社会的責任を課せられているものとして，大人は課題としての世界に自己を位置づけることができなければならない．しかし自己の客観化や社会化の名目で，自己固有の内在的生からの剝離あるいは自己の他者化が全うされてしまえば，それは単に自己疎外の一形式にすぎない．子どもがつねに固有の生活世界に生きているとすれば，大人もつねに固有の生活世界に生きている．したがって子どもが引き受けなければならないのは，自己固有の世界の廃棄による課題の引き受けではなく，課題連関を自己の生の一定の局面として意義づけうるための構造化の力であると言うべきであろう．

ここにおいて，道徳教育が準拠すべき子どもの生の意味，あるいは生活世界概念の意味は，二重化される．そこに告げられているのは，現象学における生活世界概念の両義性である．[34] フッサールの場合，一方で生活世界は，「意味の空洞化」[35]や「理念化された自然」[36]と対置される「根源的明証性の領域」[37]である．と同時に他方生活世界は，「すべての相対的存在者がそこに結び付けられている普遍的構造」[38]をもつ．それは実践的成果を沈澱させ，ひとつの世界として特殊世界を包括する「普遍的具体相（universale Konkretion）」[39]でもある．そして現象学における生活世界概念の両義性を引き合いに出すことによって，この両義性が評価されるべき反省水準が示唆されている．生活世界の主体として人間は，身体を媒介しながら自己を客体化することで状況を主体的に形成し，しかも実践的可能あるいは不可能を考量しつつ投企された目的統一のもとに，知識が具体的に習得される場として状況を構造化する．そのとき理念的なものと具体的なものは，経験における統一的事態の構造契機として生きられる．生活世界の主体とは，根源性と開放性との両義的規定性の統合を，自己の生の地平生成の

課題として動態的に生きる人格主体のことである．だからこそ生活世界は，つねにすでに開放的地盤であるとともに，新たに創設されるべき課題でもある．したがって，子どもが課題としなければならないのも，単に「直観的自然」を「理念化」することではなく，理念化の諸成果を自己の生の一定の局面として統合的に構造化しうるこのような人格的主体性なのである．

　以上の考察によって，子どもの生に準拠しつつ規範的観点に立つ道徳教育の視点は，子どものそのような自立を課題とするものとして可能であると答えられる．ただしそう答えることによって，道徳教育は，そのような自立をいかにして指導するのかという困難に直面する．子どもはすでに生活世界の主体として，固有の構造化の力をもつ．しかし客観的世界や理念的形成体を「他なるもの」[40]として対置せざるをえない閉鎖性において，子どもはやはり両義的規定性（根源性と開放性）の統合を課題としている．すると道徳教育は，子どもの自立を指導するという一種のジレンマを，いかにして克服できるのだろうか．

　しかしこの問いに対して子どもの現象学は，それは克服できず，しかも克服されてはならないという視点に立つ．必要なのは，規範的に指導するという立場に立ちながら同時に子どもの主体的自己生成を尊重するというジレンマをそのまま引き受け，それを帰結にまで追い込むことである．なぜならそれは，子どもを忘却して規範の側に全面的に加担すれば，容易に解消されてしまうからである．結局それは，規範的立場に立つ道徳教育が子どもの主体性に準拠しようとすることの結果にすぎない．逆に言えば，子供の両義的あり方に忠実であろうとすることが，ジレンマの引き受けを必然化する．明らかなことは，現実から純化された規範に基づいて指導の道がすみずみまで管理されるときほど，子どものためという名目での子どもの忘却の危険は大きくなるということである．そのとき，指導は調教に結び付く．しかしこの最後の論点に関しては，道徳教育固有の主題圏に立ち入り，子どもの現象学における道徳教育の視点としてさらに展開する必要がある．

第3節　子どもの現象学における道徳教育の視点

　これまでの考察では，道徳教育そのものの視点についての主題的考察を先送りしてきた．本節では，子どもの現象学における道徳教育の視点を提示し，合わせて筆者の見解を明確にしたい．
　道徳教育の目標は道徳性の育成にある．それでは，育成されるべき道徳性とはなにか．それは万人の承認する人としてのよさのことか，それとも正義，あるいは利他的愛のことなのか．この問いとともに道徳教育は，根本規範に関わる倫理学上の大問題を，克服しがたい難題として抱え込む．そしてたしかに道徳教育が，規範的観点の意味を社会的歴史的に，あるいは倫理学的に考察する必要はある．しかし道徳教育は，道徳性についてこのような問い方をする必要がないばかりか，そのような問い方をすべきでもない．なぜなら，あくまでも教育の営みである道徳教育には，踏まえねばならない前提が存在しており，道徳性を一義的に規定して規範的観点をそれ自体として守り抜こうとすれば，その前提を損うことになるからである．その前提とは，現在の教育制度の理念的枠組では，教育は子どもの学習権を充実するために具体化されるという原則である．
　子どもの学習権は，基本的人権として保障されねばならない．その場合この視点は，思想，道徳，価値観の統制による人権侵害を排除するという基本的人権の尊重を伴う．したがって，学習権の充実あるいは基本的人権の尊重のために，道徳教育ではつぎのことが考慮されるべきである．すなわち，道徳教育の提起する善さや道徳性は，たしかにその歪曲や偏向や実際上の弊害によって退けられるとしても，だからといって倫理学的妥当性のみによって正当化されるのではない．むしろ子どもの基本的権利を充実するための公教育という前提に立つかぎり，価値や道徳的信念のインドクトリネーションと画一的統制は，まさに統制であるという理由で退けられねばならない[41]．規範的‐倫理学的考察の

第7章 子どもの現象学における道徳教育の視点 195

みによる道徳性の確定は，かりに可能であっても道徳性の統制に結び付くならば，道徳教育では正当化されない．またこの意味で，道徳教育が子どもの生に準拠することは，道徳教育の規範的前提のひとつとして相対化されてはならない．それは考慮に値する選択肢のひとつなのではなく，道徳教育の譲りえない一線というべきである．

　そしてこの一線を踏まえるからこそ，道徳教育は固有の困難に直面しなければならない．道徳教育は，あるがままの子どもをそのまま容認せず，道徳性を指導するという観点に立つ．また教育が教育者と被教育者との全人格的関わりであるかぎり，教育には道徳教育的次元が必ずある．その次元を伴うかぎり，それを無視しても教育は潜在的統制の可能性をつねにもつ．それでは以上の論点を踏まえ，子どもの主体性に準拠した道徳性の育成の視点とは，いったいどのようなものなのだろうか．そのような自立の指導は，いかなる視点として可能なのだろうか．その場合，道徳教育の視点については，ボルノーがそれを的確に整理している[42]．迂遠ながらそれを参照することにしたい．

　さて，ボルノーは道徳教育の教育モデルを三つに整理している．(1)工芸論的モデル．教育者は工芸職人のように，随意に形成できる素材をあらかじめ与えられた目標に向かって形成する．その場合子どもは，技術的に操作されうる無形の素材である．(2)有機体論モデル．教育者は，有機体の法則に従って内的必然性をもって中から展開してくるものを成長させる．子どもは，条件が整えば自ずから自己を成長させうる有機体にたとえられる．(3)実存的モデル．教育の目標は，人間の諸力と洞察の覚醒と飛躍にある．教育は子どもの実存に定位し，出会いという非連続的形式のもとでの飛躍の可能性を準備する．

　それでは，道徳教育はどの視点に立つべきなのか．もちろんボルノーは，子どもは無形の素材ではなく，かといって成長の必然的道筋を指定された植物でもないという視点から，実存的モデルに道徳教育の道を見いだす．しかしすでに示唆したように，出会いにおいて徹底化される実存の視点は，陶冶の視点を補足するものにすぎず，初めから道徳教育が実存的モデルに定位するのは困難

だと言わざるをえない．そしてだからこそ道徳教育は，個性化と社会化，自律と他律，放任と指導等の対立に直面する．むしろ難しいのは，それぞれの視点を正当化する規準の所在の見極めにくさなのである．一見すると，有機体論モデルは子どもの生に準拠しているかに見えて，潜在的統制に結び付く危険をもっている．また道徳教育は「調教」ではないとは言え，やはり特定の観点での子どもに対する感化力を前提している．したがってそれぞれの視点は，現実の子どもから単純に検証あるいは反証されるのではなく，かといって子どもを無視すれば，規範として単に独断的に設定されたものにすぎなくなる．つまり道徳教育における正当化の基準は，規範的−倫理学的考察から，あるいは現実の子どもに定位した実証的データから端的に導出されうるというものではない．消極的ながら以上から帰結されるのは，だからこそ道徳教育は，子どもの学習権に準拠するという教育の視点に立たなければならないということである．

　このように道徳教育が教育の視点に立つ場合，道徳的指導の前提となる二つの図式が退けられねばならない．第一は，善さをもつ大人が，善さに関して白紙である子どもに自らの善さを教授するという図式である．この理解では，明らかに子どもの主体性は原則的に無視されざるをえない．第二は，あるがままの子どもをそのまま全面肯定し，あるがままの成長を促すという図式である．この理解では，人間に関する自然な成長という自然主義的成長観に立脚して，潜在的統制という子どもの忘却が生じる．しかし以上のように二つの図式を退けるとしても，道徳教育は，ある特定の観点における子どもの欠如と変化の可能性を前提している．すると残された唯一の可能性は，よくも悪くもある子どもとよくも悪くもある教育者との関係そのものにおいて，よき関係をともに志向するというものである．その場合，志向されるべきよき関係という視点は，すでにある関係が特定の視点でよくないことを含意する．それは，いかなる点でよくないのか．端的に言えば，教育者と被教育者が，道徳教育的関係に立つことそのこと自体がよくないのである．一方通行の回路が道徳教育的関係として恒久化されるとき，相互人格的関係の可能性は排除される．この意味で道徳

教育的関係そのものは，それ自体として正当化される関係ではなく，またそこで積極的に善さの実現が志向されるべき場でもない．逆説的であるが，善さを志向する道徳教育的関係は，どこまでも道徳教育的関係そのものの止揚を志向する．それは道徳教育を今すぐ中断することではなく，その止揚に至り着くまで徹底化することである．これをランゲフェルドは，「教育的関係の漸進的止揚」[43]と言い，さらにつぎのように述べている．

「しかし問題はそこで，教育的関係の解消を決める規準となるような確実な決定とか道徳的判断，行為というものが存在するかどうかということである．そのような規準は疑いもなく存在している．というのは，人間が他者に対する全き責任を事実的に，また道徳的基盤の上に自ら引き受けねばならず，また引き受けることが可能になるや否や，かれはもはや被教育者ではないからである」[44]．

ここにおいて，道徳教育あるいは道徳性の育成の視点は，つぎのように具体化される．すなわち道徳教育は，「子どもが道徳的秩序において自己限定することができるように子どもを助けることをめざさなければならない」[45]．それは，子どもが教育者と同一の道徳的信念や判断に至り着くことではない．むしろ子どもが，道徳的価値の問われざるをえない状況をそのような状況として共有し，そこで自己を状況主体として自ら限定することである．そして道徳的状況における道徳的自己限定のために要求されるのは，したがって道徳教育が課題とするのは，道徳的観点に立って状況を共有するのに必要なさまざまな道徳的観点の要件である．

「道徳的な決断を行うことができるということは，人間が道徳的な区別を認識することができることを前提しており，このことはまた，道徳的な区別が一般に存在することを前提している．そしてさらに，道徳的な認識とともに認識された規範に従ってなされる行為が存在することや，人間がある洞察に合わせて行為することができるということも，一つの根本前提である」[46]．

そして共同存在である人間にとって，さまざまな葛藤状況を道徳的価値葛藤状況として内面化せざるをえず，道徳的決断を迫られる場合は，たしかに存

在する．もちろんその場合，規範を具体化する手続きや役割取得の能力も含め，道徳的観点の要件に何が属するかに関しては，いっそう開かれた探究が可能であろう．またそこで，道徳性や規範性そのものの倫理学的問い返しも当然要求される．ただ確認されねばならないのは，道徳的価値や規範が問われている状況をそのような状況として把握したうえで自己限定するという前提が共有されるとき，子どもは被教育者であることをやめ，道徳教育的関係そのものが止揚されるということである．そこでなおかつ意見の不一致が残るとしても，それは教育的配慮の名目で統制されるべきものではない．結局最後には，どのような道徳的信念に立って社会を形成し，自らの生を選択するかについての決断は，子ども自身に委ねられるべき課題なのである．

以上のように，子どもの現象学における道徳教育の視点は，子どもの生に準拠した道徳教育の視点を初めから前提し，それに忠実であろうとするものにすぎない．またランゲフェルトとともに言えば，教育を自立に向けての援助とみなすひとつの規範的定義に由来するものにすぎない．さらにこのような消極的視点は，現在道徳教育に寄せられている大きな期待に適うものではないかもしれない．しかしそうした期待に対しては，現実の社会や教育制度の矛盾や歪みを正すために道徳教育に対して過剰な期待がもたれるときほど，統制の危険は大きくなるというほかはない．この意味で，子どもの忘却と抑圧を退けるために子どもの主体性に準拠しようとする道徳教育の視点は，民主的な道徳教育の道を探究しようとするものなのである．

しかし以上の考察を踏まえ，やはり最後に付言すべきことがある．子どものためという名目のもとで子どもの忘却の可能性は大きくなるとすれば，以上の視点においても，潜在的統制の可能性はつねに存在する．道徳教育的関係の止揚は，既存の道徳的枠組への止揚に容易に結び付くからである．それは道徳教育の視点に立つかぎり避けがたいとも言いうるが，他方だからこそ，先に留保された実存的意味での出会いの視点が，さらに銘記されつづける必要がある．

「教育学的意味における出会いという特殊形態はない．ただ人間的な出会いそ

のものがあるのみである」[47]．それゆえに,「わたしが他の人間に対して教育的な立場をとるかぎり,出会いはその本質上排除される」[48]．

　徹底化された意味での実存的出会いは,通常の意味での対話によって準備されるのではなく,通常の対話成立の地平となる既知の枠組を突破するような新たな超越の次元に定位している．道徳教育が真に開かれるとすれば,それはそのような次元に定位することによってであろう．しかしそこで,道徳教育の視点と出会いの視点の関連を具体的に問うとすれば,それ自身が開かれた課題でありつづけると言わねばならない．

　　おわりに

　道徳教育は子どものために,そして子どもとともに善さを志向する．したがって子どものためを考慮し,人格を尊重し,主体性に準拠すると言えば,その意義を否定するような者はいない．しかし,道徳を教え込むという視点から,教育されるべき道徳性の確定と吟味が必要であるという単純な理解の構図では,子どもの主体性は置き去りにされてしまう．初めから規範的観点に立っている道徳教育は,善さそれ自体に省察を傾注すればするほど子どもの忘却に陥り,しかも子どもを実証的に研究しても必ずしも主体性の尊重にはならないという,困難な基盤に立たされている．だからこそ道徳教育は,子どもの忘却と抑圧を退けるためにも,そうした原理的困難を単純化することによって回避してはならない．本考察は,道徳教育の課題がそうした困難の引き受けにあることを,一貫して展開したものにすぎないが,そうした消極的視点は,道徳教育が善さを志向するものであるだけに,かえって看過されやすいとも言いうる．そこで必要なことは,道徳教育が規範的-倫理学的視点から自己を道徳的営みとして正当化することではなく,どこまでも教育の視点に立ちつづけることである．この意味で,子どもの主体性に準拠するという視点は,外側から道徳教育を相対

化したり，あるいは道徳教育そのものを否定する視点なのではなく，やはり道
徳教育の視点なのである．

注

(1) 「事象そのものへ」を標榜することで知られるフッサール現象学は，ハイデッガー，サルトル，メルロ＝ポンティ等によって展開されただけでなく，総じて人文諸科学のさまざまな流れに多大な影響を及ぼした．ここで現象学という場合には，フッサール現象学およびランゲフェルドによるその教育学的展開を指す．小論では，現象学固有の方法論や諸概念についての詳細な論究は控え，道徳教育に関連する視点だけを論じる．

(2) E. Husserl, *Ideen zu einer reinen Phänomenologie und phänomenologischen Philosophie*, Erstes Buch, Husserliana Bd. III, 1976, S. 43.

(3) *Ibid.*, S. 42.

(4) 「子どもの人間学」については以下に詳しく論究されている．M. J. Langeveld, *Studien zur Anthropologie des Kindes*, Tübingen 1968 （以下 *AK* と略記）．

(5) W. Loch, *Die anthroplogische Dimension der Pädagogik*, Essen 1963, S. 38.

(6) Vgl. *ibid.*, S. 37ff.

(7) *Ibid.*, S. 74.

(8) *Ibid.*, S. 76. 以上のように教育人間学は，20世紀初以降の哲学的人間学の発想を継承して，問い返された人間概念および人間性についての開放的次元に定位する動向のひとつである．現在，教育人間学をめぐる議論は沈静化しているが，それは，その発想が解釈学や対話論等に発展的に解消されていったためである．

(9) W. Loch, Der Mensch im Modus des Könnens, in *Diskussion Pädagogische Anthropologie*, München 1980, S. 191.

(10) *Ibid.*, S. 191.

(11) *Ibid.*, S. 195.

(12) 教育人間学と解釈学との関連については，詳しい論究が必要であるが，ここでは子どもの人間学と対比的に際立たせられる特徴づけにとどめる．ただしここでは，両者の共働し合う側面だけが取り上げられている．

(13) H. Danner, *Methoden geisteswissenschaftlicher Pädagogik*, München/Basel

1979, S. 62.

(14) *Ibid.*, S. 62. さらに付言すれば，開放性と閉鎖性，超越と内在との重ね合わせという論点で念頭におかれているのは，ハイデッガーの実存論的分析論の構造である．かれは被投的投企を，現存在の「現（Da）」の開示性の構造として展開する．そこでは投企としての「実存性」，被投性としての「事実性」および「転落（Verfallen）」は，根源を等しくする「現」すなわち世界内存在の構造契機である（Vgl. M. Heidegger, *Sein und Zeit*, Tübingen 1979, S.188）．

(15) O. F. Bollnow, *Die anthropologische Betrachtungsweise in der Pädagogik*, Essen 1975, S. 52.

(16) *Ibid.*, S. 30ff.

(17) *Ibid.*, S. 38.

(18) O. F. Bollnow, *Existenzphilosophie und Pädagogik*, Stuttgart 1984, S. 121.

(19) *Ibid.*, S. 124.

(20) Vgl. *ibid.*, S. 122f.

(21) Karl Dienelt, Not und Chance der pädagogischen Anthropologie, in *Diskussion Pädagogische Anthropologie*, München 1980, S. 77.

(22) M. J. Langeveld, *Einführung in die theoretische Pädagogik*, Stuttgart 1978（以下 *TP* と略記），S. 173.

(23) *AK*, S. 6.

(24) *TP*, S. 163.

(25) M. J. Langeveld, *Die Schule als Weg des Kindes*, Braunschweig 1960（以下 *SW* と略記），S. 107.

(26) *SW*, S. 107.

(27) *SW*, S. 15.

(28) *SW*, S. 38.

(29) *SW*, S. 51.

(30) *SW*, S. 51.

(31) *SW*, S. 42.

(32) *SW*, S. 25. ちなみに他者，異人，異他的なものと訳される das Fremde とは，相互主観的枠組に属する自-他関係における他なるものではなく，我々に対する他な

るものを意味する．つまりこの概念は，理解の共通の枠組を共有していないがゆえに原則的に未知なるものの意味で用いられる．

(33) *SW*, S. 51.

(34) 生活世界概念の両義性についてはつぎの論文参照．U. Claesges, Zweideutigkeiten in Husserls Lewenswelt-Begriff, in *Phaenomenologica*, Bd. 49. 生活世界を論じる場合，生活世界が，少なくとも理念的なものを排除したうえで残る部分領域ではないということ，したがって超越論的探究の統合の指標として導入されている点は，指摘されるべきである．

(35) E. Husserl, *Die Krisis der europäischen Wissenschaften und die transzendentale Phänomenologie*, Husserliana, Bd. VI, 1962, S. 45.

(36) *Ibid*., S. 45.

(37) *Ibid*., S. 130.

(38) *Ibid*., S. 142.

(39) *Ibid*., S. 134.

(40) 注(32)参照．

(41) 教育における国民の学習権の思想的位置づけに関しては，以下のもの参照．堀尾輝久『現代教育の思想と構造』岩波書店，1986年．同『教育の自由と権利』青木書店，1975年．

(42) O. F. ボルノー，浜田正秀訳『哲学的教育学入門』玉川大学出版部，1982年，106-118ページ．

(43) *TP*, S. 43.

(44) *TP*, S. 87.

(45) *TP*, S. 80.

(46) *TP*, S. 70.

(47) O. F. Bollnow, *Existenzphilosophie und Pädagogik*, a.a.O., S. 130.

(48) *Ibid*., S. 131.

第8章 分析哲学と道徳教育
―― R. S. ピーターズの道徳教育論を中心に ――

はじめに

　道徳教育が教育実践との絡み合いの中で捉えられねばならないということは言うまでもないが，それはまた理論的な基礎づけをも必要としている．これがないがしろにされたままで道徳教育が行われるなら，おそらく，徳目の注入が道徳教育であるとみなされることになるだろう．というのも，「道徳の時間になにを教えるべきなのかわからない」というのが若い教師たちの率直な声であり，わからないから，安直に，与えられた教材を教え込むことになりがちだからである．

　しかし，注入主義の道徳教育が妥当性を有するとは言えないであろう．むしろ，道徳教育では，与えられた徳目に対して批判的に考察する能力を育成することが重要なのではないだろうか．もしそうであるなら，このことは理論的にどのように正当化されるのであろうか．

　本章では，このような問いに対する答えを，現代の英米を中心に広まっている分析哲学的研究のうちに探りたい．というのも，理論的な正当化に関しては，分析哲学の方法が有効であると考えられるからである．とくに，英国の教育哲学者ピーターズ（Richard Stanley Peters）の道徳教育論では，正当化の問題が論じられているので，かれの理論を中心に考察を進めたい．

　まず，第1節では，分析哲学の特徴を明確にし，それがどのようにして教育哲学や道徳教育に影響を及ぼしているのかを考察する．第2節では，そのよう

な分析哲学的手法の一例として,ピーターズの教育哲学を取り上げ,教育の正当化をめぐるかれの哲学的考察から道徳の原理が導出されることを明らかにする．第3節では,そのような道徳の原理の区分について吟味する．第4節では,以上の考察で示されたピーターズの道徳教育論の特徴を要約し,それを通して先の問いに答える．

第1節　分析哲学と分析的教育哲学

　分析哲学は,今世紀,英語圏を中心に広まった．その代表者として,ラッセル（Bertrand Russell）や,ムーア（George Edward Moore）や,ウィトゲンシュタイン（Ludwing Wittgenstein）や,ライル（Gilbert Ryle）らを挙げることができる．この哲学の特徴は,概念分析や言語分析を通して哲学的諸問題を解明ないしは解消しようとする点にある．つまり,哲学する方法にその特徴を有しているのである．だから,さまざまな見解は,同じ分析哲学に属するものとして分類されても,その内容が同一であるわけではなく,対立し合ってもいる．けれども,そのような対立にもかかわらず,方法の側面に特徴があるからこそ,多方面にわたる応用の可能性を秘めているのである．

　では,その分析の方法とはどのようなものであるのか．一例として,分析哲学の立場に立つムーアの倫理学を取り上げたい．というのは,まず第一に,かれの倫理学の手法が,分析哲学の方法を如実に示していると考えられるからであり,第二に,倫理学は道徳教育の基礎づけの理論として捉えられ,内容の面で本書の主題と密接な関連があるからである．

　ムーアは,主著『プリンキピア・エチカ』[1]において,「善いとはなにか（What is good?）」という問いを,善いによってなにが意味されているのかという問いの形で究明している．その考察の結果,かれが述べるのは,「わたしが『善いとはなにか』と問われるならば,わたしの答えは善いは善いであるということで

あり,それですべてである[(2)]」ということである.つまり,かれが主張しているのは,たとえば快楽(pleasure)や望まれるもの(the desired)を「善」の意味として捉えることは不可能であるということである.かれのこのような主張においては,「善い(good)」と「善いもの(the good)」は明確に区別されており,ムーアが定義できないと考えるのは,善いものを善いものとする善さそのものなのである.もし,そのような「善さ」を自然的対象や形而上学的対象によって定義するならば,それは,自然主義的誤謬である.かれにとって,善は直覚される以外の方法では知りえないのであり,したがって,かれは直覚主義の立場に立つ.しかし,かれが直覚的に把握されると主張するのは,「それ自身で善いもの(that which is good in itself)」についての判断であって,「手段としての善いもの(that which is good as a means)」についての判断ではないから,かれは,自らも主張するように,通常の意味での直覚主義者ではない.

このようなムーアの考察は,メタ倫理学として規定される.メタ倫理学とは,規範的倫理学に対置される概念であり,後者が道徳的規範や倫理的原理を直接明示しようとするのに対し,前者は,いわばメタ・レベルから,倫理的諸概念の意味を明確にし,倫理的判断を正当化しようとする.換言すれば,メタ言語によって対象言語を分析するのと同じように,メタ倫理学は倫理的諸命題を分析するのである.そして,ムーアは,倫理的諸命題を分析して,それを,非自然的な性質を有するものとして,つまり自然的対象や形而上学的対象によっては定義されないものとして捉えるから,かれの立場はメタ倫理学的とみなされるのである.けれども,メタ倫理学が必然的に直覚主義へとつながるわけではないということが注意されねばならない.メタ倫理学的な分析を行うとはいっても,倫理学の内容に関しては,自然主義も,非認識説も可能であろう.

ところで,一般に,分析は,還元的分析と日常言語の分析の二つに区分される.前者は,理想的で体系的な人工言語の構築と関連して行われるものであり,言語体系の構成要素へと還元するという種類の分析である.たとえば,それは,ウィトゲンシュタインの前期の主著『論理哲学論考[(3)]』で展開されているような

類のものである．その書では，名辞と対象の，そして要素命題と事態の一対一の対応が要請され，すべての複合命題を要素命題へと還元することが可能となっている．これに対して，日常言語の分析は，語が用いられる具体的状況を究明することでその語の意味を明らかにしようとするものである．ウィトゲンシュタインの後期の主著『哲学探究』[4]での試みや，先のムーアの考察がそのような分析の一例である．教育問題への適用を考えると，それがきわめて実践的な問題であることを勘案すれば，還元的分析よりも日常言語の分析が有効であると言えよう．

　分析哲学の方法によって，教育の問題に哲学的な反省を加えようとする立場は，分析的教育哲学（analytic philosophy of education）と呼ばれている．このような分析的教育哲学の試みは，直接教育問題を扱っているのではない分析哲学の文献のうちにも見いだすことができる．たとえば，ライルの『心の概念』[5]では，「方法について知ること(knowing how)」と「事柄について知ること(knowing that)」というような，「教えること」と関連する諸概念が分析されており，この書の一部は，のちに，シェフラー（Israel Scheffler）によって編まれた分析的教育哲学の論文集『哲学と教育』[6]にも収録されている．しかし，意図的に分析哲学の方法を教育哲学の領域へと取り入れようとした初期の試みとして注目に値するのは，シェフラーの論文「分析的教育哲学へ向けて」[7]である．

　シェフラーは，「教育哲学が，教育の実践と関連した鍵概念の厳密な論理的分析として解釈されることは，たとえあるにしてもきわめてまれである」[8]という点を反省して，「(a)探求の自律的発展の中で達成された結果の利用」[9]と「(b)認められた方法の，教育問題の研究の中での直接の使用」[10]という二つの仕方で分析哲学の教育問題への応用を唱えている．(a)は，哲学の領域で明らかにされた結果を利用するということであり，かれは，真理概念と，信念の正当化を例として挙げている．しかし，分析の結果に関しては意見の対立もあるから，応用には慎重さが要求されるであろう．(b)は，教育実践に関連した諸概念を，分析的方法で明らかにするということであり，ちょうど分析哲学が「真理」や「存在」

第 8 章　分析哲学と道徳教育　207

や「意味」などの概念の明晰化に関わってきたのと同様に,「教授」とか,「学習」とか,「成長」とかの,教育に関連する諸概念を分析しようとするものである. (b)に関しては,一例として成長の概念が取り上げられているが,そこでは十分な分析はなされてはおらず,明晰化の必要性が説かれている程度である.

しかし,シェフラーは,他の著作の中でそのような分析を行っている.ここでは,『教育の言語』[11]の中から「教える (teach)」という語の分析を取り上げよう.

かれは,語の意図的用法 (intentional use) と成功的用法 (success use) とを区別する.前者は,「目標到達のための試行」[12]を表現する用法であり,後者は,「学習というものがとにかくなされていると言える最低限度の達成」[13]を表わす用法である.かれが挙げている例で言えば,「なにを教えていたのか (What have you been teaching him?)」という問いでは,「教える」という語は意図的用法で用いられているが,「なにを教えたのか (What have you taught him?)」という問いでは,その語は成功的用法で用いられている.ただし,ここでのかれの分析が英語の 'teach' の分析であるということは注意を要する.しばしば指摘されるように,日本語では,「駅へ行く道を教えてください」という問いは日常的に使用される表現であるが,これに当たる英語の表現は "Please show me the way to the station." あるいは "Please tell me the way to the station." であり,'teach' という語は用いられないのが普通である.だから,「教える」と 'teach' では,意味の領域に重なるところがあるとしても同一であるとは言えない.したがって,言語分析がいつでも普遍的構造を明らかにするというわけではないことに留意しなければならないのである.

このような分析的考察によって,かれは,「わたしたちは子どもを教えるのであって,教科を教えるのではない」とか,「学習のない教授はありえない」とかの教育のスローガンの曖昧さを指摘し,教育の研究からそのような曖昧さを取り除こうとする.分析という方法そのものは,古代ギリシアの哲学の中にも見いだされるものであり,目新しいものではないが,現代論理学と分析的な哲学

の発展とともに深化したその方法によって，曖昧なままに使用されてきた諸概念を明晰化することは重要なことであろう．

それでは，このような分析的研究は，道徳教育に対してどのような示唆を与えるのであろうか．これに関しては二つの方向に分けて捉えられるであろう．一つは，先に挙げたようなメタ倫理学的考察を通して道徳言語を明らかにするというものである．この方向の研究としては，先のムーアや，ヘア（R. M. Hare）を挙げることができる．もう一つは，もっと積極的に道徳教育を考察の対象とするものである．この立場には，たとえば，ウィルソン（J. Wilson）やピーターズがいる．

ウィルソンは，道徳観念の分析を通して道徳性の構成要素（moral component）を明確化し，その構成要素を発達させることが道徳教育の目的であると言う．この構成要素の定義は，『道徳教育入門』[14]，『道徳教育とカリキュラム』[15]，『道徳性の評価』[16]など，かれの数冊の著書の中で提示されているが，それぞれの定義は多少異なっている．そのような違いの究明も重要ではある．しかし，ここでは，比較的簡潔にまとめられている『道徳教育とカリキュラム』に従って，分析の結果おおよそどのような要素が提示されているのかを示しておこう．まず，構成要素として，PHIL, EMP, GIG (1), GIG (2), DIK, KRAT (1) and (2)の六ないし七つが挙げられている．これらはギリシア語から作られた言葉であり，それぞれつぎのように定義される．

PHIL，これは態度（attitude）あるいは気持ち（frame of mind）として位置づけられる．その定義は，他人を平等なものとみなすこと，他人のインタレストを等しく重要なものとみなすこと，である．これには，範囲（scope）と程度（degree）という二つの次元がある．つまり，他人を平等なものとみなす態度はどれだけの他人に対して準備されているのか．また，どれほど確固としているのか，あるいは整合的であるのか．

EMP，これは，感情や態度ではなく，能力（ability）として位置づけられる．それは，他人が感じていることと，他人のインタレストがなにであるかを知る

能力として定義される．これにも，PHILと同様，範囲と程度の二つの次元がある．

　GIG(1)．これは達成（attainment）である．すなわちGIG(1)では，事実を学習する能力があるかどうかが問題なのではなく，実際に一定の諸事実を知っているかどうかが問題となっている．その定義は，道徳的選択にとって適切な「ハードな」事実についての知識，である．これは二つの領域に分けられる．一つは，法律，契約，社会的規範についての知識であり，もう一つは，人間にとって危険であるもの，安全であるものなどについての知識である．

　GIG(2)．これは能力として位置づけられるものであり，社会的脈絡において効果的に行為遂行するための実践的「ノウ・ハウ」として，つまり社会的技能として定義される．

　DIK．これは，思考の様態（mode of thought）として位置づけられる．その定義は，独力で正しい理由のゆえに行為を指令する能力，である．これには，(i)理由の正しさと，(ii)決意の誠実さの二つの次元がある．

　KRAT(1) and (2)．これは，動機づけ（motivation）と行動特性（behavioural traits）として位置づけられる．KRAT(1)は，道徳的思考において，上で挙げた道徳性の構成要素を使用する機敏さを示し，KRAT(2)は，結果として生じた道徳的判断を行動へと移す決断力を示している．

　このような構成要素を子どもたちに教えることが必要であるとウィルソンは考えるのである．これは，道徳の内容，すなわち徳目を教えるのではなく，道徳的思考の構造を教えることで，「道徳的に教育のある人間」を創ろうとするものである．したがって，ウィルソンの道徳教育は，道徳性の構成要素の明晰化と合理的な道徳的思考の涵養が特徴であると言えよう．

　ピーターズもまた，合理的な道徳的思考の涵養を重視するが，かれの考察はウィルソンとは異なる道筋を通って行われている．かれの道徳教育論は，次節以降で取り上げたい．

　以上では，分析哲学，分析的教育哲学およびその立場からの道徳教育論を概

観した．それらに共通のものが，概念分析や言語分析という方法であるということはもはや明らかであろう．

第 2 節　教育の正当化と道徳の原理

　ピーターズは，主著『倫理と教育』[17]において，「なぜプッシュ・ピン〔鋲を使って行う子どもの遊び〕よりも詩の方が望ましいのか」という，功利主義者によって提示された問題を，教育の正当化の問題として論じている．換言すれば，なぜ，今まさに学校で教えられている教科が，プッシュ・ピンや，トランプ・ゲームや，スロットマシーンで遊ぶことを教えるよりも望ましいのか，ということの究明を試みている．
　まず，ピーターズは，教育という概念を分析することから始める．そして，教育と呼ばれる活動の基準として，(1)行うに値するもの（what is worth-while）の伝達，(2)認知的展望を含んでいること，(3)学習者が意識していること，の三つを掲げている．
　この分析にさいして，かれは，ウィトゲンシュタインが後期思想において用いた二つの概念，すなわち，家族的類似性と言語ゲームという概念に言及している．「家族的類似性」は，言葉の類似の仕方を，「家族の構成員のあいだに見られるさまざまな類似性，たとえば，身体つき，顔つき，眼の色，歩き方，気質などが重なり合い，交差し合っている」[18]ことにたとえたものである．それは，いわばプラトン的イデアを否定して，言葉が，それの用いられる具体的状況の中で少しずつずれた意味を保持しながらつながり合っていることを示すものである．また「言語ゲーム」とは，「言語と言語が織り込まれた活動の総体」[19]を意味する．二つの概念はともに，語の日常的用法の記述のために準備されたものであり，このような記述が「日常言語の分析」にほかならない．したがって，ピーターズは，ウィトゲンシュタインの考案した概念に依拠して教育の概念を

分析し，教育の活動という言語ゲームを成り立たせている三つの基準を提示したのである．

これら三つの基準の中で，とくに正当化と絡んでくるのは，第一の，行うに値するものの伝達である．つまりピーターズは，教えられるべきものが，行うに値するものであることを示すことで，教育の内容を正当化するのである．かれの言う，行うに値するものとは，内在的価値を有するものであり，非道具的に取り扱われるものである．つまり，それは，なんらかの目的に対して，その目的を達成する道具として役立つという理由で行われるのではなく，論文「教育の正当化」の表現で言えば，「なされたものごとに内在的な特徴から生じてくる」理由によって行われるのである．[20]

では，内在的価値とはなにか．論文「教育の正当化」では，「退屈さの欠如」と「理性の価値」が内在的価値として挙げられている．前者は，本能的な活動の中に見られるものである．しかし，教育は，楽しいものであることが望ましいにしても，いつでも楽しいものであるわけではない．かれの論証では，「退屈さの欠如」は「理性の価値」ほどには重視されていない．「理性の価値」は，「謙遜，恣意性への嫌悪，整合性，明晰さなどのような徳を引き起こす，理性の要求に陰伏的な価値」[21]である．ピーターズはこのような理性の価値が教えられねばならないということを示すことで，教育の正当化を行っている．

その正当化のための方法としてかれが用いるのは，超越論的論証である．これは，カントの超越論的演繹から援用されたものである．ピーターズの言葉で言えば，「原理が陰伏的に前提しているものを明らかにするために原理の背後で厳密に調査をする」[22]という形式の論証であり，「『わたしはなにをなすべきか』と問うひとがなにに付託しているかを明らかにすることを試みる」[23]論証である．たとえば，「わたしはなにをなすべきか」と真剣に問うことができるためには，他人からの干渉を受けないというようなことが保証されなければならないであろう．つまり，問いが成立するための不可欠の前提条件としてもろもろの事柄を正当化するのが，ピーターズの言う超越論的論証である．

このやり方で明らかにされるのは，『倫理と教育』では，平等の原理，行うに値する活動，インタレストの考慮の原理，自由の原理，人格尊重の原理，同胞愛などである．このうちの，行うに値する活動は，主として，数学とか，科学とか，歴史とか，文学とかのカリキュラムを構成する活動を意味している．そして，このカリキュラムを構成する活動は，実は，他の原理に関連している．というのも，そのような活動を通して平等や自由や，あるいは先に挙げた理性の価値と関連する整合性や明晰さが学ばれるからである．ここで，論文「教育の正当化」で挙げられている理性の価値に関連する徳と，『倫理と教育』で挙げられている諸原理との関わりについて吟味しておかねばならない．これらは同じものと解してよい．というのも，同じ形式で正当化がなされているからであり，また，重なり合っている部分があるからである．論文「教育の正当化」では，先の，謙遜，恣意性への嫌悪，整合性，明晰さの他にも，真理を語ること，誠実さ，思想の自由，公平，適切さの感覚，証拠に対する尊敬，人びとに対する尊敬などが挙げられている．また，『権威・責任・教育』[24]では，平等，インタレストの考慮，自由，真理を語ること，人格尊重が，原理として挙げられている．おそらくピーターズは，もっぱら，教育の活動が前提している根本原理を正当化することに関心を寄せており，その原理を網羅的に掲げる意図はなかったのであろう．だから，ピーターズの基本的な考え方は，多くの論文や著書に一貫しているにもかかわらず，挙げられている例は多少異なっているのであろう．

さて，ピーターズにとって特徴的なのは，このようにして示された根本原理が道徳的言説ないしは道徳的行為の前提条件として作用すると考えられている点である．これは，以上に示したようなかれの論証においては当然のことでもある．というのは，「なにをなすべきか」というかれの問いは道徳的な問いかけとしての側面を有しているからである．すると，かれの教育の正当化の試みは，道徳教育を基底とする教育の正当化の試みであると言えよう．しかしながら，かれが挙げている原理は抽象的なものであって，「お年寄りには席を譲りなさ

い」というような日常の具体的な道徳的規則とは異なっている．この点はどのように捉えられるべきであろうか．

第3節　手続き原理と基礎的規則と相対的規則

　ピーターズは，道徳規則を三種類に区別している．すなわち，手続き規則（procedural rule）と基礎的規則（basic rule）といっそう相対的な規則（rule of a more relative status）の三つである．手続き規則は，「根本原理（fundamental principle）」とか，「手続き原理（procedural principle）」とかとも呼ばれており，それは，「諸規則に理由を与えるという活動によって前提されている[25]」ものである．前節で取り上げた自由や，インタレストの考慮や，真理を語ることや，人格尊重などの原理がそれに当たる．基礎的規則は，「考えられうるどのような社会条件のもとでも正当化される[26]」ものである．たとえば，傷つけないこと，約束を守ること，若者と財産の世話，殺人や盗みに関する規則などである．また，いっそう相対的な規則は，「個々の社会的，経済的，地理的条件に関する偶然的な事実に依存している[27]」ものである．たとえば，高利貸しの禁止や，産児制限などのような，ある特定の時代や社会や文化に特有の道徳がこれに当たる．これら三者の区画基準について考えてみると，まず，文化に相対的であるかどうかという視点で，前の二者と文化に相対的な規則が区別される．さらに，規則を正当化するさいに必要不可欠であるかどうか，すなわち，超越論的に正当化されるかどうかという視点で，手続き規則と基礎的規則が区別される．また，正当化という視点で三者を捉え直すと，文化に相対的な規則を基礎的規則が正当化し，基礎的規則を手続き規則が正当化するということになる．だから，手続き規則を最も高次の原理として捉えることができるのであり，その意味で「手続き原理」と名づけられているのであろう．以降では，このような原理としての特性を強調する意味で，手続き原理という表現を用いる．またピーターズ

自身も，この表現を用いることの方が多いようである．

　しかし，ピーターズも述べているように，「そのような原理の受け入れが道徳（morality）に対して統一的内容を保証しないということを強調することは重要である」[28]．つまり，手続き原理は，基礎的規則を正当化するための原理なので，道徳意識に対して形式を与えることはできても，詳細な内容を与えないのである．この道徳の形式と内容の説明を，ピーターズは，信念についての説明との類比によって行っている．その概略はつぎのとおりである．複数の人が「地球は丸い」という信念をもっていると仮定しよう．ある人は，その信念を教科書に書いてあったという理由で信じており，ある人は，権威者が述べたという理由で信じており，また別な人は，自らがその証拠を見つけ出したという理由で信じている．この場合，信念の内容は同一であるが，その内容を生み出した思考の形式は異なっている．同様にして，反省的な人と反省的でない人が，前者は親によってそう教え込まれたという理由で，後者は合理的に考えた結果，ともに「約束を破ることは悪いことである」という道徳的信念をもつことがある．あるいはまた，同じ思考の形式を採用しても内容に関しては同意しないこともある．たとえば，反省的な人びとが，合理的な推論の結果，堕胎の倫理性について異なる意見をもつ場合が考えられる．だから，わたしたちは，道徳教育について考える場合，道徳の内容と形式とをはっきりと区別して捉えねばならない．そして，手続き原理は，この道徳の形式に関わるものであって，道徳の詳細な内容を与えるのではない．

　ここで，ピーターズが手続き原理の一つとして挙げている自由の原理について具体的に考えてみよう．たとえば，芸能人や政治家のスキャンダルを報道するマスコミは，報道の自由や表現の自由などの権利をもっている．これは，ピーターズの言う自由の原理に適ったことである．他方で，報道される側の人びとは，私生活に干渉されない権利，自分自身に関する情報を自分で制御する権利などの，いわゆるプライバシーの権利をもっている．これもまた，自由の原理に適ったことである．ところが，この両者の権利が衝突するという事態が起

第 8 章　分析哲学と道徳教育　215

こるのである．法律問題としては，この衝突を解決するために「公共の福祉」という概念が導入されるが，ピーターズの道徳教育論の観点からは，このような衝突を解決するための絶対的原理はないということになるだろう．つまり，手続き原理は，道徳的規範の正当化を行うとはいっても，その内容を他の内容から区別されたものとして明確に規定するものではないのである．

　それでは，道徳教育において，教えられるべきものは，道徳の内容なのであろうか，それとも形式なのであろうか．ピーターズは内容も形式もともに重視するのであるが，教えるという作用との関連では，「道徳の内容は教えられる．しかし，その形式は発達する」(29)と述べている．すると，形式的なものとしての側面が強調される手続き原理は，教えることができず発達するだけのものなのであろうか．

　道徳性の発達に関しては，ピーターズは，ピアジェ（J. Piaget）やコールバーグ（L. Kohlberg）の考え方を受け入れている．もちろん，ピアジェの理論とコールバーグの理論が同一だというわけではないし，さらに，ピーターズがそれらを全面的に受け入れるというのでもなく，批判もしている．しかし，ピーターズは，道徳的判断の形式が，低次なものから高次なものへと不変の順序性をもって発達していくという考え方を受け入れるのである．この順序性は発達の段階として示される．コールバーグによれば(30)，それは，①罰と従順志向，②道具的相対主義，③他者への同調，あるいは「良い子」志向，④社会維持的志向，⑤社会契約的な法律志向，⑥普遍的な倫理的原理への志向，の六段階であり，このうちの，①と②，③と④，⑤と⑥のそれぞれがひとかたまりで，前慣習的水準，慣習的水準，慣習以降の水準と名づけられている．この第六段階で言う倫理的原理は，具体的な道徳的規範ではなくて，正義の原理のようないっそう普遍的な原理であり，これは，ピーターズの言う手続き原理として捉えられるものである．だから，心理学的な発達論の立場に立てば，手続き原理は，教えられるのではなく，知的発達と同時に生じる道徳性の発達に伴って身につくのである．

ここで注意しなければならないのは，このような道徳的判断形式の発達が，ピーターズにとっては，経験的事実であるというよりは，論理的に必然的な事柄として捉えられているということである．というのは，第一に，手続き原理は，経験や観察によって示されたのではなく，超越論的論証による教育の正当化によって明らかにされたのであり，第二に，ちょうど数の概念や四則計算を理解していなければ，数学的帰納法や微分積分を把握できないのと同様に，発達段階における低次な規則は，高次な規則を捉えるためには不可欠なものだからである．すると，当然，道徳的判断形式を発達させるためには，まず，最も低次な道徳規則，すなわち相対的な道徳規則から教えることが必要であるということになる．この意味では，最終的には手続き原理を把握させることが道徳教育の目的であるのだが，教育の現場では，道徳の具体的内容を教えることは，それが形式の発達のための先在の過程として作用するので，形式に劣らず重要であるということになる．だから，教師は，生徒がのちに道徳の内容を批判することができるような仕方で，その内容を教えなければならないのであり，これが単なる注入主義でないことは明らかである．

　上で手続き原理の把握が道徳教育の目的であると述べたが，ここでそのような捉え方が可能であるのかどうかを検討しておきたい．まず，教育の正当化の試みによって明示される手続き原理が道徳的原理であるという点で，教育されるべき事柄が道徳教育に深く関わるものであるということは明らかである．このことを念頭において，ピーターズが教育の目的をどのように捉えているのかを解明しよう．

　かれは，教育の目的に関してつぎのように述べている．「『教育の目的』を論じるたいていの著者は，たとえば『個人の自己実現』というようなかれらが推奨する個別的な価値をもっともらしく並べたてる．しかし，かれらはそれを正当化するために提出すべきものをほとんどなにももたない」[31]．つまり，ここでかれが要求しているのは，教育の目的の正当化である．では，教育の目的とはなになのか．かれは，「自己実現」とか「成長」とかいう類の目的を唯一の究極的

な目的として提示するようなことはしない．それに代えて，論文「教育の目的」[32]では，「教育」や「目的」という語が使用されるときの状況を分析している．そこでは，「目的」という語はたいてい複数形で用いられている．この事情は，他の著書でも同様である．このことが意味するのは，ピーターズはその語を多様な並列される目的の表現として捉えているということである．もちろん，そのような多様性を払拭して唯一の目的を設定することは可能であるし，また，もろもろの目的の上に包括的な目的を設定することも可能であろう．けれども，かれはそのような目的を設定してはいないのである．というのは，諸目的は，「教育にとっての特別な方向や内容を規定するよりは，教育の一群の手続き（procedure）に注意させる」[33]のであり，そのような手続きを明示することが重要であると考えるからである．したがって，かれの考察では，究極的目的に代わって手続き原理が重視されるのである．

しかし，このように述べることによって，ピーターズは，教育の目的を全く否定しようとしているのではない．ただ，「『目的』は，ある一定の方向への活動の構造化を示唆する」[34]のに対して，「手続きは，いわば，諸目的のうちに組み込まれている諸規則を伴う過程なのである」[35]ということを強調し，その手続きに内在する原理の重要性を論じているのである．

また，このような区分は，ただ単に，「手続き原理」と名づけるのか「究極的目的」と名づけるのかという呼び方の違いにすぎないように思われるかもしれない．しかし，この呼び方の相違は，重要な意味を有している．というのは，自由の原理などの事項が「究極的目的」とみなされるならば，それをこえて教育の目的を設定することは言葉の定義からして不可能であるが，「手続き原理」とみなされるならば，それらのもとに教育の目的を，あるいは，それらの原理がめざすべき目的を，伝統や文化との関連で設定することが可能になるからである．もちろん，この場合にも，目的はつねに手続き原理に照らしてその妥当性が確認されねばならない．

以上の点に鑑みれば，ピーターズは手続き原理を個々の目的よりも上位に位

置づけていると解される．換言すれば，教育の究極的な目的が排除され，方法に関する原理が具体的な個々の目的を規定すると考えられる．たとえば，「勤労と責任を重んじ」という表現が教育基本法の第1条（教育の目的）の中で用いられているが，この場合，責任ある人間を育成するという教育目的の位相は，ピーターズの考えに従えば，直ちに目的として容認されるのではなく，自由の原理のような手続き原理に反していないかどうかを吟味して初めて容認されるのでなければならない．というのも，自由な行為が認められる場面でしか，責任はその内実を伴わないからである．したがって，手続き原理が教育の目的であるという先の表現は，ピーターズの語法に適っているとは言えない．しかし，もし，その表現が，手続き原理を，従来教育の究極的目的とみなされてきたものにとって代わるものであるとみなすためのものであるならば，それはかれの考えを表していると言える．

　本節では，手続き原理，基礎的規則，相対的規則という，道徳的規則の三区分を取り上げ，とくにそのうちの手続き原理の特質を検討してきた．このような区分は，理念としては十分に把握可能であるが，具体的に，ある特定の規則がどれに分類されるのかを考えるとき，曖昧さを拭い切れない．というのも，たとえばつぎのような問題があるからである．なぜ，約束を守ることは基礎的規則であって手続き原理ではないのか．場合によっては，それを原理として使用して他の規則を正当化することができるのではないか．また，ロイス（R. J. Royce）も指摘しているように，[36]ピーターズは，複数個の手続き原理を並列的に捉えるので原理間に葛藤が生じる．これに対してピーターズは，「そのような根本原理がときどき矛盾し合うという事実は，行為の一般的指導原理としてのそれらの地位に影響しはしない」[37]と述べている．たしかに，「原理」を，「規則の裏づけとなる考察を与える」[38]ものとして捉えるかれの立場からすれば，その地位は揺るがないであろう．けれども，教室あるいは実生活において道徳的ジレンマの解決を迫られている生徒にとって，それは全く指針となりえないのである．これはピーターズの道徳教育論にとって最後まで未解決のままに残される

問題である．

　　　第4節　ピーターズ道徳教育論の特徴

　それでは，以上のようなピーターズの道徳教育論は，どのような点にその特徴があり，また，どのような点で意義を有するのであろうか．
　まず第一に，かれ自身が，「わたしは，合理的に主張され知的に適用された道徳的規範の忠実な支持者である」(39)と述べているように，かれの理論では，理性の使用が重視され，合理的，知的に導出された道徳的規則すなわち手続き原理が強調される．つまり，かれの考察は，けっして情動とか，感情とか，感性とかを否定するものではないが，それらよりも理性の使用を重視するのである．
　しかし，このことは道徳教育のパラドックスへと至る．かれの言うパラドックスとはつぎのものである．「自らが合理的に，知的に，そしてかなりの程度の自発性をもって行為する人びとを発達させることが望ましいと仮定するとき，子どもの発達についての生の事実が明らかにするのは，子どもの発達の最も形成的な期間に子どもがこのような様式で生活できず，その生活様式を伝える適切な方法を受け付けない，ということである」(40)．つまり，高次の発達段階で獲得される合理的な生活様式が妥当であったとしても，子どもは，実際問題として，そのような生活様式を受け入れない．換言すれば，発達段階の初期には，いっそう高次の手続き原理を受け付けないのである．
　そこで，道徳教育の方法に関する工夫が必要となる．この方法についてのかれの立場を特徴の第二点目として取り上げておきたい．ピーターズの立場は，「ある固定された規範を若者に押し付ける」(41)という伝統主義ではないし，また「若者に自分自身で道徳を見つけ出させる」(42)というロマン主義でもない．それらの中間に位置するのである．つまり，道徳教育では，若者が自らの道徳性を，手続き原理を理解できる程度にまで高めることが望まれるのであるが，ピータ

ーズは，原理の理解のために伝統を教えることをも重視するのである．換言すれば，道徳的判断の形式を発達させるために，道徳的規範という具体的内容を教えることを，あるいは，「原理化された道徳（principled morality）」を把握させるために「慣習的道徳（conventional morlity）」を教えることを主張するのである．

　また第三に，かれの立場は，多元論か一元論かという観点から見れば，明らかに多元論である．つまり，正義とか，快楽とかいうようなものを，唯一の究極的な原理として捉えるのではなく，教育の手続きのうちに埋没している複数個の原理を道徳原理として取り出すのである．しかし，これは，先にも述べたように，原理間の葛藤を生じさせる．この解決はピーターズの理論にとって，残された課題であると言えよう．

　以上のようなピーターズの道徳教育論は，日常言語の分析を利用した教育の正当化から道徳の原理を導出するのであるから，道徳原理を日常の行為と結び付けながら，合理的に正当化するという点に，そして，その原理を注入でも放任でもない方法で教えるという点に意義があると言えよう．本章の冒頭で示した問い，「与えられた徳目を批判的に考察する能力を育成することがどのように正当化されるのか」という問いに対する答えの形で言い換えるならば，そのような能力を育成すること，すなわち与えられた徳目を批判的に考察するための手続き原理を身につけることは，それが，自分のなすべきことについての考察の必要不可欠の前提条件であるということによって，正当化されるのである．

おわりに

　本章では，分析哲学の方法による道徳教育論を取り上げ，第2節以降では，一例として，ピーターズの道徳教育論について解明した．そして，かれの考察では，日常言語の分析を利用して教育の正当化が行われ，それが，形式的な道

徳原理の正当化につながっていることを示した．もちろん，他の分析哲学者と同じように概念分析や言語分析の方法を採るとはいっても，先にも述べたように，かれの主張内容を分析的立場に共通のものとみなすことはできない．そこで，最後に，方法的側面にかぎって，道徳教育の研究に対して分析哲学がもつ役割について論評を加えておきたい．

　まず道徳教育の問題は，それが道徳の問題であるという点で，そしてまた教育の問題であるという点できわめて実践的な問題である．つまり，道徳教育では，実際によい行為を導く道徳的規範とはどのようなものなのか，子どもたちにそれを具体的にどのように教えるのか，ということが明らかにされねばならない．では，分析哲学の方法による道徳教育論は実践的であると言えるのだろうか．少なくとも，日常言語の分析によって問題を明らかにするという点では，日常の活動と結び付いたものであると言える．ところが，それによって構築された理論が実際に役立つのかどうかということは，概念分析や言語分析という方法の射程外の問題なのである．この点は，ウィルソンやピーターズのような，分析哲学の立場に立つ人びとの理論と，コールバーグのような心理学的研究を重視している人びとの理論とを比較すると明確になる．コールバーグの理論はすぐに教室で実践することができるのに，ウィルソンやピーターズの理論を実践しようとするとわたしたちは自分たちで少々工夫しなければならないであろう．

　しかし，これは，必ずしも，ウィルソンやピーターズの理論がコールバーグ理論よりも劣るということを示すものではない．というのは，コールバーグの言う三水準六段階の発達段階の図式は哲学的な根拠づけをも必要とするからである．もしこれがなされなければ，理論は勘を頼りに体験から導出されたにすぎないことになり，科学的あるいは学問的であるとは言えない．だから，道徳教育の研究では，心理学的なあるいはまた社会学的な研究と同時に，哲学的な概念分析や言語分析を利用したメタ・レベルからの正当化が必要とされるのである．

このように述べると，そのための哲学的方法が分析哲学の方法である必要はないと反論されるかもしれない．しかし，そもそも分析的でない哲学などありえないのであって，分析哲学はただその分析という方法を，今世紀に入って高度に発展した記号論理学を応用しつつ主題的に取り上げたのである．その意味では，分析哲学についての研究は，道徳教育についての哲学的な研究の解明に対して，おおいに示唆を与えるものと言えよう．

注

(1) G. E. Moore, *Principia Ethica*, Cambridge University Press, London, 1903.
(2) *Ibid.*, p. 3.
(3) L. Wittgenstein, *Tractatus Logico-philosophicus*, Routledge & Kegan Paul, London, 1922.
(4) L. Wittgenstein, 'Philosophische Untersuchungen', in *Schriften 1*, 4. Aufl. Surkamp, Frankfurt am Main 1980.
(5) G. Ryle, *The Concept of Mind*, Harper & Row, New York, 1949.
(6) I. Scheffler (ed.), *Philosophy and Education*, 2nd ed., Allyn and Bacon, Boston, 1966.
(7) I. Scheffler, 'Toward an Analytic Philosophy of Education', in *The Harvard Educational Review*, Vol. XXIV, No. 4, 1954.
(8) *Ibid.*, p. 223.
(9) *Ibid.*, p. 227.
(10) *Ibid.*, p. 227.
(11) I. Scheffler, *The Language of Education*, Charles C Thomas, Springfield, 1960.
(12) *Ibid.*, p. 43.
(13) *Ibid.*, p. 43.
(14) J. Wilson, N. Williams, B. Sugarman, *Introduction to Moral Education*, Penguin Books, Middlesex, 1967.
(15) J. Wilson, *Moral Education and the Curriculum*, Pergason Press, Oxford, 1969.
(16) J. Wilson, *The Assessment of Morality*, NFER, Windsor, 1973.

(17) R. S. Peters, *Ethics and Education*, George Allen & Unwin, London, 1966.
(18) L. Wittgenstein, *Philosophische Untersuchungen*, § 67.
(19) *Ibid.*, § 7.
(20) R. S. Peters, 'The Justification of Education', in R. S. Peters (ed.), *The Philosophy of Education*, Oxford Unversity Press, Oxford, 1973, p. 247.
(21) *Ibid.*, p. 246.
(22) R. S. Peters, *Ethics and Education*, p. 114.
(23) *Ibid.*, p. 153.
(24) R. S. Peters, *Authority, Responsibility and Education*, 3rd ed. George Allen & Unwin, London, 1973, p. 144.
(25) R. S. Peters, 'Reason and Habit: the Paradox of Moral Education', in *Moral Development and Moral Education*, George Allen & Unwin, London, 1981, p. 50.
(26) *Ibid.*, p. 50.
(27) *Ibid.*, p. 50.
(28) R. S. Peters, *Authority, Responsibility and Education*, p. 145.
(29) *Ibid.*, p. 150.
(30) Cf. L. Kohlberg, 'Indoctrination Versus Relativity in Value Education', in *Essays on Moral Development, Volume 1: The Philosophy of Maral Development*, Harper & Row, San Francisco, 1981, pp. 17-19.
(31) R. S. Peters, *Ethics and Education*, p. 91.
(32) R. S. Peters, 'Aims of Education: a Conceptual Inquiry', in R. S. Peters (ed.), *The Philosophy of Education*.
(33) *Ibid.*, p. 22.
(34) *Ibid.*, p. 24.
(35) *Ibid.*, p. 24.
(36) R. J. Royce, 'R. S. Peters and Moral Education, 2: Moral Education in Practice', in *Journal of Moral Education*, Vol. 13, No. 1, 1984, p. 11.
(37) R. S. Peters, *Authority, Responsibility and Education*, p. 148.
(38) R. S. Peters, 'Moral Development: a Plea for Pluralism', in *Moral Development and Moral Education*, pp. 93-94.

(39) R. S. Peters, 'Reason and Habit: the Paradox of Moral Education', p. 48.
(40) *Ibid.*, p. 51.
(41) R. S. Peters, *Authority, Responsibility and Education*, p. 140.
(42) *Ibid.*, p. 140.

第9章 コールバーグの道徳教育思想
――文化的相対主義の克服をめざして――

は じ め に

　現代は，道徳ということを誠実に，またできるだけ客観的に考えようとすればするほど，これこそ絶対によい・正しいと断定し，そう教えることができなくなる．我々は，世界各地において文化や道徳や生活習慣が，さまざまに異なっていることを知っている．同じ日本でも，道徳についての考えは，人や時代によって大きく食い違う．では，「善」や「正義」は単に相対的なものにすぎないのだろうか．また，それでよいのだろうか．そのように主張する理論学説も多い．しかし，「価値の混乱」，「倫理の喪失」と言われる現代において重大なことは，たとえ完全なコンセンサスに到達することはできないにしても，つねになんらかのかたちで，そのような文化的・倫理的相対主義を乗りこえていこうと努力しつづけることではないだろうか．コールバーグの道徳教育思想は，このような相対主義の克服という課題を担って登場してきた．
　コールバーグによれば，人間の心の発達をどのようにして説明するか，という問題に関しては，従来からさまざまな考え方があった．ひとつは，学習による行動様式の変容という視点からそれを捉えようとする学習心理学の立場である．ジョン・ロックから，パブロフ，ハル，スキナーへと受け継がれたこの考え方を，コールバーグは「環境説」と呼び換える．それは，この立場が「基本的な心の構造は，外界〔＝環境〕のできごとがパターン化されたり，連合されたりして生じる」[(1)]とみなすからである．つまり，心の構造は，外的世界からの

刺激によって形づくられるのである．

　もうひとつは，精神の発達を遺伝子型の漸次的開花によって生じる心の変容と考える精神分析理論の立場である．コールバーグはこれを「成熟説」として特徴づけるが，それは，この立場が「つぼみが開くように進行する」成熟として精神の発達を捉え，「このような年齢と共に変化する行動様式のパターンやそれが現われてくる順序と時期は，有機体にあらかじめ埋め込まれている」と考えるからである．もちろん，外からの刺激が発達に不要だというのではない．外からの刺激はたしかに新しい行動パターンを引き出すために必要であるが，行動のパターンそのもの（それがある一定のパターンであって他でないということ）は，「遺伝子型の原型」によって決められている．生態学的な「刻印づけ」やフロイトの「リビドー固着」は，「遺伝子型のすき間」に生じる学習にすぎない．

　以上のような，従来主流となってきた二つの考え方に対し，コールバーグは新しい第三の立場を主張する．すなわち，コールバーグによれば，人間の心の発達は，心の構造の質的変容が，環境との相互作用を通して，連続的段階的に生じる，ことなのである．この(1)心の構造の質的変容，(2)環境との相互作用，(3)発達の連続的段階性，という三つの観点を一体化して心の発達を説明しようとするところに，コールバーグ理論の独自性がある．環境説・成熟説との関係でコールバーグ理論を際立たせるのは，とりわけ第二の「相互作用」という観点である．すなわち，コールバーグ理論は「基本的な心の構造は，有機体がもっている構造化の傾向と外界の構造との相互作用から生じてくるのであり，いずれかの直接的反映ではないと仮定する」．もちろん，このような理論は，コールバーグ一人の手になったものではない．ギリガン等も指摘するように「コールバーグの元々の研究（1958年）は，正義・公正としての道徳性と自律へ向かう進展としての道徳的発達とに関するピアジェの概念を受け入れることによって始まった」のであり，また哲学的には，デューイ，タフツ，ミード，ボールドウィンらと共通の基盤に立っている．

　以上，心の発達に関するコールバーグの理論を，先行する二つの考え方と対

比して論述してきたが,どの立場に立脚するかによって,道徳教育のあり方は全く異なったものとなる.すなわち,第一の環境説の立場を取れば,それは「外的世界の構造が子供の……〔心の〕構造の源泉である」[7]と考えるのだから,教育においては,訓練・学習・教化といった積極的な教育的営為が,さらに広くは文化環境そのものが決定的な役割を果たすことになる.第二の成熟説の立場を取れば,教育は,なにかを教え込んだり,なんらかの行動パターンを習慣化させたりすべきではなく,その自然な成長が妨げられることのないように保護しつつ見守る,というべきものであろう.それに対して,コールバーグ理論は,心の構造の由来と発達を有機体と環境との相互作用に求めるのであるから,教育は,主体と外界との相互作用の活性化をはかることを目標とすることになる.

では,環境説・成熟説に対して,コールバーグ理論はどのような長所をもつのであろうか.かれの思想は倫理学的には,カントからヘアーに至るいわゆる形式主義の流れをくみつつ,それをピアジェから継承した心理学と一体化しようとするものである(かれは,その心理学説が「規範倫理学の体系の『深層構造』に一致する」[8]と主張する).すなわち,コールバーグは,環境との相互作用を通して形成される心の構造とその発達段階は,文化や時代の相違をこえて一定であると考えることによって,文化的・倫理的相対主義を克服しようとするのであり,この点において前二者を凌ぐと考えるのである.環境説においては,道徳教育は子供による文化的・精神的価値の受け入れであり,その価値が地域・国家によって異なる相対的なものである以上,それが文化的相対主義となるのは避けられない.また,成熟説は,そもそもその発生学的立場からは,なぜ上位の段階が下位の段階よりも「よい」ものであるかを基礎づけることができない.フロイトの理論を例に取れば,前性器期(口唇期・肛門期・男根期),潜在期,思春期,性器期といった発達に関して,後の段階が先行する段階よりも道徳的によいことにはならないし,「超自我」による良心形成の説明は,超自我が外的世界の内面化として捉えられる以上,当然,倫理的相対主義たることを免れない.道徳的価値の崩壊という現代社会の危機的状況を生み出した大きな理由のひと

つに，文化的・倫理的相対主義の蔓延を挙げるコールバーグにとっては，以上のような二つの理論の克服が最大の課題となったのである．

では，コールバーグは，どのようにしてこの課題に答えようとしたのであろうか．

第1節　道徳性発達の六段階

　道徳教育が「正義」や「善」の具体的内容を教えるものだとすれば，それは，およそその時代や地域また政策や宗教によって正義・善として認められていることを教える他はない．伝統的道徳教育は，そのような具体的「徳目」の教授による「品性教育」(character education)であったが，それはしばしば，特定の価値の注入主義へと陥った．しかも，そのような特定の価値はあくまで相対的なものであるにもかかわらず，それを普遍的価値とみなしがちであった．思想史の展開を顧みれば少なからず認められることであるが，一定の具体的目標を掲げる思想の後には，具体性というものに必然的に付帯する特殊性への批判から，むしろ目標定立の過程そのものを重視する思想が現われてくる．

　道徳教育思想の流れも例外ではない．伝統的道徳教育を批判して登場してきたのは，具体的な価値ではなく，価値づけの過程こそ重視されるべきだという考えであった．これが，ラス，サイモン，カーシェンバウム等によって提出された「価値明確化」(values clarification)の教育である．それによれば，道徳教育において最も重大なことは，合理的な価値判断の力を育むことなのである．

　しかし，コールバーグによれば，価値明確化の教育もまた相対主義に陥る．価値明確化の教育は，あることをよしとする判断の結果ではなく，判断の形成過程そのものの重大性に着目したことで大きな一歩を進めたが，そこではなお，その過程のもつ構造や方向性による差異が十分に考慮されていない．実際，価値明確化の教育では，子供が自由によく考えて下した判断はすべて有意義なも

のとして認められるため,つねに多くの価値が混在し,場合によっては諸価値の混乱さえ生じる[9].そして,このような価値の混乱という点において,結果的に相対主義の欠陥を共有することになる.

コールバーグも同じように判断の過程に注目するが,どのような過程によって判断が生じるかは,判断を導く心の構造に依存しているのであり,しかも,その構造化の仕方には,人間の道徳的成長に対応したいくつかの段階があって,上位の段階ほど適切な判断が下せる,と考える.この心の構造とは,簡単に言えば,どういう理由である行為をよしとするかという理由づけの構造であり,この構造化の仕方に,道徳的に見て高い理由づけを導くことのできるものと,低い理由づけしか導けないものとが,段階的な順序性をもって存在している.そして,このような構造とその段階性とは,文化や時代をこえて人間に共通する,と考えるのである.

コールバーグは,この心の構造の発達をつぎのような三水準六段階に分類する.

1 慣習的水準以前

この水準を特徴づけるのは,親や一般的な規則によって子どもの行為に張り付けられる「善い」,「悪い」,「正しい」,「誤り」というレッテルに敏感に反応する,ということである.行為の決定要因は,規則のもつ権威や当面している人物の身体的力の強弱であり,行為によって生じる物理的ないしは快楽主義的な結果(罰・報酬・好意等)である.この水準はつぎの二つの段階に分けられる.

〈第一段階〉 罰と服従への志向

罰の回避と力への絶対的服従がそれだけで価値あるものとなり,罰せられるか誉められるかという行為の結果のみが,その行為の善悪を決定する.

〈第二段階〉 道具主義的相対主義への志向

正しい行為は,自分自身の,また場合によっては自己と他者相互の欲求や利

益を満たすものとして捉えられる．具体的な物・行為の交換にさいして，「公正」であることが問題とされはするが，それは単に物理的な相互の有用性という点から考えられてのことである．

2 慣習的水準

各人の属す家族・集団・国家の期待に添うことが，それ自体価値あることとみなされる．単なる同調だけでなく，忠誠心・秩序の積極的な維持と正当化・所属集団への同一視などが生じるが，なぜそうすることがよいのかは考慮されない．この水準は次の二段階に分けられる．

〈第三段階〉 対人的同調あるいは「よい子」への志向

よい行為とは，他者を喜ばせたり助けたりするものであって，他者によいと認められる行為である．多数意見や「自然なふつうの」(natural)行為についての紋切り型のイメージに従うことが多い．行為はしばしばその動機によって判断され，初めて「善意」が重要となる．

〈第四段階〉 「法と秩序」の維持への志向

正しい行為とは，社会的権威や定められた規則を尊重しそれに従うこと，すでにある社会秩序を秩序そのもののために維持することにある．

3 慣習的水準以降・自律的原理的水準

既成の法律や権威をこえて自律的に判断し，道徳的価値や道徳的原理を自ら規定しようと努力する．この水準はつぎの二段階に分けられる．

〈第五段階〉 社会契約的遵法への志向

ここでは，規則は，固定的なものでも権威によって押しつけられるものでもなく，そもそも自分たちのためにある変更可能なものとして理解される．正しいことは，社会にはさまざまな価値観や見解が存在することを認めたうえで，社会契約的合意に従って行為するということである．

〈第六段階〉 普遍的な倫理的原理への志向

正しい行為とは,「良心」に則った行為である. 良心は, 論理的包括性・普遍性あるいは立場の互換性といった視点から構成される「倫理的原理」に従って, なにが正しいかを判断する. ここでは, この原理に則って, 法をこえて行為することができる (コールバーグはしばしば, このような倫理的原理の諸要素を「正義・公正」(justice) という言葉に集約する).

以上の六つの段階は, 道徳的判断の過程を導く心の構造の質的変容によって「段階」としての特性をもつ. それはけっして, 心の漸進的量的な変化を任意に区切って, それを特徴づけたものではないことが留意されねばならない. この発達は, 個体と環境との相互作用を通して起こり, 段階の順序に従って一段階ずつ進む, いわゆる段階の飛びこしや後退は基本的には生じない. 文化や地域によって, 発達の速度や様態が異なり, また未開地域によっては上位段階が見られない, といった相違は存在するものの, 道徳的発達が以上のような段階をもって順次的に生じるということは, 普遍的妥当性をもつという. コールバーグは, このことを世界各地における心理学的調査によって統計的に証明できたと考え, それによって, かれの理論が文化的相対主義を克服できると確信したのである.

* コールバーグの思想は, 初期から晩年にかけてかなり変容している. 三水準六段階の規定に関しても, 1967 年のものと 1981 年のものには大きな相違が見られる. 度重なる修正と変更を経た結果としての 81 年版を採用することが, コールバーグ自身の意図には最も沿うことになるであろうが, 81 年版には, 三水準の特徴に関する説明がほとんどなされていないうえ, 81 年版における段階の「内容」と「社会的パースペクティヴ」の区分は, その理論的背景の詳しい――とりわけ, 発達段階評定法の改定と関わる――説明を必要とする. そこで, 必ずしも適切な方法とは言えないが, ここでは, そのような時期的変容の中で, なおそれを汎通する最も基本的な観点を明示するという方向でまとめた (ただし, 67 年版はきわめ

て不完全なものであるため，参照する程度にとどめた⁽¹⁰⁾）．

第2節　認知構造と道徳的発達の意味⁽¹¹⁾

　コールバーグ理論はすでに広く研究され，実践への導入が試みられているが，その現代的意義を十分に理解し，教育現場への適用をいっそう生産的なものとするためには，コールバーグ理論そのもののより精密な把握が必要であると思われる．すでに指摘したように，コールバーグによれば，道徳性の発達は判断の過程を導く「心の構造」の段階的変容であった．では，この「心の構造」とはどのようなものであろうか．コールバーグは，心の発達の基本を刺激 - 反応のプロセスを媒介する認知能力の発達とみなすかれの立場から，そのような「心の構造」をより本質的かつ限定的に「認知の構造」(cognitive structure) として捉える．したがって，「はじめに」で論じたコールバーグ理論の三つの基本的観点は，より専門的に，認知構造・相互作用主義・連続的発達段階と言い換えられるが，中でも，この「認知構造」の概念は，コールバーグ解釈の大きな躓きの石であった．

　道徳性の発達は，この認知構造の連続的な質的変容であり，第1節に論述したような三水準六段階に分節化されて，それぞれの段階にはその構造を特徴づける名称が与えられる．ところが，この名称がしばしばなにか実体的なものとして受け取られ，上位段階への発達が，異なった徳目ないしは道徳的性格への移行ででもあるかのように捉えられてきた．我々はこのようなコールバーグ理解の典型例を，雑誌『道徳教育』に見られる，つぎのような批判的文言のうちに見いだすことができる．

　「端的に言って，私の疑問は〔第五段階の〕『社会契約』と〔第六段階の〕『普遍的倫理原則』が切り離されがちな点にある．道徳が本来持っているはずの社会的性格を考えるとき，個々人における『普遍的倫理原則』の自覚と，その原則にもとづく『社会契約』による新たな法と秩序の創造とが二つながらに重要

であろう．にもかかわらず，第五段階の『社会契約』的な見地を突き抜けて強調される第六段階では，道徳判断は，なにかアトム化された個人の孤独な道徳判断ともいうべき様相を帯びがちなのである．」

第六段階においては，第五段階における社会性の契機が失われ，個別的な道徳性の世界に退行するという，論者の以上のような批判は，コールバーグ理論における道徳性の発達が，認知構造における「分化（differentiation）」と「統合（integration）」という二つの機能の一体的発展であることを見逃したところに由来する．論者の誤解は，とくに後者の「統合」機能の増大という点に関わる．それは本来，上位段階への発達はその「包括性（inclusivity）」の増大であり，上位段階は必ず下位段階の構造を包括するということを意味している．B. シァザン（B. Chazan）は，この事態をきわめてわかりやすく解説している．「ある〔段階の〕論理は，前段階のあらゆる論理がなすことをなし，かつ，それ以上のことをなす．」J. レストの説明はいっそう論理的である．「新しい段階は，単純に前の段階にとって代わるのでもなければ，それに付け加えられるのでもない．むしろ新しい段階は，以前の段階の諸要素を新たな諸要素と一体化して，新たに出現してくる構造へと変容したものである．」したがって，たとえば，普遍的な倫理的原理を志向する第六段階の中には，社会契約に則った遵法を志向する第五段階の機能が，いっそう適切な位置づけをもって包摂されているのである．先の論者はこの点を見落としたのであるが，このような事態に至ったのは，根本的に言えば，かれが各段階に与えられた名称を実体化して，上位の段階への移行をまるで異なった徳目へと飛びこえることであるかのように理解するところに起因している．そして，我々の知る限り，このような誤解は意外なほど広範に浸透している．

コールバーグの重要な共同研究者であったアン・ヒギンズは，1987年8月，道徳教育国際会議の席上，以上のような誤解が欧米でも蔓延していることを指摘した．コールバーグは，かれ最後の著書となった *The Measurement of Moral Judgement, Vol. 2 : Standard Issue Scoring Manuals* の中で，道徳性発達段

階の新しい評定法を開陳しているが[16]，ヒギンズによれば，その理由のひとつは，従来の評定法では，以上のような誤解のために発達段階の正確な評定ができなかったからなのである[17]．

そこで，本節においては，このような誤解を生じさせてきた「認知構造」の概念を新たに解明し，そうすることによって，コールバーグ認知発達理論のいっそう正確な概要を提示したい．

まず一般的な立場からして，認知理論とはどのようなものであろうか．ボールドウィンはそれを，刺激と反応のあいだに，刺激に対して反応を決定するコード化の過程（プロセス）が介在することを仮定する理論として定義している[18]．このコード化する過程を司る機構（メカニズム）が認知構造であり，この認知構造の変容・発達によって道徳性の発達を説明するのが，認知発達理論である．すでに述べたように，認知構造の発達は，分化と統合という二つの機能の増大として進展する．適切な道徳判断とは，いっそう規範的かつ普遍的なものでなければならないが，コールバーグによれば，「規範性」に対応するのが「分化」であり，「普遍性」に対応するのが「統合」である[19]．

道徳判断の規範性の増大は，認知構造における分化の増大によって可能となる．この分化の増大とは，道徳的に他律的な「である」から道徳的に自律的な「べきである」が分離し確定していく過程である．すなわち，定言的・自律的な道徳判断が，他律的判断や単なる事実判断の中に埋れたり，それらと混同されたりすることなく，それらから判然と分離され弁別されることによって，つまり「分化」されることによって，その道徳判断は行為に対する規範性を増大させるのである[20]．

このように分化の増大とは，「道徳的な価値や判断を，他の類の価値や判断から徐々に分化していくこと」[21]を意味するが，このことをコールバーグは，人間の生命を例にとって説明している．すなわち，生命の道徳的価値は，第一段階では地位や財産の価値と未分化であるが，まずそのような物質的価値から分離され，続いて第二段階の他者に対する道具的利用価値，そして愛情や共感に基

づいて特定の人物に与えられる第三段階の価値，既成の法律・秩序によって認められる第四段階の価値，社会契約的合意によって承認される第五段階の価値，といった順序で次々と低次の価値から区分・弁別され，第六段階に至って初めて生命の価値は，他のすべての二次的価値から分離されて，倫理的原理に基づく無条件的な価値として認知される．(22) このようにして認知構造における分化の過程が頂点に達するとき，そこにおいて下される道徳判断は純粋に自律的なものとなり，最高度の規範性を得る，すなわち「べきである」という当為的性格を最高度に保持しうるのである．

　同じように，道徳判断の普遍性の増大は，認知構造における統合の増大によって可能となる．いうまでもなく，道徳判断の普遍性の増大とは，ある一定の道徳判断がごく一部の人に原理として受け入れられる状態から，より多くの人に受け入れられる状態へと進むことである．そして，それは最終的には，いつどのような場合でもあらゆる人を規定しうる原理である，というところに行き着く．このような普遍性の増大が，認知構造における統合の増大によってもたらされるのであるが，この統合の増大とは，認知構造が，限定された特定の対象にのみ価値付与の可能性を開く構造から，あらゆる対象に対して価値付与の可能性を開く構造へと発達することである．先に挙げた人間の生命価値の無条件を例として用いれば，ごく少数の身近な，あるいは役に立つ人間にのみその生命の価値を認めようとするような段階から，すべての人間に等しく生命価値を認めようとする段階への発展である．したがって，統合の増大は普遍性の拡大をもたらすのである．

　以上のように，道徳判断における「規範性」の向上と「普遍性」の拡大とは，認知構造における分化と統合の増大として捉えられるが，実のところ，この二つの行程は表裏一体のものである．(23) すなわち，それらは，認知構造のもつ純化機能の増大というひとつの行程の裏表なのである．そもそも人間は，なんらかの実質的目的を達成するための手段を規定する仮言的命令に従うとき，道徳的他律に陥り，「すべての人格を手段としてではなく，目的として扱え」という定

言的命令に従うとき，自律を獲得する．すでに述べたように，分化の行程は，この定言的命令が仮言的命令からいっそう明瞭に峻別されていく過程であるが，それは同時に，目的それ自体としての人格の概念が，他の特殊的実質的な諸目的との混合から分離されていく，すなわち純化されていく行程にほかならない．また統合にしても，その増大は，道徳的価値が特定の対象——たとえば，ある特定の重大な人物の生命——から非限定的対象——たとえば，全人類の生命——へと広がる行程であって，それは人間の生命という価値が，普遍化可能性という論理的基準に則り，特定の人物にのみ帰属する普遍化できない他のさまざまな価値——たとえば，富，権力，血縁といった価値——から分離され，純化される行程である．つまり，分化と統合とは，純化というひとつの行程の両側面であり，したがって，認知構造の発達とは，一言で言えば，構造のもつ純化機能の増大なのである．

　では，このような純化機能の向上によって，人間の行動パターンにはどのような変容が生じるのであろうか．コールバーグによれば，それによって人間は，より多くの問題状況をより一貫した仕方で解決することができるようになる．下位段階においてはさまざまな矛盾に逢着せざるをえないが，上位段階にいくにしたがって，首尾一貫した解決が可能となる．すなわち，分化と統合の増大は，いっそう規範的かつ普遍的な道徳判断を形成し，かつそれを他の他律的判断からいっそう明確に区別することを可能とするのであり，したがってそこでは，内的価値葛藤がいっそう首尾一貫した仕方で解決されるようになり，当の主体においては精神的安定性がさらに向上するのである．そして，この事態は，分化と統合という二つの機能からなる認知構造そのものが，いっそう安定した構造へと発達したことを意味する．しかも，このことは同時に，他者との外的価値葛藤に関しても，互いの道徳判断の規範性と普遍性の向上によって，相互の調整・一致がいっそう容易にかつ首尾一貫して行われることを意味しているから，そこでは自己と世界との関係もまた，いっそう均整のとれた安定したものとなるのである．つまり，分化と統合の増大は，認知構造それ自体のより高

度の均衡をもたらし、それによって内的価値葛藤のより安定した解決を可能とする。そしてこのことが同時に、自己と世界との関係構造のいっそうの安定をもたらし、外的価値葛藤の安定した解決を可能とする、と言えるのである。[24] コールバーグの認知発達理論は、主体と環境との相互作用の活性化をはかることによって、認知構造の質的変容・発達をもたらし、以上のような主体の内的かつ外的な価値葛藤の安定した解決がいっそう拡大されることをねらうものである。

以上の論述を要約すれば、認知構造とは、刺激に対して反応を決定する際のコード化の機構であり、その発達とは、分化と統合という二つの側面をもつ純化機能の向上であって、道徳判断の規範性と普遍性の増大をもたらす。そして、それによって、内的な自己自身への関係および外的な自己と世界との関係との相方において構造的安定がもたらされ、内的かつ外的な問題状況のいっそう安定した解決が可能となるのである。この点の適確な把握によって初めて、先に述べたような従来の誤解をこえて、コールバーグ教育思想の真意を汲むことができると思われる。すなわち、コールバーグによれば、現実の教育は、道徳上の特定の価値を伝えるものでもなければ、単に価値形成の過程のみを重視すべきものでもなく、むしろ「内的再組織化につながるような葛藤」[25]へと導きつつ、「子供が自分の経験を再構造化するのを促すこと」[26]ができるものでなければならないのである。

第3節　コールバーグ理論の問題点
——なぜ三水準六段階か——

コールバーグ理論には、その基本的前提を誤りとみなすものから、部分的な修正を求めようとするものまで、すでにさまざまな角度から批判が加えられてきた。これまでの批判を大きく分類すればつぎのようになる。

①コールバーグ理論も結局は，ある一定の（たとえば，アメリカ的進歩主義という）社会的歴史的イデオロギーの反映でしかない——ギリガン，シュヴェーダー，シンプソン，サリバン他．

②構造主義的方向に偏重しすぎている（たとえば，マーフィやギリガンは，文脈相対主義への部分的修正が必要であることを提案した）——ギッブス，ギリガン，マーフィ，レヴィン，サリバン他．

③道徳における感情的要素の無視——オルストン，ピーターズ，サリバン他．

④検証方法の問題および実際的検証の不十分さ——シンプソン他．

⑤アトム論的に偏重しすぎていて，共同性の意義が十分に顧みられていない——ハーバーマス，サリバン他．

⑥性差の無視（女性には別の論理がある）——ギリガン．

⑦基本原理に関する論理的基礎づけが不十分である——ベック，ハーバーマス，サリバン他．

⑧道徳判断ないしは推論と行為との関連の不明瞭性——D. ロック，シャザン他．

コールバーグは，レヴィン，ヒューワーとの共著『道徳的発達の諸段階——コールバーグ理論の最新の定義と批判への回答——』で，これまでの批判が主にかれの初期の文献にのみ立脚してなされたことを指摘し，かれの理論の最新の叙述を提供するとともに，前記のような諸批判の中から重大なものを取り上げて回答した．しかし，その回答には，満足できないものも多い．

本章の「はじめに」で述べたように，本章は，文化的相対主義克服のひとつの試みとしてコールバーグ理論の意義を明らかにしようとするものであり，ここでは，そのような観点からコールバーグ理論の問題点を扱いたい．そのさい，まず取り上げられるべきは，先の諸批判のうちの①コールバーグ理論も一定のイデオロギーの反映でしかない，というものであろう．しかし，イデオロギーの問題はきわめて広範な議論を必要とするうえ，さらにイデオロギー批判そのもののイデオロギー性が問題とされることによって，議論は完全に教育思想の

枠をこえざるをえない．したがって，ここでは，焦点をコールバーグ理論の内在的問題にしぼりたい．

　コールバーグ理論の内部から，文化的相対主義の克服というそのもくろみの成否を問うときに，最大の鍵となるのは，道徳性発達の六段階の妥当性である．すなわち，それはどのようにして導出され，基礎づけられ，検証されたのか．先の諸批判のうちでは，主に④⑥⑦がこれに関わるが，ここではとくに⑦論理的基礎づけという観点をめぐって，なぜ認知構造の発達は三水準六段階と規定されるのかを問題としたい．道徳性の発達が，四水準や八段階ではなく，普遍妥当的に三水準六段階だという論理的必然性はどこにあるのか．どのような論理構成によって，そのような分節化が導出されるのか．もし，この三水準六段階が，単に経験的事実から帰納的に導出されただけのものだとすれば，コールバーグは文化的相対主義の克服を成し遂げたとは言えない．というのも，ひとつの帰納的推論は，それが当該の所与(データ)から導出できる唯一正当な推論であることを同時に保証することはできないからである．当該の所与(データ)から他の帰納的推論によって，所与(データ)をより整合的に説明できる仮説の導かれる可能性が残る限り，最初の帰結は相対的なものである可能性を孕む．

　コールバーグの段階区分は，現実的資料収集が進むにつれて複雑になってくる．諸段階の定義そのものが複雑化するだけでなく，第四段階と第五段階とのあいだに $4\frac{1}{2}$ 段階が設けられ，さらに第七段階が設定される．こうした事実は，コールバーグ理論がその論理的哲学的基礎づけに乏しく，新事実が現われてくるたびに帰納的推論によって原理を訂正・補完していったためと判断せざるをえない．実際，この三水準六段階への分節化の論理とその必然性に関して，コールバーグは十分に論究していない．コールバーグの思想そのものに，そのような論理的体系構築術が欠如している．たとえば，ベックとサリバンは，コールバーグ理論においては，その発達段階の順序に関する内在的論理が明瞭でないことを指摘しているが，これは本質的に我々と同じ観点からの批判であるとみなしうる．また，ハーバーマスは「〔コールバーグの〕道徳意識の諸段階は，

成長する子どもがおのおのの異なった段階において知覚する行為構造に，相互性の要求を適用することによって導出されうる」と述べ，かれの相互行為論から道徳意識の諸段階を論理的に引き出している．その本来的意図は，かれの批判理論の下にコールバーグ理論を包摂しつつ修正しようとすることであるとしても，ハーバーマスにこのような試みをなさしめたということ自体が，なによりも雄弁にコールバーグ理論における論理的基礎づけの脆弱性を物語ったと言える．

　もっとも，このようなハーバーマスの見解に対して，コールバーグはそれを高く評価しつつも，「我々の道徳的構造の公正志向は，〔ハーバーマス的な〕社会的パースペクティヴ取得の各水準に変容されるけれども，我々の構造は，概念的には，社会的パースペクティヴ取得の諸水準には還元できない」と反論している．コールバーグが，道徳的発達における上位段階への移行を，環境との相互作用による新しい認知構造の心理学的「個体発生」（ontogenesis）として理解しているところからすれば，この反論は正しいと思われる．しかし，そうであれば，コールバーグ発達理論の論理的基礎づけは，なお課題として残されたままであることになる．実際，ハーバーマス的相互行為論からは，段階的発達の不可逆性（下位段階への後退という現象はほとんど生じない）と発達の連続性（段階の飛びこしは生じない）という事実を説明することは困難であると思われる．今，コールバーグ理論に求められるのは，心の段階的発達とこのようなその諸特性とを首尾一貫して構成しうる内在的論理ではないだろうか．

　我々はここで，発達の三水準六段階への分節化の論理に関して，ひとつの解釈を提示したい．すでに第2節で論述したように，認知構造の発達は分化と統合という二つの機能の増大にあるが，構造が質的な不可逆的変化を段階的に遂げるとすれば，その原因は，分化と統合という二つの機能の論理的関係が，その両機能の量的増大によって質的変化を遂げる，と仮定するほかない．コールバーグは，認知発達の過程を「機能の連続」，「構造の非連続」という言葉で特徴づけるが，これの意味するところは，分化と統合という機能は発達によって

漸進的連続的に増大するが，両者の関係構造は非連続的に発展するのであり，その非連続性が「段階」を形成する，と受け取るべきであろう．

まず，三水準への分節化について見てみよう．そもそも統合の増大とは，全く特定の人物・対象とのあいだにしか相互性を認めえない立場から，全人類とのあいだに相互性を認めうる立場への発達であり，分化の増大とは，多くの特殊的属性をもった人物とのあいだにしか相互性を認めえない立場から，そのような特殊的属性を徐々に分離し，人間の本質である純粋な自律意志との相互性へと高まる発達であった．

前記のように，第一水準（慣習以前の水準）は，罰の回避と服従を志向する第一段階と道具主義的相対主義を志向する第二段階とに分かれる．第一段階から第二段階への発達をまず統合の増大という点から見よう．第一段階にある認知主体は，服従することによって罰からの自由を与えてくれるようなごく少数の人間とのみ相互性を結ぶ．これはたとえば，幼児が親に従い，また近所のガキ大将に従うといった段階である．しかし，統合の増大によって相互性の範囲はさらに広がり，互いの要求や利益を満たし合えるような相手と相互作用を結ぶようになる．その相手とは，たとえば近所や学校の友人たちであろう．

つぎに，この発達を分化の増大という点から見よう．認知主体はまず，大きな権威・支配力をもち，その人物に服従することによって罰が回避され自由が与えられるといった，きわめて特殊的な多数の属性をもった相手としか相互性を取り結ぶことができない．しかし，そのような多数の特殊的属性の内から権威・支配力といった性質が捨象され，要求・利益を満たしうるといった属性がそれから分化して残されるとき，相互性を結びうる相手はいっそう拡大して第二段階となる．

分化と統合というこの二つの機能の変化は，あくまで量的なものであるが，量的変化が一定の限度をこえると，不可逆的な質的変化をもたらす．すなわち，統合の増大によって相互作用の対象とみなされうる人間の数がある程度以上に増え，同時に分化の増大によって相互作用を結ぶのに必要とみなされる対象の

特殊的属性の数がある程度以下に減ってくると，認知主体は，対象を具体的なこの人・この人たちとして特定できなくなる．その結果，相互性を具体的な個々の人間と直接的に結び合うことは不可能となるのである．そこで，具体的な特定の人物への直接的志向は断念され，既成の社会状況の中で自分に向けられている集団の期待や要求といった働きと（ないしはその働きを介して他者と）相互性を取り結ぶようになる．すなわち，認知構造が具体的人間を無媒介に対象とする構造から，集団による期待や要求といった働きそのもの（これはまた「一般化された他者(34)」とも表現される)を対象とする，ないしは，そのような働きを媒介して人と交わるという構造へと質的変容を遂げるのである．これが第一水準から第二水準への発達である．

　この第二水準は，人間関係における協調性を志向する第三段階と法と秩序を志向する第四段階に分けられる．第三段階から第四段階への発達をまず統合の増大という点から見れば，認知主体が相互性を結びうるような対象は，教師や学校の期待や要求といった限定されたものから徐々に拡大されて，最終的にはその社会自体の期待や要求，すなわち法律・秩序へと至る．また分化の増大という点からすれば，血縁があり，同じ利害関係にありといった多くの限定的属性をもった集団からの期待・要求に対してのみ相互性を結ぶことができる段階から，そのような諸属性が捨象・分離されて，そこから「国家的法的規定における自分の所属」という限定のみが分化して残され，自分の属す国家の期待と要求，つまり法律・秩序と相互性を結ぶ段階へと発達する．

　このようにして分化・統合の機能は増大するが，この行程がさらに進めば，集団の期待・要求を特定すること自体が不可能となる．たとえば，日本の期待・要求という点からさらに進展して東アジア一般の期待・要求ということになれば，それは日本の期待・要求のように一定の法律として存在しないため，認知主体にとって，その対象は突然にして不明瞭となり，認知主体との確固たる相互作用を成立させうるものではなくなってしまう．そこで，特定の既成集団の期待・要求に従った相互作用は断念され，認知主体は相互作用の原理を自ら構

第9章　コールバーグの道徳教育思想　243

築するという態度へと飛躍する．すなわち，自由な意志決定によって行為する第三水準（慣習的水準以降・自律的原理的水準）へと移行するのである(35)．これは，既成集団の期待・要求という外的刺激に対して反応する受動的他律的認知構造が，反応すべき刺激としての法・規則を自ら定立して，自らそれに従うという自発的自律的認知構造へと変容することを意味する．それによって，第三水準では，相互性は国家的枠組をこえて拡大される．

　以上述べてきたように，認知構造における分化と統合の増大が相互作用の拡大を生じさせるのであるが，その対象が具体的他者という水準（第一水準）において相互作用拡大の限界に逢着するとき，認知構造そのものが変容して集団の期待・要求を対象とするようになる（第二水準）．しかし，またこの第二水準において相互作用拡大の限界に達し，分化・統合の増大が相互作用の対象をかえって不明瞭なものとなすようになると，再び認知構造それ自体が変容し，自律的に定立された法則それ自身を対象とするようになる（第三水準）．そして，相互作用は最終的に全人類的範囲にまで拡大されるのである．三つの水準への分節化は，このように分化と統合という二つの機能の量的増大が，相互作用の拡大とその限界への逢着を通して，認知構造の質的変容を二度もたらす，という論理構造をもって説明されるのである．

　我々はさらに，六段階への分節化に関してもその論理構成を明らかにしなければならないが，紙数が足りないことと，分節化の方法そのものは同じであって，それが細分化されるにすぎないということから，ここでは省略したい．

　このような分節化の論理構造は，なぜ三水準六段階かを説明するためのひとつの仮説であるが，我々はつぎに，この仮説に立脚することによって，従来コールバーグ理論における論理的基礎づけの欠如とみなされていた点が，合理的に説明できることを示したい．経験的に検証可能な次元をこえた問題に関しては，その仮説に立脚することによってさまざまな問題がどれほど合理的に解決できるかということが，その仮説の唯一の真理基準となるはずだからである．

　我々はすでに，我々の仮説の展開過程において，段階的発達の不可逆性と発

達の連続性という問題を理論的に説明できたと考える．すなわち，まず後者に関しては，認知構造の発達はその分化と統合という二つの機能の量的増大によるものであるから，それはあくまで漸進的連続的なものであって，段階的飛躍という事態は生じえない．前者に関して言えば，分化と統合という二つの過程は，その機能の量的拡大によって両者の関係に変容を生じさせる．この変容は，まさに両者の関連の論理構造そのものの変形であるため，質的変容であって，前段階への後退は生じない．

我々がここで，先の仮説によって新たに基礎づけたいのは，$4\frac{1}{2}$段階と第七段階の問題である．周知のように，1967年と71年の発達段階規定によれば，第四段階から第五段階への上昇にさいして，一時的に第二段階への退行が見られた．しかし，段階評定法の改定によって，これは本来退行ではなく，第四段階から第五段階への移行において生じる過渡的現象であり，慣習的道徳原理と脱慣習的道徳原理とのあいだの動揺の時期として定義し直された．[36] 1981年の道徳判断発達段階表では「第2/3水準，過渡的水準」とされ，同時に「$4\frac{1}{2}$段階」とされている．[37] このような評定法および段階表の改定は，言うまでもなく，経験的領域の研究の進展によって生じたのであるが，我々の仮説に立てば，このような過渡的段階の存在も整合的に説明できる．前述のように，第二水準（慣習的水準）から第三水準（慣習的水準以降）への移行は，特定の既成集団の期待・要求に従った行為から，自律的原理に従った行為への移行であった．期待と要求を明確に特定できる最大の既成集団は国家であるが，分化・統合機能の量的発達が国家の枠を越えて拡大され，国家的要求を原理とする水準はもはや依拠できないものとして克服されたにもかかわらず，分化・統合両機能の関係構造の変容・再統一はなお完了されていないため，新しい自律の原理も確定されていない，という段階を想定することができる．そこでは，既成集団の権威を信頼することもできなければ，自らの自律性も確立されていないため，きわめて動揺しやすい懐疑的心理状態を呈する，と考えられるのである．

コールバーグは1979年，パワーとの共著になる『道徳的発達と宗教的思惟と

第七段階の問題』[38]で，公正・正義への志向という観点から展開されてきた六つの段階以上に広い視野をもつ実存的宗教的段階として，第七段階を要請した．それは，存在・生命・神の意味を構成しようとするものであり，「なぜ道徳的でなければならないか」，「なぜ公正・正義が必要なのか」という問題に答えようとする．コールバーグ理論の発展の中で，このような新しい最高段階が登場してきた直接の背景は，それまでの六段階構造では，成人期の幅広い心の発達が十分に説明できない，ということであった．しかし，これも我々の仮説に立脚すれば，当然導出されるべきものとして導出される．

第三水準（自律的原理的水準）は，社会契約的遵法を志向する第五段階と普遍的な倫理的原理を志向する第六段階に区分される．第五段階から第六段階への移行は，社会的合意によって自ら規定した規則・法に自ら従うという段階から，単なる合意をこえて，良心が，目的自体としての人格の概念および立場の互換性・当該行為の普遍化可能性といった基準に則り，同時に善である合意をめざして行為する段階への発達である．それは第2節で述べたように，内的かつ外的価値葛藤の最も安定した解決を可能とする段階であり，認知構造における分化と統合の機能は，ここでその最高の水準に達する．このことは，逆に言えば，両機能はすでにその合理的能作の限界に逢着しているということであるが，人間は，この両機能をなおその限界をこえて使用せずにはいられないひとつの傾向性を，いわばやむにやまれぬ衝動を具えているのではないだろうか．すなわち，すでに分化の行程は，人間存在から他のあらゆる価値を分離・捨象して，人格という純粋な価値を抽象したにもかかわらず，この人格価値にさえ分化作用を及ぼし，そこからたとえば神性といった価値を，人格価値の存在論的意義づけ——なぜ人格は目的そのものであると言えるのか——を求めて抽象しようとするのである．統合機能に関しても同様に，人間は，すでに全人類を包括するにまで至って拡大の限界に達した統合機能をさらに拡張し，人類という枠をこえた包括者，超越的存在へと向かわずにはいられないのである．ここに，第七段階が生じる．しかし，それは，分化・統合機能の合理的使用をこえた領域

であるため,第六段階以前のようにハードステージと呼ぶことはできず,ソフトステージとして位置づけられる(ハードステージとは,ピアジェの言う操作的構造的段階であり,つぎのような四つの要素をもつ.(1)諸段階は構造の質的相違を有する.(2)しかし諸段階は機能的には連続している.(3)各段階は「構造的全体」をなす.(4)諸段階は「階層的統合」をなす,すなわち,上位段階は下位段階にとって代わりつつ,かつ下位段階の機能を包摂的に統合する.(39) ソフトステージは,構造的ではあるが,意味づけ価値づけの手続きを含むより広範な宗教的実存的段階である.それは成人の発達を考えるときにはきわめて重大であるが,コールバーグによれば,発達段階として普遍的妥当性を要求できるのは,ハードステージのみである).

このように,我々が仮説として先に提出した論理に立脚すれば,$4\frac{1}{2}$段階と第七段階が登場してくる必然性も合理的・整合的に基礎づけられる.また,我々はすでに,この仮説によって,段階的発達の不可逆性と段階飛躍の不可能性も論理的に基礎づけることができた.我々はこのような基礎づけをもって,我々の仮説が,三水準六段階への分節化——すなわち,ハードステージとしての段階的発達論——の基礎理論でありうることを証明しえたと考えたい.

お わ り に

今,道徳教育の改革に必要なのは,なによりもまず,心の発達に関するより包括的でより実証的な理論であろう.コールバーグは,従来の精神分析理論・学習心理学に代えて,ピアジェの理論を拡大改良した認知発達理論を提出した.それによれば,(A)人間の心の発達とは,①「認知構造の質的変容」が,②「環境との相互作用」を通して,③連続的段階的に生じることである.(B)その発達は三水準六段階に分節化される.(C)各段階は,①「構造の質的相違」をもつが,②機能的には「連続」しており,③それぞれが「構造的全体」をなしつつ,④「階層的統合」(上位段階による下位段階の機能的包摂)を形成する.コールバーグ

は，以上のような発達の特性は文化・地域の相違をこえて普遍的に妥当するとみなした．かれは，それを広域にわたる心理学的調査で実証しえたと考え，それによって，従来の文化的相対主義を克服しうると確信したのである．

かれの理論の妥当性に関しては，さまざまな角度から批判が寄せられたが，我々はその中から，かれの理論に内在する最も重大な問題として，段階的発達の論理構成の問題を取り上げた．永野重史氏は，段階的発達論が成立しうるための条件を四つ呈示し，第四の条件に関してつぎのように述べている．「発達段階の移行に関して法則があるか．要するに，どのようにして上の段階に移行してゆくかということについてはっきりした説明ができるか，ということであるが，発達理論ではこれが一番むずかしい問題である．」[40] 我々はこれに答えようとした．すなわち，心の発達における段階の形成は，分化と統合という二つの機能の量的増大が，相互作用の拡大とその限界への逢着を通して，認知構造の質的変容をもたらすのである．我々はこの仮説によって，とくに三水準への分節化を解明したが，さらに段階的発達の不可逆性・段階飛躍の不可能性というその論理的特性，および $4\frac{1}{2}$ 段階・第七段階登場の必然性を基礎づけることによって，我々の仮説がコールバーグ段階発達論の基礎理論たりうることを論証しようと試みた．その成否に関しては，大方の御批判・御教授を待ちたい．

もちろん，コールバーグの業績は，以上のような新しい認知発達理論の彫琢にとどまるものではない．むしろその真価は，かれがその発達理論を哲学・教育学・社会学と広範に統合しつつ，道徳教育の理論と実践という課題へと結晶させていったところにある．我々は最後に，道徳教育における教師の役割について簡単に報告し，このようないっそう具体的な方向におけるかれの見解を紹介したい．

コールバーグによれば，道徳教育における教師の基本的な仕事は，子供の認知発達的な道徳的成長を促進することにある．そのためには，第2節で述べたように，認知構造の内的再組織化につながるような葛藤へ導きつつ，子供が自分の経験を再構造化することを促していかねばならないが，ここから教師の役

割も導出される．まず，教師は，子供が道徳的葛藤を見いだし，それに集中することを助けるべきである．つぎに，子どもがその道徳的葛藤の解決法を熟考するさいに，その推論の構成を手助けする．第三の仕事は，生徒がそこで用いた道徳的推論の一貫性とその適・不適について，生徒自身が批判的に反省できるようにしむけることである．最後に，教師は，生徒が用いたものよりもより整合的・効果的な推論法や葛藤の解決法を示唆する．(41)このような教師の役割は最初，ソクラテス的方法によって実現されると考えられたが，コールバーグ理論の発展とともに，学校組織の「ジャストコミュニティ」(公正な共同体)への再編成という構想の中で捉え直されることになった．すなわち，このより大きな枠組の中で，子どもの社会化を促進するという役割と一体化されるときに初めて，以上の役割も有効に機能できるというのである．

　コールバーグの教師論は，このような観点を基本としつつも，晩年になるに従って，いっそう豊かな，しかし複雑なものとなる．すなわち，第七段階にあるような教育者は，ひとつの道徳的模範として，それの与える道徳的感動によって，体系的意図的教育方法をこえた教育力をもつ，といった視点が導入される．(42) さらに，かれの徹底的な反注入主義的立場が修正され，学校が社会化教育という機能をも発揮するためには，特定の価値内容の教授も必要であることが認められる．(43) また，かれは潜在的(ヒドゥン)カリキュラムの意義も重視し，ジャストコミュニティの陽表的な民主主義教育の過程を支えるものとして，「道徳的雰囲気」等といった学校の潜在的教育力の活用にも力を入れるようになった．(44) コールバーグ理論はこのように，いっそう包括的な方向に向かって展開したが，その新しい内容が認知発達というかれの基本的立場とどのように関わるのかという問題は，十分明らかにされないまま残されている．道徳的価値というものが崩壊しつつある現代を省みれば，文化的相対主義克服のひとつの試みとして，コールバーグ理論のもつ意義は大きいが，第3節で紹介した諸批判にも見られるように，イデオロギー批判との対決，いっそう綿密かつ論理的な体系構成，部分的修正・補完，実際的検証および応用の拡大等，残された課題もまた数多いと

言わねばならない.

注

(1) L. Kohlberg and R. Mayer, 'Development as the Aim of Education: The Dewey View (1972)', in *Essays on Moral Development*, Vol. I. *The Philosophy of Moral Development*, Harper & Row, 1981, p. 59.

(2) L. Kohlberg, 'Stage and Sequence: The Cognitive-Devolopmental Approach to Socialization', in *Handbook of Socialization Theory and Research*, ed. by D.A. Goslin, Rand McNally & Co. 1969, p. 352 (コールバーグ, 永野重史監訳『道徳性の形成』新曜社, 1987年, 9ページ).

(3) *Ibid*., p. 351. 同上訳書.

(4) L. Kohlberg and R. Mayer, 'Development as the Aim of Education: The Dewey View', p. 59.

(5) L. Kohlberg, C. Levine and A. Hewer, *Moral Stages: A Current Formulation and a Response to Critics*, Kager, 1983, p. 122.

(6) Cf. L. Kohlberg, 'From Is to Ought', in *Essays on Moral Development*, Vol. I, p. 134 (参照, コールバーグ「『である』から『べきである』へ」永野重史編『道徳性の発達と教育』新曜社, 1985年, 50ページ). Cf. L. Kohlberg, 'Stages of Moral Development as a Basis for Moral Education', in *Moral Education: Interdisciplinary Approaches*, ed. by C. M. Beck, B. S. Crittenden and E. V. Sullivan, University of Toronto Press, 1971, p. 42 (参照, コールバーグ「道徳教育の基盤としての道徳性の発達段階」岩佐信道訳『道徳性の発達と道徳教育』広池学園出版部, 1987年, 85ページ).

(7) L. Kohlberg, 'Stage and Sequence: The Cognitive-Developemental Approach to Socialization', in *Handbook of Socialization Theory and Research*, p. 352 (コールバーグ『道徳性の形成』9ページ).

(8) L. Kohlberg, 'From Is to Ought', in *Essays on Moral Development*, Vol. I, p. 180 (コールバーグ「『である』から『べきである』へ」108ページ).

(9) Cf. B. Chazan, *Contemporary Approaches to Moral Education: Analyzing Alternative Theories*, Teachers College Press, 1985, p. 84.

⑽　ここではつぎのような四種の道徳性発達段階表を参考にした．1967 年版 *Handbook of Socialization Theory and Research*, ed. by D. A. Goslin に再掲載されたものを利用した（コールバーグ『道徳性の形成』44 ページ）．1971 年版 *Moral Education : Interdisciplinary Approaches*, ed. by C. M. Beck, B. S. Crittenden and E. V. Sullivan, pp. 86ff. 1971 年版永野重史編『道徳性の発達と教育』22 ページ．1981 年版 L. Kohlberg, *Essays on Moral Development,* Vol. I, pp. 409ff.

⑾　本節は，拙論「コールバーグの認知発達理論――『認知構造』の概念をめぐって――」『関西教育学会紀要』12 号に加筆し訂正したものである．

⑿　『道徳教育』301 号「コールバーグ理論と道徳授業」の特集，1986 年 1 月，明治図書，17 ページ．

⒀　Cf. L. Kohlberg, 'From Is to Ought', in *Essays on Moral Development,* Vol. I, p. 137（コールバーグ「『である』から『べきである』へ」54, 55 ページ）．

⒁　B. Chazan, *Contemporary Approaches to Moral Education : Analyzing Alternative Theories*, p. 79.

⒂　J. Rest, 'The Hierarchical Nature of Moral Judgement : A Study of Patterns of Comprehension and Preference of Moral Stages', in *Journal of Personality* 41 (1973), p. 86.

⒃　道徳教育国際会議の中で行われたアン・ヒギンズによるワーク・ショップ「道徳性の発達段階評定法」において，この *The Measurement of Moral Judgement*, Vol. 2 の Prepublication Draft が配られた．なお本書は，Cambridge University Press から 1988 年に出版された．

⒄　上記ワークショップでのヒギンズの発言．

⒅　Cf. J. M. Baldwin, 'A Cognitive Theory of Socialization', in *Handbook of Socialization Theory and Research*, pp. 325-345.

⒆　この点に関しては，つぎの箇所を参照．L. Kohlberg, 'Stages of Moral Development as a Basis for Moral Education', in *Moral Education : Interdisciplinary Approaches*, pp. 46ff（コールバーグ「道徳教育の基盤としての道徳性の発達段階」90-92 ページ）．L. Kohlberg, 'From Is to Ought', in *Essays on Moral Development,* Vol. I, pp. 135, 180（コールバーグ「『である』から『べきである』へ」52, 108 ページ）．

(20) L. Kohlberg, *ibid*., p. 135 (コールバーグ, 同上, 52 ページ).
(21) *Ibid*., p. 171 (同上, 97 ページ).
(22) Cf. *ibid*. (同上).
(23) 分化と統合が一体的行程であることは,「一体的基準である分化と統合」という表現がしばしば用いられることからも明らかである. たとえば, L. Kohlberg, 'From Is to Ought', in *Essays on Moral Development*, Vol. I, p. 135 (コールバーグ「『である』から『べきである』へ」53 ページ). L. Kohlberg, 'Stages of Moral Development as a Basis for Moral Education', in *Moral Education : Interdisciplinary Approaches*, p. 47 (コールバーグ「道徳教育の基盤としての道徳性の発達段階」91 ページ).
(24) Cf. L. Kohlberg, 'From Is to Ought', in *Essays on Moral Development*, Vol. I, pp. 135f (参照, コールバーグ「『である』から『べきである』へ」53 ページ).
(25) L. Kohlberg, 'Stages of Moral Development as a Basis for Moral Education', in *Moral Education : Interdisciplinary Approaches*, p. 49 (コールバーグ「道徳教育の基盤としての道徳性の発達段階」94 ページ).
(26) *Ibid*., p. 43 (同上, 86 ページ).
(27) 以上の批判に関しては, つぎの著書・論文を参照.

W. P. Alston, Comments on Kohlberg's 'From Is to Ought', in *Cognitive Development and Epistemology*, ed. by T. Mischel, Academic Press, 1971 (オルストン「コールバーグの『「である」から「べきである」へ』に対する論評」永野重史編『道徳性の発達と教育』).

C. M. Beck, B. S. Crittenden, and E. V. Sullivan, eds, *Moral Education : Interdisciplinary Approaches*, University of Toronto Press, 1971.

B. Chazan, *Contemporary Approaches to Moral Education : Analyzing Alternative Theories*, Teachers College Press, 1985.

J. C. Gibbs, 'Kohlbergs Moral Stage Theory : A Piagetian Revision', in *Human Development* 22, 1979.

C. Gilligan, 'In a Different Voice : Women's Conception of Self and Morality', in *Harvard Educational Review* 47, 1977.

C. Gilligan and M. Murphy, 'Development from Adolescence to Adulthood :

The Philosopher and the Dilemma of the Fact', in Kuhn, *Intellectual Development beyond Childhood* ,Jossey-Bass, 1979.

J. Habermas, 'Moral Development and Ego Identity', in Habermas, *Communication and the Evolution of Society*, Beacon Press, 1979.

G. C. Levine, 'Stage Acquisition and Stage Use', in *Human Development* 22, 1979.

D. Locke, 'Moral Development as the Goal of Moral Education', in *Philosophers on Education*, ed. by R. Straughan and J. Wilson, Barnes and Noble Books, 1987.

M. Murphy and Gilligan, 'Moral Deveolpment in Late Adolescence and Adulthood: A Critique and Reconstruction of Kohlberg's Theory', in *Human Development* 23, 1980.

R. S. Peters, 'Moral Development: A Plea for Pluralism', in Mischel, *Cognitive Development and Epistemology*, Academic Press, 1971（ピーターズ「道徳性の発達——多元論の弁護」永野重史編『道徳性の発達と教育』）.

R. Schweder, Review of Lawrence Kohlberg's Essay in Moral Development, Vol. I, The Philosophy of Moral Development, in *Contemporary Psychology*, June, 1982.

E. L. Simpson, 'Moral Development Research', in *Human Development*, 17, 1974.

E.V. Sullivan, 'A Study of Kohlberg's Structual Theory of Moral Development: A Critique of Liberal Social Science Ideology', in *Human Development*, 20, 1977.

(28) L. Kohlberg, C. Levine, and A. Hewer, *Moral Stages : A Current Formulation and a Response to Critics*, Karger, 1983.

(29) Cf. C. M. Beck, B. S. Crittenden, and E. V. Sullivan, eds, *Moral Education : Interdisciplinary Approaches*.

(30) J. Harbermas, 'Moral Development and Ego Identity', in Habermas, *Communication and the Evolution of Society,* Beacon Press, 1979, p. 89.

(31) L. Kohlberg, C. Levine, and A. Hewer, *Moral Stages : A Current Formulation*

and a Response to Critics, p. 163.
(32)　コルビー他による 20 年間にわたる縦断的研究によれば，段階を下降したものはわずかに 4％であり，段階を飛びこえたものは一例もなかった．Cf. L. Kohlberg, C. Levine, and A. Hewer, *Moral Stages : A Current Formulation and a Response to Critics*, p. 1.
(33)　L. Kohlberg, 'Stage and Sequence : The Cognitive-Developmental Approach to Socialization', in *Handbook of Socialization Theory and Research*, p. 425（コールバーグ『道徳性の形成』119 ページ）．
(34)　コールバーグ『道徳性の発達と道徳教育』27 ページ．
(35)　第二水準から第三水準（第四段階から第五段階）への移行の本質的要因に関しては，つぎの論述が参考になる．L. Kohlberg, 'From Is to Ought', in *Essays on Moral Development,* Vol. I, p. 152（コールバーグ「『である』から『べきである』へ」74 ページ）．
(36)　ここでは，山岸明子氏の報告を参照した．永野重史編『道徳性の発達と教育』208 ページ以下．
(37)　L. Kohlberg, *Essays on Moral Development,* Vol. I, p. 411.
(38)　L. Kohlberg and C. Power, 'Moral Development, Religious Thinking, and the Question of a Seventh Stage', in *Essays on Moral Development,* Vol. I, pp. 311-372.
(39)　Cf. L. Kohlberg, C. Levine, and A. Hewer, *Moral Stages : Current Formulation and a Response to Critics*, p. 31.
(40)　コールバーグ『道徳性の形成』221 ページ．
(41)　Cf. L. Kohlberg and E. Turiel, 'Moral Development and Moral Education', in *Psychology and Educational Practice,* ed. by G. Lesser, Scott Foreman, 1971, pp. 450-454.
(42)　L. Kohlberg, 'Education for Justice : The Vocation of Janusz Korczak', in *Essays on Moral Development*, Vol. I, p. 402.
(43)　L. Kohlberg, 'Revisions in the Theory and Practice of Moral Development', in *New Directions for Child Development : Moral Education*, No. 2, ed. by W. Damon, Jossey-Bass, 1978, p. 84.

(44) *Ibid.*, p. 85.